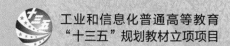工业和信息化普通高等教育
"十三五"规划教材立项项目

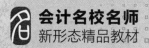会计名校名师
新形态精品教材

# 税务会计
# 实训教程

◎ 张孝光 主编

◎ 张玉岭 副主编

◎ 盖地 主审

*Tax*
*Accounting*
*Practice*

A

ACCOUNTING

人民邮电出版社
北 京

图书在版编目（CIP）数据

税务会计实训教程 / 张孝光主编. -- 北京：人民
邮电出版社，2019.9（2021.6重印）
会计名校名师新形态精品教材
ISBN 978-7-115-50276-6

Ⅰ．①税… Ⅱ．①张… Ⅲ．①税务会计－教材 Ⅳ．
①F810.62

中国版本图书馆CIP数据核字(2018)第275135号

## 内 容 提 要

"税务会计实训"是高校会计、财务管理、审计等专业一门重要的实训课程，着重强化读者对不同税种纳税申报表填制流程的训练，实现理论与实践的有机结合。

本书与盖地编著的《税务会计（微课版）》（ISBN 978-7-115-49011-7）配套，全书共 8 章，主要包括税务会计实训概述、税务登记及发票管理操作实训、增值税纳税申报与税款缴纳实训、消费税纳税申报与税款缴纳实训、资源税纳税申报与税款缴纳实训、企业所得税纳税申报与税款缴纳实训、个人所得税纳税申报与税款缴纳实训、土地增值税纳税申报与税款缴纳实训。

本书既可以作为普通高等院校"税务会计"实训课程的教材，也可以作为会计业务培训或自学的参考用书。

◆ 主　　编　张孝光
　　副 主 编　张玉岭
　　主　　审　盖地
　　责任编辑　许金霞
　　责任印制　焦志炜

◆ 人民邮电出版社出版发行　　北京市丰台区成寿寺路 11 号
　　邮编　100164　　电子邮件　315@ptpress.com.cn
　　网址　http://www.ptpress.com.cn
　　山东华立印务有限公司印刷

◆ 开本：787×1092　1/16
　　印张：13.5　　　　　　　　2019 年 9 月第 1 版
　　字数：363 千字　　　　　　2021 年 6 月山东第 4 次印刷

定价：42.00 元

读者服务热线：(010)81055256　印装质量热线：(010)81055316
反盗版热线：(010)81055315
广告经营许可证：京东市监广登字 20170147 号

# 前 言 Preface

　　税务会计以税法为导向，以提供主管税务机关进行税收征管的税务会计报告（纳税申报表主表、附表及附报资料）为己任。为了适应我国财税和会计法规制度的变化，培养应用型复合专业人才，越来越多的高校会计（包括审计、财务管理等）专业开设了税务会计课程。但因课时所限，学生们在掌握税务会计基本理论和实务处理后，缺乏实际动手训练，不能完整系统地处理涉税业务，毕业后不能很快适应专业岗位需要。为了加深学生对税务会计基本理论和实务的理解，并快速适应工作，开设"税务会计实训"课程实属必要，编写一本适用于"税务会计实训"课程的教材当然更为必要。

　　"税务会计实训"课程是高校会计、财务管理、审计等专业的一门重要的实训课程，是在学生学习了财务会计、税务会计、财务管理等课程后开设的。不同税种的税制要素、应纳税额的计算及其会计处理已在主教材《税务会计（微课版）》（ISBN 978-7-115-49011-7）中做了详细介绍。税务会计实训课程的开设加强了学生们对"税务会计"的理解，同时也使学生熟悉了不同税种纳税申报表的填制流程，实现学与练、理论与实践的有机结合，使学生们在参加工作后，能够快速掌握税务会计及相关业务。

　　本书在体例结构中，第三章～第八章分别设置了"实训概述"和"实训内容"两个部分，在"实训概述"中说明了学生应熟悉并掌握的相关税务政策和会计流程，在"实训内容"中配有相关案例及实训练习，学生可以通过动手练习，巩固每章所学知识。

　　本书中所涉及的法规制度，如果存在理解有误，应以法规为准；如果内容发生更改，应以新法规为准。

编者

2019 年 6 月

于天津财经大学

# 目录 Contents

# 第一章

# 税务会计实训概述

## 第一节 税务会计实训目标

随着 20 世纪 80 年代初我国会计改革和税制改革的不断深入，税务会计逐渐从企业会计中分立出来，成为相对独立的会计分支。税务会计以税法为导向，以提供为主管税务机关进行税收征管的税务会计报告（纳税申报表主表、附表及附报资料）为己任。财务会计中处理的涉税事项主要是为了确定企业的税收成本、税收费用、递延所得税资产（负债）的会计信息；税务会计处理的涉税事项（包括涉税安排）是为了确认、计算企业的税金负债及其清偿、税收利益及其索回等；为了适应相关变化，各高校会计（包括审计、财务管理等）专业开设了税务会计。从目前情况看，学生们对税务会计的理论层面有了较全面的理解，但由于课时所限，部分院校忽略了对学生实际动手能力的培养，即开设"税务会计实训"课程的院校较少，使得学生在走上会计工作岗位后不能完整地处理涉税业务，因此，在财经（经管）类院校开设税务会计实训课程非常必要。

"税务会计实训"课程是高校会计、财务管理、审计等专业一门重要的实训课程，是在学生学习了财务会计、税务会计、财务管理等课程后开设的。此课程的开设，加强了学生们对"税务会计学"这门课的感官认识，同时也使学生们熟悉了不同税种纳税申报表填制的流程，实现学与练、理论与实践的有机结合，使同学们在参加工作后很快地熟悉税务会计及相关业务。

通过本课程的学习，应达到以下目标：

（1）在熟悉现行税法体系的前提下，全面掌握企业涉税业务流程；

（2）熟练掌握不同发票的开具及应注意的问题；

（3）熟练掌握不同税种应纳税额的计算，并能独立、准确地填写纳税申报表及其附表。

## 第二节 税务会计实训内容

本教材的实训内容以纳税申报实训为主，其基本内容如下。

（1）第 1 章主要阐述"税务会计实训"课程的目标，并对英太飞通用实训平台中有关纳税申报实操的功能做一简单介绍。

（2）第 2 章主要介绍税务登记、发票的开具与认证等企业涉及的基本业务流程，并配有实训资料，方便学生练习。

（3）第 3 章~第 8 章主要介绍增值税会计、消费税会计、企业所得税会计等纳税申报实训内容，重点是模拟各个税种的纳税申报。

（4）附录是主教材课后练习题的答案。

# 第三节 税务会计实训平台

英太飞通用实训（纳税申报实训）平台学习系统是将培训课程搬到网上的一套辅助性培训系统。实训平台创新地采用了网上视频教学的方式，打破了培训在时间和地点上的限制，将视频教学、巩固练习、在线考试有机结合在一起。学生登入系统后可以浏览到已关联课程的相关视频及多媒体课件，学生在学习的过程中可以随时记录课程重点。学生可以根据学习体验为该门课程进行在线评分及进行课程反馈。每个税种都有对应的模拟练习题和全新真题，模拟练习可以达到很好的巩固学习的目的，而全新真题可以及时测验学生的学习效果。

## 一、英太飞通用实训（纳税申报实训）平台的主要功能（见表1-1）

表 1-1　　　　　　　　　　　　英太飞通用实训平台的主要功能

| 模块名称 | 模块功能概述 |
| --- | --- |
| 首页 | 显示用户相关课程列表、考试信息、课程公告、系统公告等 |
| 帮助信息 | 对系统的功能进行总体的介绍 |
| 个人信息 | 可以修改个人资料、头像、密码和查看我的收藏 |
| 课程列表 | 该模块可以查看后台为用户关联的课程，包括课程学习、模拟练习、全新真题三部分 |

## 二、纳税申报实训流程

（1）进入纳税申报练习，阅读申报题目，具体操作程序如图1-1所示。

图 1-1

（2）根据题干所示，到申报客户端，进行申报纳税表填写工作，具体操作界面如图 1-2 和图 1-3 所示。

图 1-2

图 1-3

（3）纳税申报表填写成功后，导出申报文件，并保存到规定位置，操作后的结果如图 1-4 所示。

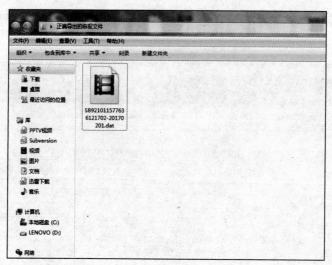

图 1-4

（4）回到案例页面，单击"我要上传"按钮，选中申报文件，并且进行上传。

# 第二章

# 税务登记及发票管理操作实训

1. 实训目标
(1) 熟练掌握税务登记、发票的开具、认证等基本政策。
(2) 熟练掌握税务登记、发票的开具、认证的业务流程。
2. 实训内容
(1) 掌握税务登记、发票开具、认证等基本政策及相关表格的填制。
(2) 掌握税务登记、发票开具、认证的业务操作流程。

## 第一节　税务登记的程序和内容

　　税务登记是税务机关根据税法的规定,对纳税人的生产经营活动进行登记管理的一项基本制度,是纳税人接受税务机关监督,依法履行纳税义务的必要程序。履行税务登记制度,是确立征纳双方法律关系的依据和证明,税务登记证件是抽象性的征税通知、税务许可证和权利证明书。税务登记包括设立登记、变更登记、停业复业登记、注销登记和外出经营报验登记等有关事项。

### 一、设立登记

　　设立登记是指从事生产经营或其他业务的单位或个人,在获得工商行政管理机关核准或其他主管机关批准后的一定期间内,向税务机关办理注册登记的活动。

#### (一)设立登记需要的材料

　　实行"五证合一"以后,税务登记证已经不再办理,把以前的工商营业执照、组织机构代码证书、税务登记证、社会保险登记证、统计登记证合为现在的一个证。"五证合一"需要去工商局办理。

　　以单位纳税人为例,设立登记需要携带以下资料。
　　(1)《税务登记表(适用单位纳税人)》1份。
　　(2) 工商营业执照或其他核准执业证件原件及复印件。
　　(3) 组织机构代码证书副本原件及复印件。
　　(4) 法定代表人(负责人)居民身份证、护照或其他证明身份的合法证件原件及其复印件。
　　(5) 有关合同、章程、协议书复印件。
　　(6) 纳税人跨县(市)设立的分支机构办理税务登记时,还须提供总机构的税务登记证(国、地税)副本复印件。
　　(7) 改组改制企业还应提供有关改组改制的相关文件原件及复印件。
　　(8) 外商投资企业还应提供商务部门批复设立证书原件及复印件。
　　(9) 外国企业常驻代表机构还应提供以下资料。
　　① 注册地址及经营地址证明(产权证、租赁协议)原件及复印件;如为自有房产,应提供产权

证或买卖契约等合法的产权证明原件及复印件；如为租赁的场所，应提供租赁协议原件及复印件，出租人为自然人的还应提供产权证明的原件及复印件。

② 首席代表（负责人）护照或其他合法身份证件的原件及复印件。

③ 外国企业设立代表机构的相关决议文件及在中华人民共和国境内设立的其他代表机构名单（包括名称、地址、联系方式、首席代表姓名等）。

### （二）设立登记基本流程

首先，办理人持工商网报系统申请审核通过后打印的《新设企业五证合一登记申请表》，携带其他纸质资料，前往大厅多证合一窗口受理。

其次，窗口核对信息、资料无误后，将信息导入工商准入系统，生成工商注册号，并在"五证合一"打印证书平台生成各部门号码，补录相关信息。同时，窗口专人将企业材料扫描，与《工商企业注册登记联办流转申请表》传递至质监、国税、地税、设保、统计五部门，由五部门分别完成后台信息录入。

最后，打印出载有五个证号的营业执照。

纳税人设立登记提交资料流程图如图 2-1 所示。

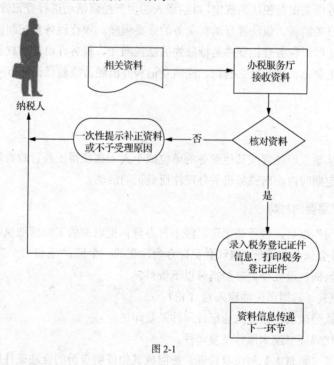

图 2-1

### （三）税务登记表的填写

税务登记表的表样及填写如表 2-1 所示。

## 二、变更登记

纳税人税务登记内容发生变化时，应当在规定时间内，提供相关证件和材料，向原发证机关申报办理变更登记（验证、换证）。

表2-1

税务登记表

（适用于单位纳税人）

填表日期：

| 纳税人名称 | | | 纳税人识别号 | | | |
|---|---|---|---|---|---|---|
| 登记注册类型 | | | 批准设立机关 | | | |
| 组织机构代码 | | | 批准设立证明或文件号 | | | |
| 开业（设立）日期 | | 生产经营期限 | 证照名称 | | 证照号码 | |
| 注册地址 | | | 邮政编码 | | 联系电话 | |
| 生产经营地址 | | | 邮政编码 | | 联系电话 | |
| 核算方式 | 请选择对应项目打"√"□ 独立核算□ 非独立核算 | | | 从业人数 | 其中外籍人数 | |
| 单位性质 | 请选择对应项目打"√"□ 企业 □ 事业单位□ 社会团体 □ 民办非企业单位□ 其他 | | | | | |
| 网站网址 | | | 国标行业 | □□ □□ □□ | | |
| 适用会计制度 | 请选择对应项目打"√"<br>□企业会计制度 □ 小企业会计制度□ 金融企业会计制度□ 行政事业单位会计制度□ 企业会计准则 | | | | | |
| 经营范围 | 请将法定代表人（负责人）身份证件复印件粘贴在此处。 | | | | | |

| 项目<br>内容<br>联系人 | 姓名 | 身份证件 | | 固定电话 | 移动电话 | 电子邮箱 |
|---|---|---|---|---|---|---|
| | | 种类 | 号码 | | | |
| 法定代表人（负责人） | | | | | | |
| 财务负责人 | | | | | | |
| 办税人 | | | | | | |

| 税务代理人名称 | | 纳税人识别号 | | 联系电话 | | 电子邮箱 |
|---|---|---|---|---|---|---|
| 注册资本或投资总额 | | 币种 | 金额 | 币种 | 金额 | 币种 | 金额 |

| 投资方名称 | 投资方经济性质 | 投资比例 | 证件种类 | 证件号码 | 国籍或地址 |
|---|---|---|---|---|---|
| | | | | | |
| | | | | | |

| 自然人投资比例 | | 外资投资比例 | | 国有投资比例 | |
|---|---|---|---|---|---|
| 分支机构名称 | | 注册地址 | | 纳税人识别号 | |
| | | | | | |
| | | | | | |

| 总机构名称 | | | 纳税人识别号 | | |
|---|---|---|---|---|---|
| 注册地址 | | | 经营范围 | | |
| 法定代表人姓名 | | 联系电话 | | 注册地址邮政编码 | |
| 代扣代缴代收代缴税款业务情况 | 代扣代缴、代收代缴税款业务内容 | | | 代扣代缴、代收代缴税种 | |
| | | | | | |
| | | | | | |

附报资料：

| 经办人签章： | 法定代表人（负责人）签章： | 纳税人公章： |
|---|---|---|
| <br><br><br>__年__月__日 | <br><br><br>__年__月__日 | <br><br><br>__年__月__日 |

实行"五证合一、一照一码"登记的纳税人发生涉税信息事项变更时,应在登记管理部门办结变更登记事项后,向主管税务机关申报变更。

对于生产经营地址、财务负责人、核算方式发生变更的,应单独向主管税务机关申报变更。

### (一)必报资料

必报资料为变更税务登记表,其表样如表2-2所示。

表 2-2 变更税务登记表

| 纳税人名称 | | | 纳税人识别号 | | |
|---|---|---|---|---|---|
| 变更登记事项 | | | | | |
| 序号 | 变更项目 | 变更前内容 | 变更后内容 | | 批准机关名称及文件 |
| | | | | | |
| | | | | | |
| 送缴证件情况: | | | | | |
| 纳税人<br>经办人: 法定代表人(负责人): 纳税人(签章)<br>年 月 日 年 月 日 年 月 日 | | | | | |
| 经办税务机关审核意见:<br>经办人: 负责人: 税务机关(签章)<br>年 月 日 年 月 日 年 月 日 | | | | | |

### (二)条件报送资料

条件报送资料如下。

(1)工商营业执照内容发生变化的还需报送如下材料。

① 工商变更登记表及工商营业执照。

② 工商变更登记表及工商营业执照复印件。

(2)居民身份证复印件。

(3)居民身份证原件。

(4)纳税人变更登记内容的决议及有关证明文件原件。

(5)纳税人变更登记内容的决议及有关证明文件复印件。

## 三、停业复业登记

实行定期定额征收方式的个体工商户需要停业的,应当在停业前向税务机关申报办理停业登记。纳税人的停业期限不得超过一年。纳税人在申报办理停业登记时,应如实填写停业申请登记表,说明停业理由、停业期限、停业前的纳税情况和发票的领、用、存情况,并结清应纳税款、滞纳金、罚款。纳税人在停业期间发生纳税义务的,应按税收法律、行政法规的规定申报缴纳税款。

纳税人应当于恢复生产经营之前,向税务机关申报办理复业登记,领回并启用税务登记证件、发票申领簿及其停业前申领的发票。停业期满不能及时恢复生产经营的,应当在停业期满前向税务机关提出延长停业登记申请。

停业复业申请登记表如表2-3所示。

表 2-3 　　　　　　　　　停业复业（提前复业）报告书

填表日期： 　　年 　月 　日

| 纳税人基本情况 | 纳税人名称 | | | 纳税人识别号 | | | 经营地点 | | |
|---|---|---|---|---|---|---|---|---|---|
| 停业期限 | | | | 复业时间 | | | | | |
| 缴回发票情况 | 种类 | 号码 | 本数 | 领回发票情况 | 种类 | | 号码 | | 本数 |
| | | | | | | | | | |
| | | | | | | | | | |
| 缴存税务资料情况 | 发票领购簿 | 税务登记证 | 其他资料 | 领用税务资料情况 | 发票领购簿 | | 税务登记证 | | 其他资料 |
| | 是（否） | 是（否） | 是（否） | | 是（否） | | 是（否） | | 是（否） |
| 结清税款情况 | 应纳税款 | 滞纳金 | 罚款 | 停业期是（否）纳税 | 已缴应纳税款 | | 已缴滞纳金 | | 已缴罚款 |
| | 是（否） | 是（否） | 是（否） | | 是（否） | | 是（否） | | 是（否） |
| | | | | 纳税人（签章）：<br>　　年 　月 　日 | | | | | |
| 税务机关复核 | 经办人：<br>　　年 　月 　日 | | 负责人：<br>　　年 　月 　日 | | | 税务机关（签章）<br>　　年 　月 　日 | | | | |

## 四、注销登记

注销税务登记是指，纳税人发生解散、破产、撤销以及其他情形，依法终止纳税义务的，在向工商行政管理机关或者其他机关办理注销登记前，持有关证件向发证机关申报办理注销税务登记的活动。

纳税人办理注销税务登记前，应当向税务机关提交相关证明文件和资料，结清应纳税款、多退（免）税款、滞纳金和罚款，缴销发票、税务登记证件和其他税务证件，经税务机关核准后，办理注销税务登记手续。

以单位企业纳税人为例，在注销时需要提供以下资料。

（1）《注销税务登记申请表》（1 式 1 份）；《清税申请表》（1 式 3 份，税务机关 2 份、纳税人 1 份）（已经领取"一照一码"新版营业执照的纳税人提供）；《注销税务登记申请审批表》如表 2-4 所示。

（2）主管部门或董事会（职代会）的决议，以及其他有关证明文件的原稿及复印件。

（3）营业执照被吊销的，应提交工商行政管理部门发放的吊销决定的原件及复印件；破产企业需提供《企业破产清算裁定书》。

（4）增值税一般纳税人提供防伪税控系统金税卡、IC 卡或金税盘、报税盘。

使用货运专票税控系统和机动车发票税控系统的增值税一般纳税人还应提供税控盘、报税盘（增值税一般纳税人需提供）。

（5）《中华人民共和国企业清算所得税申报表》及附表。

表 2-4　　　　　　　　　　　注销税务登记申请审批表

| 纳税人名称 | | 纳税人识别号 | |
|---|---|---|---|
| 注销原因 | | | |
| 附送资料 | | | |
| 纳税人<br><br>经办人：　　法定代表人（负责人）：　　纳税人（签章）<br>　　　年　月　日　　　年　月　日　　　　年　月　日 | | | |
| 以下由税务机关填写 | | | |
| 受理时间 | 经办人：　　负责人：<br>　　年　月　日　　年　月　日 | | |
| 清缴税款、滞纳金、<br>罚款情况 | 经办人：　　负责人：<br>　　年　月　日　　年　月　日 | | |
| 缴销发票情况 | 经办人：　　负责人：<br>　　年　月　日　　年　月　日 | | |
| 税务检查意见 | 检查人员：　　负责人：<br>　　年　月　日　　年　月　日 | | |
| 收缴税务证件情况 | 种类 | 税务登记证正本 | 税务登记证副本 | 临时税务登记证正本 | 临时税务登记证副本 |
| | 收缴数量 | | | | |
| | 经办人：　　　　　负责人：<br>　　年　月　日　　　年　月　日 | | | | |
| 批准意见 | 部门负责人：　　税务机关（签章）<br>　　年　月　日　　　年　月　日 | | |

# 五、外出经营报验登记

临时到外县（市）从事生产经营活动的纳税人，持所在地主管税务机关出具的《外出经营活动税收管理证明》向经营地税务机关办理报验登记，并接受经营地税务机关的管理。

自《外出经营活动税收管理证明》签发之日起 30 日内未办理报验登记的，所持证明作废，纳税人需要向税务机关重新申请开具。

纳税人报验登记时提供《外出经营活动税收管理证明》、税务登记证副本或复印件（外出经营地为本省不需要）等资料。建筑安装行业的纳税人还需提供外出经营合同原件及复印件。

纳税人核销报验登记时提供《外出经营活动情况申报表》（需在经营地缴纳税款的提供）以及未验旧、未使用完的发票（领取发票的提供）。

外出经营活动情况申报表如表 2-5 所示。

表 2-5　　　　　　　　　　　　　　外出经营活动情况申报表

| 纳税人名称 | | | | 纳税人识别号 | | |
|---|---|---|---|---|---|---|
| 外出经营活动税收管理证明号码 | | | | | | |
| 证明有效期 | 自　年　月　日到　年　月　日 | | | | | |
| 实际经营期间 | 自　年　月　日到　年　月　日 | | | | | |
| 到达时间 | | | | 报验时间 | | |
| 经营地点 | | | | 货物存放地点 | | |
| 应税劳务 | 营业额 | 缴纳税款 | 使用发票名称 | | 发票份数 | 发票号码 |
| | | | | | | |
| | | | | | | |
| | | | | | | |
| 合计金额 | | | …… | | | |
| 货物名称 | 销售数量 | 销售额 | 缴纳税款 | 使用发票名称 | 发票份数 | 发票号码 |
| | | | | | | |
| | | | | | | |
| | | | | | | |
| 合计金额 | | | | | | |
| 申请单位：<br><br><br>经办人：　法定代表人（负责人）：<br>年 月 日　　年 月 日<br>　　申请单位（签章）<br>　　年 月 日 | | | 税务机关意见：<br><br><br>经办人：　负责人：<br>年 月 日　　年 月 日<br>　　税务机关（签章）<br>　　年 月 日 | | | |

# 第二节
## 发票的开具实训

发票是指在购销商品、提供或者接受劳务、服务以及从事其他经营活动中，开具、收取的收付款凭证。发票是记录经济活动的商事凭证；同时，它还是财务会计核算凭证，作为会计记录的依据和会计档案资料；也是税务会计的计税凭证，是税务机关等执法检查的重要依据。发票分为增值税发票和其他发票，本节所言发票是指增值税发票。

# 一、发票票种核定

增值税纳税人按生产经营需要，向税务机关申请核定与生产经营活动相当的发票。税务机关依据增值税纳税人的申请，核定其使用增值税税控系统开具的发票种类（包括增值税专用发票、货物运输业增值税专用发票、增值税普通发票及机动车销售统一发票）、单次（月）领用数量及增值税普通发票、机动车销售统一发票的最高开票限额。

纳税人报送资料齐全、符合法定形式、填写内容完整的，税务机关受理后在 5 个工作日内办结。对申请增值税专用发票、货物运输业增值税专用发票的纳税人，自纳税人增值税专用发票（增值税税控系统）最高开票限额获批之日起 1 个工作日内办结。纳税人需报送以下资料。

（1）《纳税人领用发票票种核定表》（见表 2-6）2 份。

（2）税务登记证件（原件核对后退还）。

（3）经办人身份证明（首次办理或经办人发生变化时提供，原件核对后退还）。

（4）发票专用章印模（首次申请发票核定时提供）。

## （一）基本流程

增值税发票核定的基本流程如图 2-2 所示。

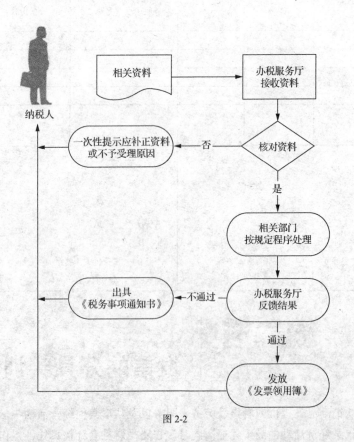

图 2-2

## （二）发票票种核定表的填写

依据《中华人民共和国发票管理办法》的有关规定，需要领用发票的单位和个人，向主管税务机关办理发票领用手续时，要填写《纳税人领用发票票种核定表》，其表样如表 2-6 所示。

表 2-6　　　　　　　　　　　　纳税人领用发票票种核定表

| 纳税人识别号 | | | | | | | |
|---|---|---|---|---|---|---|---|
| 纳税人名称 | | | | | | | |
| 领票人 | 联系电话 | | | 身份证件类型 | | 身份证件号码 | |
| | | | | | | | |
| 发票种类名称 | 发票票种核定操作类型 | 单位（数量） | 每月最高领票数量 | 每次最高领票数量 | 持票最高数量 | 定额发票累计领票金额 | 领票方式 |
| | | | | | | | |
| | | | | | | | |
| | | | | | | | |
| 纳税人（签章） | | | | | | | |
| 经办人：　　法定代表人（业主、负责人）：　　填表日期：　　　年　月　日 | | | | | | | |
| 发票专用章印模： | | | | | | | |

此外，纳税人还可以登录当地税务局网站，进行网上办理。

# 二、增值税专用发票（增值税税控系统）最高开票限额审批

纳税人在初次申请使用增值税专用发票以及变更增值税专用发票限额（10 万元以下）额度时，应向主管税务机关申请办理增值税专用发票（增值税税控系统）最高开票限额（10 万元以下）审批。

## （一）办理时限

税务机关在 20 个工作日内办结。对 20 个工作日内无法做出决定的，经决定机构负责人批准可以延长 10 个工作日，并制作《税务行政许可延期决定告知书》送达申请人。

实行实名办税的地区，已由税务机关现场采集法定代表人（业主、负责人）实名信息的纳税人，申请增值税专用发票最高开票限额不超过 10 万元的，主管税务机关应自受理申请之日起 2 个工作日内办结。主要提交报送的资料如下。

（1）《税务行政许可申请表》（见表 2-7）。

（2）《增值税专用发票最高开票限额申请单》（见表 2-8）。

（3）经办人身份证件。

（4）代理委托书（适用于委托提出申请的情况）。

（5）代理人身份证件（适用于委托提出申请的情况）。

表 2-7                    税务行政许可申请表

申请日期：　　年　　月　　日

| 申请人 | 申请人名称 | | | |
|---|---|---|---|---|
| | 统一社会信用代码（纳税人识别号） | | | |
| | 法定代表人（负责人） | | | |
| | 地址及邮政编码 | | | |
| | 经办人 | | 身份证件号码 | |
| | 联系电话 | | 联系地址 | |
| | 委托代理人 | | 身份证件号码 | |
| | 联系电话 | | 联系地址 | |

| 申请事项 | □企业印制发票审批<br>□对纳税人延期申报的核准<br>□对纳税人延期缴纳税款的核准<br>□增值税专用发票（增值税税控系统）最高开票限额审批<br>□对纳税人变更纳税定额的核准<br>□对采取实际利润额预缴以外的其他企业所得税预缴方式的核定<br>□非居民企业选择由其主要机构场所汇总缴纳企业所得税的审批 |
|---|---|

| 申请材料 | 除提供经办人身份证件（ □ ）外，应根据申请事项提供以下相应材料：<br>一、企业印制发票审批<br>□1. 税务登记证件<br>□2.《印刷经营许可证》或《其他印刷品印制许可证》<br>□3. 生产设备、生产流程及安全管理制度<br>□4. 生产工艺及产品检验制度<br>□5. 保存、运输及交付相关制度<br>二、对纳税人延期缴纳税款的核准<br>□1.《延期缴纳税款申请审批表》<br>□2. 纳税人申请延期缴纳税款报告（详细说明申请延期原因，人员工资、社会保险费支出情况，连续 3 个月缴纳税款情况）<br>□3. 当期货币资金余额情况及所有银行存款账户的对账单<br>□4. 应付职工工资和社会保险费等省税务机关要求提供的支出预算<br>□5.《资产负债表》<br>□6. 因不可抗力，导致纳税人发生较大损失，正常生产经营活动受到较大影响的，应报送因不可抗力的灾情报告或公安机关出具的事故证明<br>三、对纳税人延期申报的核准<br>□1.《延期申报申请核准表》<br>□2. 确有困难不能正常申报的情况说明<br>四、对纳税人变更纳税定额的核准<br>□申请变更纳税定额的相关证明材料<br>五、增值税专用发票（增值税税控系统）最高开票限额审批<br>□增值税专用发票最高开票限额申请单<br>六、对采取实际利润额预缴以外的其他企业所得税预缴方式的核定<br>□按照月度或者季度的实际利润额预缴确有困难的证明材料<br>七、非居民企业选择由其主要机构场所汇总缴纳企业所得税的审批<br>□1. 汇总缴纳企业所得税的机构、场所对其他机构、场所负有管理责任的证明材料<br>□2. 设有完整的账簿、凭证，能够准确反映各机构、场所的收入、成本、费用和盈亏情况的证明材料<br><br>委托代理人提出申请的，还应当提供代理委托书（ □ ）、代理人身份证件（ □ ）。 |
|---|---|

收件人：　　　　　　收件日期：　　年　　月　　日

编　号：

表 2-8　　　　　　　　　增值税专用发票最高开票限额申请单

| | 纳税人名称 | | 纳税人识别号 | |
|---|---|---|---|---|
| | 地址 | | 联系电话 | |
| | 购票人信息 | | | |
| 申请事项（由纳税人填写） | 申请增值税专用发票（增值税税控系统）最高开票限额 | □初次　　□变更　　（请选择一个项目并在□内打"√"） | | |
| | | □一亿元　　□一千万元　□一百万元 □十万元　　□一万元　　□一千元 （请选择一个项目并在□内打"√"） | | |
| | 申请货物运输业增值税专用发票（增值税税控系统）最高开票限额 | □初次　　□变更　　（请选择一个项目并在□内打"√"） | | |
| | | □一亿元　　□一千万元　□一百万元 □十万元　　□一万元　　□一千元 （请选择一个项目并在□内打"√"） | | |
| | 申请理由：<br><br><br><br>经办人（签字）：　　　　　　　　　　　　　　　　　　　纳税人（印章）：<br>　年　月　日　　　　　　　　　　　　　　　　　　　　　　年　月　日 | | | |
| 区县税务机关意见 | 发票种类 | | 批准最高开票限额 | |
| | 增值税专用发票（增值税税控系统） | | | |
| | 货物运输业增值税专用发票（增值税税控系统） | | | |
| | 经办人（签字）：　　　　批准人（签字）：　　　　　税务机关（印章）：<br>　年　月　日　　　　　　　年　月　日　　　　　　　　年　月　日 | | | |
| | | | | |

注：本申请表一式两联：第一联由申请纳税人留存；第二联由区县税务机关留存。

## （二）办理流程

增值税专用发票最高开票限额审批的基本流程如图 2-3 所示。

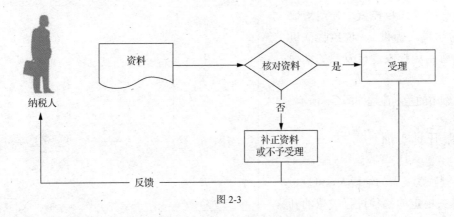

图 2-3

此外，纳税人还可以登录当地税务局网站，进行网上办理。

### 三、增值税税控系统专用设备初始发行

税务机关依据纳税人的申请，在增值税税控系统中将税务登记信息、资格认定信息、税种税目认定信息、票种核定信息、增值税发票系统升级版离线开票时限和离线开票总金额等信息载入金税盘（税控盘）。纳税人领购金税盘（税控盘）后办理，需报送以下主要资料。

（1）使用增值税专用发票和货物运输业增值税专用发票的纳税人，应提供《准予税务行政许可决定书》。

（2）《增值税税控系统安装使用告知书》。

增值税发票系统税控装置初始发行的基本流程如图 2-4 所示。

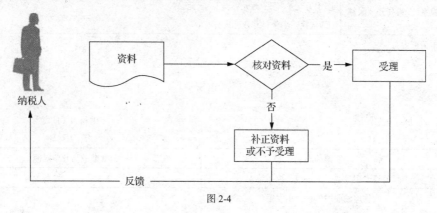

图 2-4

### 四、发票领用

对已办理发票核定的纳税人，税务机关依据其申请，在核定范围内发放发票。纳税人需要报送的材料主要包括以下内容。

（1）经办人身份证明（原件）。

（2）《发票领用簿》原件。

（3）金税盘（税控盘，使用增值税发票的纳税人提供）、税控收款机用户卡（领用税控收款机发票的纳税提供）。

发票领用的基本流程如图 2-5 所示。

### 五、发票开具实训

已办理领购发票的纳税人，可以根据税务机关核定的税种进行发票的开具。开具发票的基本流程如下。

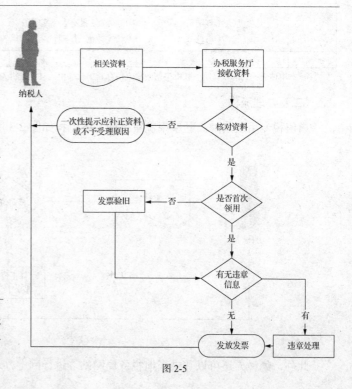

图 2-5

### （一）增值税发票的开具

增值税专用发票，其名称、税号、地址、电话、开户行及账号为必填项；增值税普通发票，其名称、税号为必填项。以增值税专用发票为例，具体操作如图 2-6～图 2-11 所示。

**1. 进入税控发票开票软件**

单击"发票管理"，选择"增值税专用发票填开"选项，如图 2-6 所示。

图 2-6

**2. 发票确认**

进入发票确认界面，确认"发票种类""发票代码""发票号码"与纸质版发票内容一致，单击"确定"按钮，如图 2-7 所示。

**3. 发票开具**

根据业务发生的实际情况及合同规定，将购货单位的相关信息：名称、纳税人识别号、地址、电话、开户行及账号等内容填写完整，选择合同规定的相应货物或应税劳务名称、规格型号、单位，填入数量及金额等信息，如图 2-8 所示。

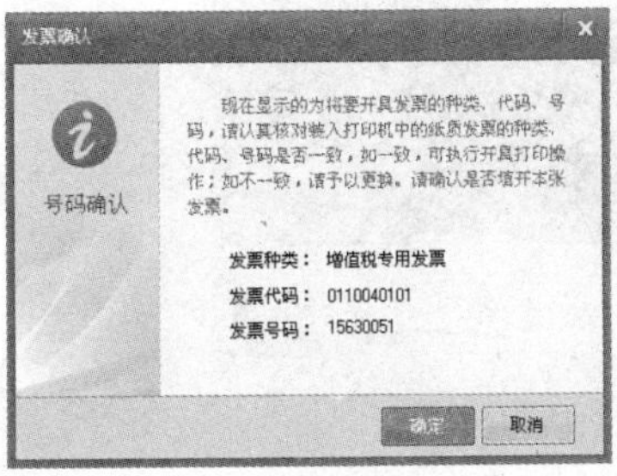

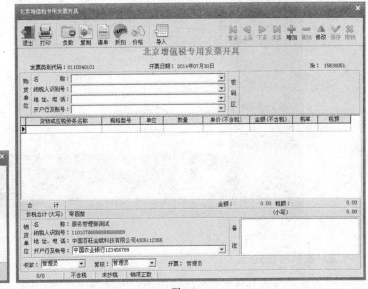

图 2-7

图 2-8

4. 开票打印机"页面边距设置"

发票开具成功后,单击"打印"按钮,在"页面边距设置"界面下设置发票页边距。根据不同的打印机型号,设置相应的页面边距数据(程控设备供应商提供各类型号打印机页边距设置参数)核对后单击"应用"按钮,如图2-9所示。

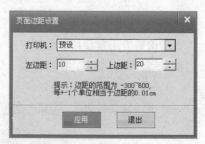

图2-9

5. 打印发票

发票页面边距设置成功,并确认发票内容是否准确无误,单击"直接打印"即可打印发票,如图2-10和图2-11所示。

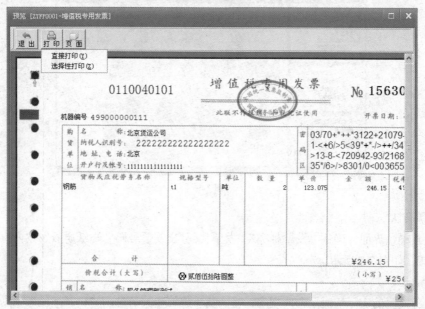

图2-10

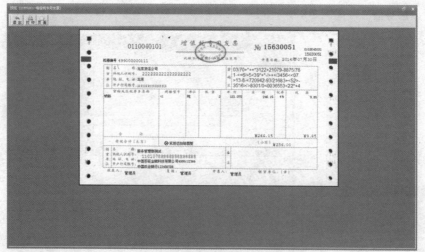

图2-11

## (二)发票作废处理

发票作废处理的具体操作程序如图2-12~图2-14所示。

1. 进入程控设备开票系统

单击"发票管理"命令，选择"发票作废管理"选项，继续选择"已开发票作废"选项，如图 2-12 所示。

图 2-12

2. 发票作废

出现"已开发票作废"界面，选择"发票种类"和开票起止日期，单击"查询"按钮，查找相关单据并查看发票，如图 2-13 所示。

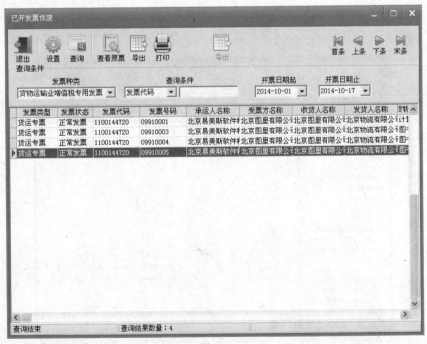

图 2-13

### 3. 确认"发票作废"

进入"发票查询显示"界面，双击该张发票，单击左上角"作废"按钮，作废该张发票，如图 2-14 所示。

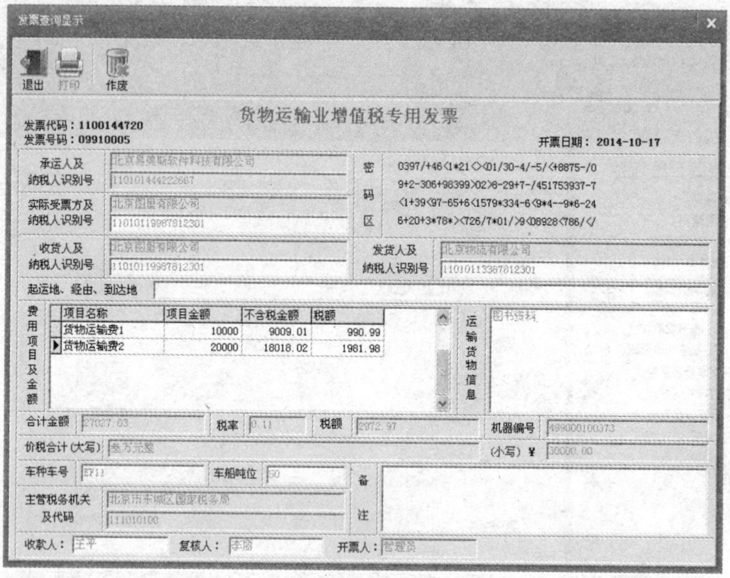

图 2-14

### （三）红字发票处理

对于已经跨月开具的增值税发票，必须采用"红字发票处理"进行修正。红字发票处理的具体操作程序如图 2-15～图 2-21 所示。

### 1. 进入税控设备开票系统

单击"系统设置"命令，选择"红字发票管理"选项，继续选择"增值税专票红字信息表填开"选项进入"开具红字发票信息选择"设置界面，如图 2-15 所示。

图 2-15

### 2. 开具红字发票信息选择

进入"开具红字发票信息选择"界面，根据经济业务要求，首先选择"开具红字发票信息选择"项，选择相应的信息项，其次在"对应蓝字专用发票信息"项中的"发票类型""发票代码"和"发票号码"栏中填写相关信息，单击"下一步"按钮，如图 2-16 所示。

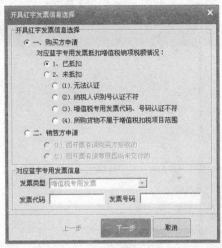

图 2-16

### 3. 上传"红字发票信息表"

进入"红字发票信息表填开"界面，生成"红字发票信息表"，确认红字发票信息无误，单击系统左上角"保存"按钮，保存当前正确信息。然后，在确认网络畅通的情况下，单击"上传"按钮，如图 2-17 所示。

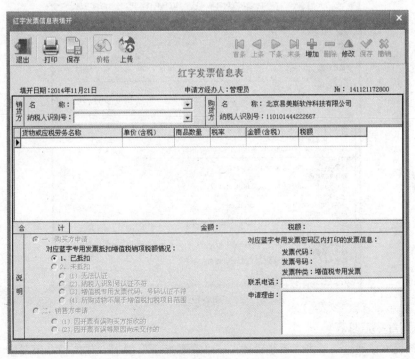

图 2-17

#### 4. 红字信息表审核下载

"红字发票信息表"上传成功后，进行增值税专票审核批件的下载。单击"系统设置"，选择"红字发票管理"→"增值税专票红字信息表审核下载"选项，如图 2-18 所示。

图 2-18

#### 5. 红字信息表审核

进入"红字信息表下载-增值税"界面，选择申请起止日期后单击"下载"按钮，选择"下载保存地址"后，出现"审核通过"的信息，如图 2-19 所示。

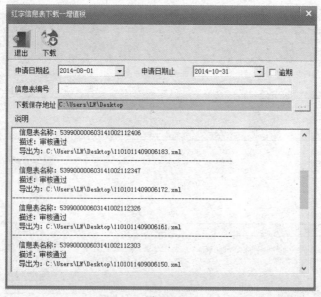

图 2-19

#### 6. 导入"红字信息表"

红字信息表审核通过，单击"系统设置"→"发票管理"，选择"增值税专用发票填开"，负数-导入开具，如图 2-20 所示。

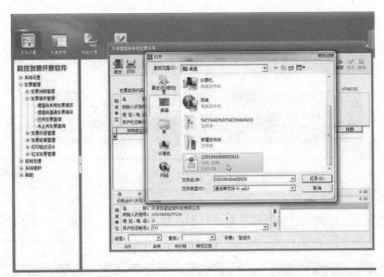

图 2-20

### 7. 打印红字发票

选择保存的文档进行导入即可开具出红字发票，单击"保存并打印发票"按钮，并进行发票打印，如图 2-21 所示。

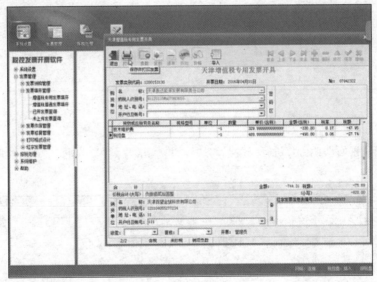

图 2-21

# 第三节
## 发票的认证实训

增值税专用发票认证是指通过增值税发票税控系统对增值税发票所包含的数据进行识别、确认。一般情况下，采用一般计税方法的增值税一般纳税人取得增值税专用发票后，需要进行认证，并在认证通过后按照增值税有关规定据以抵扣进项税额。

增值税专用发票认证包括勾选认证与扫描认证两种方式。

### （一）勾选认证

勾选认证程序如图 2-22～图 2-27 所示。

**1. 登录"增值税发票选择确认平台（天津）"（见图 2-22）**

图 2-22

**2. 查询未认证发票信息**

单击"发票勾选"按钮，选择开票的起止日期，单击"查询"按钮，出现该日期段中未认证的专用发票明细，如图 2-23 所示。

图 2-23

**3. 确认未认证发票信息**

根据查询未认证发票明细，进行"发票勾选"，并单击"保存"按钮，保存所勾选发票信息，如图 2-24 所示。

图 2-24

### 4. 确认勾选发票信息

回到主界面，单击"确认勾选"按钮，选择"已勾选未确认"选项，确认勾选发票清单，核对发票信息无误后，单击"确认"按钮，如图 2-25 所示。

图 2-25

### 5. 提交勾选确认信息

核对本次勾选认证发票份数、金额、税额等信息，单击"确定"按钮，确认提交，如图 2-26 所示。

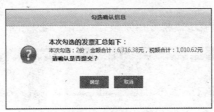

图 2-26

### 6. 下载并打印"发票确认汇总"

勾选确认信息提交成功后，下载并打印本次"发票确认汇总"，如图 2-27 所示。

图 2-27

### （二）扫描认证（手工认证）

扫描认证系统软件操作流程如图2-28所示，其具体操作如图2-29～图2-33所示。

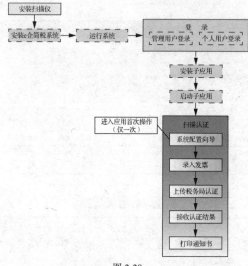

图 2-28

### 1. 登录系统

登录"抵扣联信息采集系统[增值税专用发票]"，如图2-29所示。

图 2-29

### 2. 发票录入

单击"发票录入"命令，选择"手工录入"选项，将收到增值税专用发票的代码、号码、日期、机器编号、密文以及销货单位税号等信息分别录入，录入完毕单击"保存"按钮，如图2-30所示。

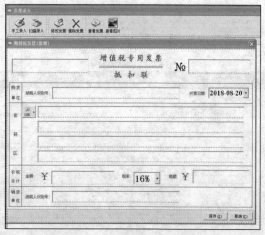

图 2-30

3. 接收认证结果

发票信息录入完毕，单击"上传税务局认证"按钮，将录入的发票进行勾选，并上传税务局认证，选择"接收认证结果"（见图2-31），数分钟后将收到税务局认证反馈信息。

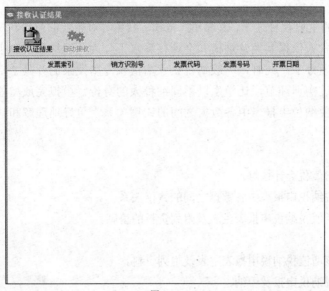

图 2-31

4. 打印"认证结果通知书"

次月初，单击"打印通知书"按钮，选择"从服务器打印"，即生成本月"认证结果通知书"（见图2-32）及认证结果清单（见图2-33）。

### 认证结果通知书

天津市 XXXXXX 有限公司：

　　你单位于2018年7月报送的防伪税控系统开具的专用发票抵扣联共5份。经过认证，认证相符的专用发票5份，税额781.46元。现将认证相符的专用发票抵扣联退还给你单位，请查收。

　　请将认证相符专用发票抵扣联与本通知书一起装订成册，作为纳税检查的备查资料。

　　认证详细情况请见本通知所附清单。

图 2-32

增值税专用发票认证结果清单（认证相符）

所属期：2018年7月

企业名称：天津XXXXXX有限公司　　　　　　　　　　纳税人识别号：xxxxxxxxxxxxx

| 序号 | 发票代码 | 发票号码 | 开票日期 | 销货方税号 | 金额 | 税率 | 税额 | 认证结果 | 发票类别 |
|---|---|---|---|---|---|---|---|---|---|
| 1 | 1100182130 | 16089581 | 2018-07-12 | 91110115MA00GM8848 | 395.58 | 16% | 63.29 | 认证相符 | 专用发票 |
| 2 | 1100182130 | 20459003 | 2018-07-05 | 91110302562134916R | 50.86 | 16% | 8.14 | 认证相符 | 专用发票 |
| 3 | 1100182130 | 20461010 | 2018-07-06 | 91110302562134916R | 50.86 | 16% | 8.14 | 认证相符 | 专用发票 |
| 4 | 1200181130 | 01431783 | 2018-07-05 | 91120110697415475W | 2922.05 | 16% | 467.55 | 认证相符 | 专用发票 |
| 5 | 1200181130 | 08685295 | 2018-07-06 | 91120110MA07C4747P | 1464.63 | 16% | 234.34 | 认证相符 | 专用发票 |
| 合计： | | | | | 4883.98 | | 781.46 | | |
| 制表人： | | 制表时间：2018年08月19日 | | 接受人： | | | 接受时间：　　年　月　日 | | |

图 2-33

# 第三章

## 增值税纳税申报与税款缴纳实训

　　增值税是我国的主要税种之一，其缴纳、抵扣、减免等对企业的财务状况和经营成果都有重要影响。增值税纳税人依据其经营规模和会计核算水平分为一般纳税人和小规模纳税人，分别适用不同的征收管理办法。同时，一般纳税企业增值税专用发票的开具、认证、抵扣等环节较为复杂，因此，通过实训环节，让学生以不同纳税人的身份，模拟完成增值税纳税申报的全过程，以便了解增值税纳税申报表中各数据之间的钩稽关系，更好地理解和认识税务会计工作岗位的重要性。

　　1. 实训目标
　　（1）熟练掌握增值税会计核算。
　　（2）熟悉增值税纳税申报表中各数据之间的钩稽关系。
　　（3）熟练掌握增值税纳税申报表主表及附列资料的填制。
　　2. 实训内容
　　（1）填写并审核增值税纳税申报表主表及附列资料。
　　（2）完成增值税纳税申报及缴纳。

## 第一节　增值税实训概述

### 一、增值税基本概念

　　增值税是对在我国境内销售货物、进口货物以及提供劳务、服务的单位和个人，就其应税销售额计算税款，并实行税款抵扣的一种流转税。

　　理论上的增值税，其征税对象（计税依据）应是货物、劳务的增值额，但各国在实际执行中，对增值额或抵扣额的界定并不相同，主要表现为对购建固定资产增值税是否允许扣除的处理方式不同。因此，在实务中，增值税可以划分为以下三种基本类型。

　　（1）生产型增值税。在计税时，生产型增值税不允许扣除外购固定资产价值中所含增值税税款，实质上是对生产过程的固定资产耗费支出部分进行了重复课税。对全社会而言，增值额相当于工资、利息、租金、利润和折旧额之和，大体上等同于国内生产总值（GDP）的计算口径，因此称为生产型增值税。

　　（2）收入型增值税。收入型增值税是指在征收增值税时允许扣除外购固定资产价值中所含增值税税款，但不允许在固定资产购入时一次性扣除，只允许按照固定资产的损耗程度扣除当期计提折旧部分所含的已缴纳的增值税税款。对全社会而言，增值额相当于社会总产品中的国内收入，因此称为收入型增值税。

　　（3）消费型增值税。消费型增值税是指在征收增值税时，允许一次性扣除当期外购固定资产价值中所含全部增值税税款，使纳税人用于生产应税品所耗用的全部外购项目（包括生产资料）的价值可以彻底扣除。对全社会而言，增值额相当于当期国民消费总额，因此称为消费型增值税。

## 二、增值税纳税人

在我国境内（以下简称境内）销售货物、提供应税劳务和服务、转让无形资产和不动产的单位和个人，为增值税的纳税人。

为简化增值税的计算和征收，也有利于减少税收征管漏洞，增值税法将增值税纳税人按会计核算水平和经营规模分为一般纳税人和小规模纳税人两类，分别采取不同的登记管理办法。

1. 小规模纳税人的认定标准

小规模纳税人是指年应税销售额在规定标准以下，不能按规定报送有关纳税资料的增值税纳税人。年应税销售额是纳税人在连续不超过 12 个月或 4 个季度的经营期内累计应征增值税销售额，包括纳税申报销售额、稽查查补销售额、纳税评估调整销售额。

增值税小规模纳税人标准为年应征增值税销售额 500 万元及以下；已登记为增值税一般纳税人的单位和个人，在 2018 年 12 月 31 日前，可转登记为小规模纳税人，其未抵扣的进项税额做转出处理。

2. 一般纳税人的认定标准

年应税销售额超过小规模纳税人规定标准的，应向主管税务机关办理一般纳税人登记（选择按小规模纳税人纳税的和其他个人除外）。纳税人应根据《增值税一般纳税人登记管理办法》，填报《增值税一般纳税人登记表》。纳税人兼有应税货物及劳务和销售服务、无形资产、不动产的，应税货物及劳务销售额与应税行为销售额分别计算，分别适用增值税一般纳税人登记标准，其中有一项销售额超过规定标准，也应按规定办理增值税一般纳税人登记相关手续。

年应税销售额未超过规定标准以及新开业的纳税人，若符合规定条件（有固定经营场所，能够准确提供税务核算资料），也可以向主管税务机关申请办理一般纳税人资格登记。小规模纳税人会计核算健全（按照国家统一会计制度规定设置账簿，根据合法、有效会计凭证进行会计核算），也可以向主管税务机关申请办理一般纳税人资格登记。一经认定为一般纳税人，不得再转为小规模纳税人。

## 三、增值税纳税期限

增值税一般纳税人（以下简称纳税人）应依照法律、行政法规规定或者税务机关确定的申报期限、申报内容，办理增值税一般纳税人申报。

纳税人办理申报时有时限规定：增值税的纳税期限分别为 1 日、3 日、5 日、10 日、15 日、1 个月或者 1 个季度。纳税人的具体纳税期限，由主管税务机关根据纳税人应纳税额的大小分别核定；不能按照固定期限纳税的，可以按次纳税。

纳税人以 1 个月或者 1 个季度为 1 个纳税期的，自期满之日起 15 日内申报纳税；以 1 日、3 日、5 日、10 日或者 15 日为 1 个纳税期的，自期满之日起 5 日内预缴税款，于次月 1 日起 15 日内申报纳税并结清上月应纳税款。

纳税人进口货物，应当自海关填发海关进口增值税专用缴款书之日起 15 日内缴纳税款。

# 第二节 | 增值税纳税申报实训

## 一、增值税纳税申报概述

### （一）一般纳税人纳税申报资料

根据《中华人民共和国增值税暂行条例》及其实施细则等有关法律法规的规定，纳税申报资料包括必报资料、备查资料、条件报送资料等。

1. 必报资料

纳税人进行纳税申报的必报资料包括《增值税纳税申报表（一般纳税人适用）》及附列资料，具体内容如下。

（1）《增值税纳税申报表（一般纳税人适用）》。

（2）《增值税纳税申报表附列资料（一）（本期销售情况明细）》。

（3）《增值税纳税申报表附列资料（二）（本期进项税额明细）》。

（4）《增值税纳税申报表附列资料（三）（服务、不动产和无形资产扣除项目明细）》。

（5）《增值税纳税申报表附列资料（四）（税额抵减情况表）》。

2. 备查资料

（1）符合抵扣条件且在本期申报抵扣的防伪税控"增值税专用发票""货物运输业增值税专用发票"、税控"机动车销售统一发票"的抵扣联。

（2）符合抵扣条件且在本期申报抵扣的中华人民共和国税收缴款凭证及清单，书面合同、付款证明和境外单位的对账单或者发票。

（3）已开具的农产品收购凭证存根联或报查联。

3. 条件报送资料

（1）符合抵扣条件且在本期申报抵扣的纳税人应提供《海关进口增值税专用缴款书》、购进农产品取得的普通发票。

（2）纳税人进口货物取得属于增值税扣税范围的海关缴款书时应提供《海关稽核结果通知书》。

（3）部分行业试行农产品增值税进项税额核定扣除办法的纳税人应提供《农产品核定扣除增值税进项税额计算表（汇总表）》《投入产出法核定农产品增值税进项税额计算表》《成本法核定农产品增值税进项税额计算表》（适用于发生成品油零售业务的纳税人）、《购进农产品直接销售核定农产品增值税进项税额计算表》《购进农产品用于生产经营且不构成货物实体核定农产品增值税进项税额计算表》。

（4）纳税人提供应税服务，在确定应税服务销售额时，按照有关规定可以从取得的全部价款和价外费用中扣除价款的，应提供"扣除价款的合法凭证及其清单"。

（5）从事成品油销售业务的纳税人应报送《成品油购销存情况明细表》、加油IC卡、《成品油购销存数量明细表》（适用于从事成品油零售业务的加油站）。

（6）辅导期纳税人应报送《稽核结果比对通知书》。

（7）从事机动车生产的纳税人应报送《机动车辆生产企业销售明细表》及电子信息、《机动车辆销售统一发票清单》及电子信息、《机动车辆生产企业销售情况统计表》。

（8）从事机动车销售的纳税人应报送《机动车辆经销企业销售明细表》及电子信息、《机动车辆销售统一发票清单》及电子信息。

（9）采用预缴方式缴纳增值税的发、供电企业应报送《电力企业增值税销项税额和进项税额传递单》。

（10）各类汇总纳税纳税人应报送《分支机构增值税汇总纳税信息传递单》。

（11）从事轮胎、酒精、摩托车等产品生产的纳税人应报送《部分产品销售统计表》。

（12）符合跨境应税服务免征增值税条件的纳税人应报送《跨境应税服务免税备案表》、跨境服务合同；工程、矿产资源在境外的工程勘察勘探服务、会议展览地点在境外的会议展览服务、存储地点在境外的仓储服务、标的物在境外使用的有形动产租赁服务、在境外提供的广播影视节目（作品）发行及播映服务、广告投放地在境外的广告服务，以上服务提交服务地点在境外的证明材料；跨境服务中的国际运输服务，应提交实际发生相关业务的证明材料；向境外单位提供跨境服务，应提交服务接受方机构所在地在境外的证明材料。

4. 纳税人纳税申报注意事项

（1）纳税人对报送材料的真实性和合法性承担责任。

（2）纳税人在资料完整且符合法定受理条件的前提下，最多只需要到税务机关跑一次。

（3）纳税人未按照规定的期限办理纳税申报和报送纳税资料的，将影响纳税信用评价结果。

（4）增值税的纳税期限分别为 1 日、3 日、5 日、10 日、15 日、1 个月或者 1 个季度。纳税人的具体纳税期限，由主管税务机关根据纳税人应纳税额的多少分别核定；不能按照固定期限纳税的，可以按次纳税。

（5）纳税人在纳税期内没有应纳税款的，也应当按照规定办理纳税申报。纳税人享受减税、免税待遇的，在减税、免税期间应当按照规定办理纳税申报。

（6）使用增值税发票管理系统的纳税人，应当在申报期内完成抄、报税事项。

## （二）小规模纳税人纳税申报资料

小规模纳税人申报表是专为年销售额在规定标准以下，并且会计核算不健全，不能按规定报送有关税务资料的增值税纳税人准备的申报表。

小规模纳税人以 1 个季度为纳税期限。纳税人的具体纳税期限，由主管税务机关根据纳税人应纳税额的多少分别核定；不能按照固定期限纳税的，可以按次纳税。

# 二、增值税一般纳税人纳税申报表及其附列资料的填报

根据国家税收法律法规及增值税相关规定制定的《增值税纳税申报表》（以下简称"本表"）。纳税人不论有无销售额，均应按主管税务机关核定的纳税期限按期填报本表，并向当地税务机关申报。

1. 本表中有关名词解释

（1）本表及填写说明所称"货物"，是指增值税的应税货物。

（2）本表及填写说明所称"劳务"，是指增值税的应税加工、修理、修配劳务。

（3）本表及填写说明所称"服务、不动产和无形资产"，是指销售服务、不动产和无形资产。

（4）本表及填写说明所称"按适用税率计税""按适用税率计算"和"一般计税方法"，均指按

"应纳税额=当期销项税额-当期进项税额"公式计算增值税应纳税额的计税方法。

（5）本表及填写说明所称"按简易办法计税""按简易征收办法计算"和"简易计税方法"，均指按"应纳税额=销售额×征收率"公式计算增值税应纳税额的计税方法。

（6）本表及填写说明所称"扣除项目"，是指纳税人销售服务、不动产和无形资产，在确定销售额时，按照有关规定允许其从取得的全部价款和价外费用中扣除价款的项目。

（7）本表及填写说明所称"税控增值税专用发票"，包括以下3种。

① 增值税防伪税控系统开具的防伪税控"增值税专用发票"。

② 货物运输业增值税专用发票税控系统开具的"货物运输业增值税专用发票"。

③ 机动车销售统一发票税控系统开具的税控"机动车销售统一发票"。

2．一般纳税人纳税申报表及填写说明

增值税纳税申报表（一般纳税人适用）如表3-1所示。

表3-1                          增值税纳税申报表
（一般纳税人适用）

根据国家税收法律法规及增值税相关规定制定增值税纳税申报表。纳税人不论有无销售额，均应按主管税务机关核定的纳税期限按期填报本表，并向当地税务机关申报。

税款所属时间：自　年　月　日至　年　月　日　　　　　填表日期：　年　月　日　　　　金额单位：元至角分

| 纳税人识别号 | | | | | | | | | | | | | | | 所属行业： | |
| --- | --- | --- | --- | --- | --- | --- | --- | --- | --- | --- | --- | --- | --- | --- | --- | --- |

| 纳税人名称 | （公章） | 法定代表人姓名 | | 注册地址 | | 生产经营地址 | |
| --- | --- | --- | --- | --- | --- | --- | --- |
| 开户银行及账号 | | | 登记注册类型 | | | 电话号码 | |

| 项目 | | 栏次 | 一般项目 | | 即征即退项目 | |
| --- | --- | --- | --- | --- | --- | --- |
| | | | 本月数 | 本年累计 | 本月数 | 本年累计 |
| 销售额 | （一）按适用税率计税销售额 | | | | | |
| | 其中：应税货物销售额 | 2 | | | | |
| | 应税劳务销售额 | 3 | | | | |
| | 纳税检查调整的销售额 | 4 | | | | |
| | （二）按简易办法计税销售额 | 5 | | | | |
| | 其中：纳税检查调整的销售额 | 6 | | | | |
| | （三）免、抵、退办法出口销售额 | 7 | | | — | — |
| | （四）免税销售额 | 8 | | | — | — |
| | 其中：免税货物销售额 | 9 | | | — | — |
| | 免税劳务销售额 | 10 | | | — | — |
| 税款计算 | 销项税额 | 11 | | | | |
| | 进项税额 | 12 | | | | |
| | 上期留抵税额 | 13 | | | | — |
| | 进项税额转出 | 14 | | | | |
| | 免、抵、退应退税额 | 15 | | | — | — |
| | 按适用税率计算的纳税检查应补缴税额 | 16 | | | — | — |
| | 应抵扣税额合计 | 17=12+13-14-15+16 | | — | | — |
| | 实际抵扣税额 | 18（如17<11，则为17，否则为11） | | | | |

续表

| 项目 | | 栏次 | 一般项目 | | 即征即退项目 | |
|---|---|---|---|---|---|---|
| | | | 本月数 | 本年累计 | 本月数 | 本年累计 |
| 税款计算 | 应纳税额 | 19=11-18 | | | | |
| | 期末留抵税额 | 20=17-18 | | | | — |
| | 简易计税办法计算的应纳税额 | 21 | | | | |
| | 按简易计税办法计算的纳税检查应补缴税额 | 22 | | | — | — |
| | 应纳税额减征额 | 23 | | | | |
| | 应纳税额合计 | 24=19+21-23 | | | | |
| 税款缴纳 | 期初未缴税额（多缴为负数） | 25 | | | | |
| | 实收出口开具专用缴款书退税额 | 26 | | | — | — |
| | 本期已缴税额 | 27=28+29+30+31 | | | | |
| | ① 分次预缴税额 | 28 | | — | | — |
| | ② 出口开具专用缴款书预缴税额 | 29 | | — | | — |
| | ③ 本期缴纳上期应纳税额 | 30 | | | | |
| | ④ 本期缴纳欠缴税额 | 31 | | | | |
| | 期末未缴税额（多缴为负数） | 32=24+25+26-27 | | | | |
| | 其中：欠缴税额（≥0） | 33=25+26-27 | | — | | — |
| | 本期应补（退）税额 | 34=24-28-29 | | — | | — |
| | 即征即退实际退税额 | 35 | — | — | | |
| | 期初未缴查补税额 | 36 | | | | |
| | 本期入库查补税额 | 37 | | | | |
| | 期末未缴查补税额 | 38=16+22+36-37 | | | — | — |

| 授权声明 | 如果你已委托代理人申报，请填写下列资料：为代理一切税务事宜，现授权（地址）为本纳税人的代理申报人，任何与本申报表有关的往来文件，都可寄予此人。授权人签字： | 申报人声明 | 本纳税申报表是根据国家税收法律法规及相关规定填报的，我确定它是真实的、可靠的、完整的。声明人签字： |
|---|---|---|---|

主管税务机关：　　　　　　　　　接收人：　　　　　　　　　接收日期：

《增值税纳税申报表（一般纳税人适用）》填报说明如下。

（1）"税款所属时间"：指纳税人申报的增值税应纳税额的所属时间，应填写具体的起止年、月、日。

（2）"填表日期"：指纳税人填写本表的具体日期。

（3）"纳税人识别号"：填写纳税人的税务登记证号码（统一社会信用代码）。

（4）"所属行业"：按照国民经济行业分类与代码中的小类行业填写。

（5）"纳税人名称"：填写纳税人单位名称全称。

（6）"法定代表人姓名"：填写纳税人法定代表人的姓名。

（7）"注册地址"：填写纳税人税务登记证所注明的详细地址。

（8）"生产经营地址"：填写纳税人实际生产经营地的详细地址。

（9）"开户银行及账号"：填写纳税人开户银行的名称和纳税人在该银行的结算账户号码。

（10）"企业登记注册类型"：按纳税人税务登记证的栏目内容填写。

（11）"电话号码"：填写可联系到纳税人的常用电话号码。

（12）"即征即退项目"列：填写纳税人按规定享受增值税即征即退政策的货物、劳务和服务、不动产、无形资产的征（退）税数据。

（13）"一般项目"列：填写除享受增值税即征即退政策以外的货物、劳务和服务、不动产、无形资产的征（免）税数据。

（14）"本年累计"列：一般填写本年度内各月"本月数"之和。其中，第13栏、第20栏、第25栏、第32栏、第36栏、第38栏及第18栏"实际抵扣税额""一般项目"列的"本年累计"分别按本填写说明第（27）条、第（34）条、第（39）条、第（46）条、第（50）条、第（52）条、第（32）条要求填写。

（15）第1栏"（1）按适用税率征税销售额"：填写纳税人本期按一般计税方法计算缴纳增值税的销售额，包含：在财务上不作销售但按税法规定应缴纳增值税的视同销售和价外费用的销售额；外贸企业作价销售进料加工复出口货物的销售额；税务、财政、审计部门检查后按一般计税方法计算调整的销售额。

营业税改征增值税的纳税人，服务、不动产和无形资产有扣除项目的，本栏应填写扣除之前的不含税销售额。

本栏"一般项目"列"本月数"=《附列资料（一）》第9列第1行至5行之和-第9列第6行、第7行之和；

本栏"即征即退项目"列"本月数"=《附列资料（一）》第9列第6行、第7行之和。

（16）第2栏"其中：应税货物销售额"：填写纳税人本期按适用税率计算增值税的应税货物的销售额。包含在财务上不作销售但按税法规定应缴纳增值税的视同销售货物和价外费用销售额，以及外贸企业作价销售进料加工复出口货物的销售额。

（17）第3栏"应税劳务销售额"：填写纳税人本期按适用税率计算增值税的应税劳务的销售额。

（18）第4栏"纳税检查调整的销售额"：填写纳税人因税务、财政、审计部门检查，并按一般计税方法在本期计算调整的销售额。但享受增值税即征即退政策的货物及劳务和应税服务，经纳税检查属于偷税的，不填入"即征即退项目"列，而应填入"一般项目"列。

营业税改征增值税的纳税人，应税服务有扣除项目的，本栏应填写扣除之前的不含税销售额。

本栏"一般项目"列"本月数"=《附列资料（一）》第7列第1行至第5行之和。

（19）第5栏"按简易办法征税销售额"：填写纳税人本期按简易计税方法计算增值税的销售额。包含纳税检查调整按简易计税方法计算增值税的销售额。

营业税改征增值税的纳税人，应税服务有扣除项目的，本栏应填写扣除之前的不含税销售额；应税服务按规定汇总计算缴纳增值税的分支机构，其当期按预征率计算缴纳增值税的销售额也填入本栏。

本栏"一般项目"列"本月数"≥《附列资料（一）》第9列第8行至第13行之和减去第9列第14行、第15行之和。

本栏"即征即退项目"列"本月数"≥《附列资料（一）》第9列第14行、第15行之和。

（20）第6栏"其中：纳税检查调整的销售额"：填写纳税人因税务、财政、审计部门检查，并按简易计税方法在本期计算调整的销售额。但享受增值税即征即退政策的货物、劳务和应税服务，经纳税检查属于偷税的，不填入"即征即退项目"列，而应填入"一般项目"列。

营业税改征增值税的纳税人，应税服务有扣除项目的，本栏应填写扣除之前的不含税销售额。

（21）第7栏"免、抵、退办法出口销售额"：填写纳税人本期适用免、抵、退税办法的出口货物、劳务和应税服务的销售额。

营业税改征增值税的纳税人，应税服务有扣除项目的，本栏应填写扣除之前的销售额。

本栏"一般货物及劳务和应税服务"列"本月数"=《附列资料（一）》第9列第16行、第17行之和。

（22）第8栏"免税销售额"：填写纳税人本期按照税法规定免征增值税的销售额和适用零税率的销售额，但零税率的销售额中不包括适用免、抵、退税办法的销售额。

营业税改征增值税的纳税人，应税服务有扣除项目的，本栏应填写扣除之前的免税销售额。

本栏"一般货物及劳务和应税服务"列"本月数"=《附列资料（一）》第9列第18行、第19行之和。

（23）第9栏"其中：免税货物销售额"：填写纳税人本期按照税法规定免征增值税的货物销售额及适用零税率的货物销售额，但零税率的销售额中不包括适用免、抵、退税办法出口货物的销售额。

（24）第10栏"免税劳务销售额"：填写纳税人本期按照税法规定免征增值税的劳务销售额及适用零税率的劳务销售额，但零税率的销售额中不包括适用免、抵、退税办法的劳务的销售额。

（25）第11栏"销项税额"：填写纳税人本期按一般计税方法计税的货物、劳务和应税服务的销项税额。

营业税改征增值税的纳税人，应税服务有扣除项目的，本栏应填写扣除之后的销项税额。

本栏"一般项目"列"本月数"=《附列资料（一）》（第10列第1行、第3行、第4a行之和减去10列第6行）+（第14列第2行、第4行、第5行之和减去第14列第7行）；

本栏"即征即退货物、劳务和应税服务"列"本月数"=《附列资料（一）》第10列第6行+第14列第7行。

（26）第12栏"进项税额"：填写纳税人本期申报抵扣的进项税额。

本栏"一般项目"列"本月数"+"即征即退货物及劳务和应税服务"列"本月数"=《附列资料（二）》第12栏"税额"。

（27）第13栏"上期留抵税额"："本月数"按上一税款所属期申报表第20栏"期末留抵税额""本月数"填写。本栏"一般项目"列"本年累计"不填写。

（28）第14栏"进项税额转出"：填写纳税人已经抵扣，但按税法规定本期应转出的进项税额。

本栏"一般货物及劳务和应税服务"列"本月数"+"即征即退货物及劳务和应税服务"列"本月数"=《附列资料（二）》第13栏"税额"。

（29）第15栏"免、抵、退应退税额"：反映税务机关退税部门按照出口货物、劳务和应税服务免、抵、退办法审批的增值税应退税额。

（30）第16栏"按适用税率计算的纳税检查应补缴税额"：填写税务、财政、审计部门检查，按一般计税方法计算的纳税检查应补缴的增值税税额。

本栏"一般货物及劳务和应税服务"列"本月数"≤《附列资料（一）》第8列第1至第5行之和再加上《附列资料（二）》第19栏。

（31）第17栏"应抵扣税额合计"：填写纳税人本期应抵扣进项税额的合计数。按表中所列公式计算填写。

（32）第18栏"实际抵扣税额"："本月数"按表中所列公式计算填写。本栏"一般项目"列"本年累计"不填写。

（33）第19栏"应纳税额"：反映纳税人本期按一般计税方法计算并应缴纳的增值税额。

① 适用加计抵减政策的纳税人，按以下公式填写。

本栏"一般项目"列"本月数"=第11栏"销项税额""一般项目"列"本月数"-第18栏"实际抵扣税额""一般项目"列"本月数"-"实际抵减额"；

本栏"即征即退项目"列"本月数"=第11栏"销项税额""即征即退项目"列"本月数"-第18栏"实际抵扣税额""即征即退项目"列"本月数"-"实际抵减额"。

适用加计抵减政策的纳税人是指，按照规定计提加计抵减额，并可从本期适用一般计税方法计算的应纳税额中抵减的纳税人（下同）。"实际抵减额"是指按照规定可从本期适用一般计税方法计算的应纳税额中抵减的加计抵减额，分别对应《附列资料（四）》第6行"一般项目加计抵减额计算"、第7行"即征即退项目加计抵减额计算"的"本期实际抵减额"列。

② 其他纳税人按表中所列公式填写。

（34）第20栏"期末留抵税额"："本月数"按表中所列公式填写。本栏"一般项目"列"本年累计"不填写。

（35）第21栏"简易征收办法计算的应纳税额"：反映纳税人本期按简易计税方法计算并应缴纳的增值税额，但不包括按简易计税方法计算的纳税检查应补缴税额。按以下公式计算填写：

本栏"一般项目"列"本月数"=《附列资料（一）》（第10列第8行、第9a行、第10行、第11行之和-第10列第14行）+（第14列第9b行、第12行、第13a行、第13b行之和-第14列第15行）；

本栏"即征即退货物、劳务和应税服务"列"本月数"=《附列资料（一）》第10列第14行+第14列第15行。

营业税改征增值税的纳税人，应税服务按规定汇总计算缴纳增值税的分支机构，应将预征增值税额填入本栏。预征增值税额=应预征增值税的销售额×预征率。

（36）第22栏"按简易征收办法计算的纳税检查应补缴税额"：填写纳税人本期因税务、财政、审计部门检查并按简易计税方法计算的纳税检查应补缴税额。

（37）第23栏"应纳税额减征额"：填写纳税人本期按照税法规定减征的增值税应纳税额。包含按照规定可在增值税应纳税额中全额抵减的增值税税控系统专用设备费用以及技术维护费。

当本期减征额小于或等于第19栏"应纳税额"与第21栏"简易计税办法计算的应纳税额"之和时，按本期减征额实际填写；当本期减征额大于第19栏"应纳税额"与第21栏"简易计税办法计算的应纳税额"之和时，按本期第19栏与第21栏之和填写。本期减征额不足抵减部分结转下期继续抵减。

（38）第24栏"应纳税额合计"：反映纳税人本期应缴增值税的合计数。按表中所列公式计算填写。

（39）第25栏"期初未缴税额（多缴为负数）"："本月数"按上一税款所属期申报表第32栏"期末未缴税额（多缴为负数）""本月数"填写。"本年累计"按上年度最后一个税款所属期申报表第32栏"期末未缴税额（多缴为负数）""本年累计"填写。

（40）第26栏"实收出口开具专用缴款书退税额"：本栏不填写。

（41）第 27 栏"本期已缴税额"：反映纳税人本期实际缴纳的增值税额，但不包括本期入库的查补税款。按表中所列公式计算填写。

（42）第 28 栏"①分次预缴税额"：填写纳税人本期已缴纳的准予在本期增值税应纳税额中抵减的税额。

营业税改征增值税的纳税人，分以下几种情况填写。

① 服务、不动产和无形资产按规定汇总计算缴纳增值税的总机构，其可以从本期增值税应纳税额中抵减的分支机构已缴纳的税款，按当期实际可抵减数填入本栏，不足抵减部分结转下期继续抵减。

② 销售建筑服务并按规定预缴增值税的纳税人，其可以从本期增值税应纳税额中抵减的已缴纳的税款，按当期实际可抵减数填入本栏，不足抵减部分结转下期继续抵减。

③ 销售不动产并按规定预缴增值税的纳税人，其可以从本期增值税应纳税额中抵减的已缴纳的税款，按当期实际可抵减数填入本栏，不足抵减部分结转下期继续抵减。

④ 出租不动产并按规定预缴增值税的纳税人，其可以从本期增值税应纳税额中抵减的已缴纳的税款，按当期实际可抵减数填入本栏，不足抵减部分结转下期继续抵减。

（43）第 29 栏"②出口开具专用缴款书预缴税额"：本栏不填写。

（44）第 30 栏"③本期缴纳上期应纳税额"：填写纳税人本期缴纳上一税款所属期应缴未缴的增值税额。

（45）第 31 栏"④本期缴纳欠缴税额"：反映纳税人本期实际缴纳和留抵税额抵减的增值税欠税额，但不包括缴纳入库的查补增值税额。

（46）第 32 栏"期末未缴税额（多缴为负数）"："本月数"反映纳税人本期期末应缴未缴的增值税额，但不包括纳税检查应缴未缴的税额。按表中所列公式计算填写。"本年累计"与"本月数"相同。

（47）第 33 栏"其中：欠缴税额（≥0）"：反映纳税人按照税法规定已形成欠税的增值税额。按表中所列公式计算填写。

（48）第 34 栏"本期应补（退）税额"：反映纳税人本期应纳税额中应补缴或应退回的数额。按表中所列公式计算填写。

（49）第 35 栏"即征即退实际退税额"：反映纳税人本期因符合增值税即征即退政策规定，而实际收到的税务机关退回的增值税额。

（50）第 36 栏"期初未缴查补税额"："本月数"按上一税款所属期申报表第 38 栏"期末未缴查补税额""本月数"填写。"本年累计"按上年度最后一个税款所属期申报表第 38 栏"期末未缴查补税额""本年累计"填写。

（51）第 37 栏"本期入库查补税额"：反映纳税人本期因税务、财政、审计部门检查而实际入库的增值税额，包括按一般计税方法计算并实际缴纳的查补增值税额和按简易计税方法计算并实际缴纳的查补增值税额。

（52）第 38 栏"期末未缴查补税额"："本月数"反映纳税人接受纳税检查后应在本期期末缴纳而未缴的查补增值税额。按表中所列公式计算填写，"本年累计"与"本月数"相同。

3. 增值税纳税申报表附列资料（一）（本期销售情况明细）表及填报说明

增值税纳税申报表附列资料（一）（本期销售情况明细）如表 3-2 所示。

增值税纳税申报表附列资料（一）（本期销售情况明细）填报说明如下。

表 3-2

增值税纳税申报表附列资料（一）

（本期销售情况明细）

金额单位：元至角分

税款所属时间：　　年　月　日至　　年　月　日

纳税人名称：（公章）

| 项目及栏次 | | 开具增值税专用发票 销售额 1 | 销项（应纳）税额 2 | 开具其他发票 销售额 3 | 销项（应纳）税额 4 | 未开具发票 销售额 5 | 销项（应纳）税额 6 | 纳税检查调整 销售额 7 | 销项（应纳）税额 8 | 合计 销售额 9=1+3+5+7 | 销项（应纳）税额 10=2+4+6+8 | 价税合计 11=9+10 | 服务、不动产和无形资产扣除项目本期实际扣除金额 12 | 扣除后 含税（免税）销售额 13=11-12 | 销项（应纳）税额 14=13÷(100%+税率或征收率)×税率或征收率 |
|---|---|---|---|---|---|---|---|---|---|---|---|---|---|---|---|
| 一般计税方法计税 | 全部征税项目 | 13%税率的货物及加工修理修配劳务 | 1 | 52 733.63 | 6 855.37 | | | 309.73 | 40.27 | | | 53 043.36 | 6 895.64 | 59 938.99 | | — | — |
| | | 13%税率的服务、不动产和无形资产 | 2 | | | | | | | | | | | | | | |
| | | 13%税率 | 3 | | | | | | | | | | | | | | |
| | | 9%税率的货物及加工修理修配劳务 | 4a | 868 495.51 | 78 164.60 | | | | | | | 868 495.51 | 78 164.60 | 946 660.11 | | — | — |
| | | 9%税率的服务、不动产和无形资产 | 4b | | | | | | | | | | | | | | |
| | | 6%税率 | 5 | — | | 6 226.42 | 373.58 | — | | | | 6 226.42 | 373.58 | 6 600.00 | | — | |
| | 其中：即征即退项目 | 即征即退货物及加工修理修配劳务 | 6 | — | | | | — | | | | — | — | — | | — | — |
| | | 即征即退服务、不动产和无形资产 | 7 | — | | | | — | | | | — | — | — | | — | — |

续表

| 项目及栏次 | | 开具增值税专用发票 | | 开具其他发票 | | 未开具发票 | | 纳税检查调整 | | 合计 | | 价税合计 | 扣除后 | | |
|---|---|---|---|---|---|---|---|---|---|---|---|---|---|---|---|
| | | 销售额 | 销项(应纳)税额 | 销售额 | 销项(应纳)税额 | 销售额 | 销项(应纳)税额 | 销售额 | 销项(应纳)税额 | 销售额 | 销项(应纳)税额 | | 服务、不动产和无形资产扣除项目本期实际扣除金额 | 含税(免税)销售额 | 销项(应纳)税额 |
| | | 1 | 2 | 3 | 4 | 5 | 6 | 7 | 8 | 9=1+3+5+7 | 10=2+4+6+8 | 11=9+10 | 12 | 13=11-12 | 14=13÷(100%+税率或征收率)×税率或征收率 |
| 6%征收率 | 8 | | | | | | | — | — | — | — | — | — | — | — |
| 5%征收率的货物及加工工修理修配劳务 | 9a | | | | | | | — | — | — | — | — | — | — | — |
| 5%征收率的服务、不动产和无形资产 | 9b | | | | | | | — | — | — | — | — | — | — | — |
| 4%征收率 | 10 | | | | | | | — | — | — | — | — | — | — | — |
| 3%征收率的货物及加工工修理修配劳务 | 11 | | | | | | | — | — | — | — | — | — | — | — |
| 二、简易计税方法计税 3%征收率的服务、不动产和无形资产 | 12 | 308 296.12 | 9 248.88 | | | | | | | 308 296.12 | 9 248.88 | 317 545 | — | — | — |
| 全部征税项目 预征率 % | 13a | | | | | | | — | — | — | — | — | — | — | — |
| 预征率 % | 13b | | | | | | | — | — | — | — | — | — | — | — |
| 预征率 % | 13c | | | | | | | — | — | — | — | — | — | — | — |
| 其中:即征即退货物及加工修理修配劳务 | 14 | | | | | | | — | — | — | — | — | — | — | — |
| 即征即退服务、不动产和无形资产 | 15 | | | | | | | — | — | — | — | — | — | — | — |
| 三、免抵退税 货物及加工修理修配劳务 | 16 | | | | | | | — | — | — | — | — | — | — | — |
| 免抵退税 服务、不动产和无形资产 | 17 | | | | | | | — | — | — | — | — | — | — | — |
| 四、免税 货物及加工修理修配劳务 | 18 | | | | | | | — | — | — | — | — | — | — | — |
| 免税 服务、不动产和无形资产 | 19 | | | | | | | — | — | — | — | — | — | — | — |

1. "税款所属时间""纳税人名称"的填写同主表

2. 各列说明

（1）第1至第2列"开具增值税专用发票"：反映本期开具增值税专用发票（含税控机动车销售统一发票，下同）的情况。

（2）第3列至第4列"开具其他发票"：反映除增值税专用发票以外本期开具的其他发票的情况。

（3）第5列至第6列"未开具发票"：反映本期未开具发票的销售情况。

（4）第7列至第8列"纳税检查调整"：反映经税务、财政、审计部门检查并在本期调整的销售情况。

（5）第9列至第11列"合计"：按照表中所列公式填写。

营业税改征增值税的纳税人，服务、不动产和无形资产有扣除项目的，第1列至第11列应填写扣除之前的征（免）税销售额、销项（应纳）税额和价税合计额。

（6）第12列"服务、不动产和无形资产扣除项目本期实际扣除金额"：营业税改征增值税的纳税人，服务、不动产和无形资产有扣除项目的，按《附列资料（三）》第5列对应各行次数据填写，其中本列第5栏等于《附列资料（三）》第5列第3行与第4行之和；服务、不动产和无形资产无扣除项目的，本列填写"0"。其他纳税人不填写。

营业税改征增值税的纳税人，服务、不动产和无形资产按规定汇总计算缴纳增值税的分支机构，当期服务、不动产和无形资产有扣除项目的，填入本列第13行。

（7）第13列"扣除后""含税（免税）销售额"：营业税改征增值税的纳税人，服务、不动产和无形资产有扣除项目的，本列各行次=第11列对应各行次减去第12列对应各行次。其他纳税人不填写。

（8）第14列"扣除后""销项（应纳）税额"：营业税改征增值税的纳税人，服务、不动产和无形资产有扣除项目的，按以下要求填写本列，其他纳税人不填写。

① 服务、不动产和无形资产按照一般计税方法计税。

本列各行次=第13列÷（100%+对应行次税率）×对应行次税率

本列第7行"按一般计税方法计税的即征即退服务、不动产和无形资产"不按本列的说明填写。具体填写要求见"各行说明"第2条第（2）项第③点的说明。

② 服务、不动产和无形资产按照简易计税方法计税：

本列各行次=第13列÷（100%+对应行次征收率）×对应行次征收率

本列第13行"预征率 %"不按本列的说明填写。具体填写要求见"各行说明"第4条第（2）项。

③ 服务、不动产和无形资产实行免抵退税或免税的，本列不填写。

3. 各行说明

（1）第1行至第5行"一、一般计税方法计税""全部征税项目"各行：按不同税率和项目分别填写按一般计税方法计算增值税的全部征税项目。有即征即退征税项目的纳税人，本部分数据中既包括即征即退征税项目，又包括不享受即征即退政策的一般征税项目。

（2）第6行至第7行"一、一般计税方法计税""其中：即征即退项目"各行：只反映按一般计税方法计算增值税的即征即退项目。按照税法规定不享受即征即退政策的纳税人，不填写本行。即征即退项目是全部征税项目的其中数。

① 第6行"即征即退货物及加工修理修配劳务"：反映按一般计税方法计算增值税且享受即征即退政策的货物和加工修理修配劳务。本行不包括服务、不动产和无形资产的内容。

- 本行第 9 列"合计""销售额"栏：反映按一般计税方法计算增值税且享受即征即退政策的货物及加工修理修配劳务的不含税销售额。该栏不按第 9 列所列公式计算，应按照税法规定据实填写。

- 本行第 10 列"合计""销项（应纳）税额"栏：反映按一般计税方法计算增值税且享受即征即退政策的货物及加工修理修配劳务的销项税额。该栏不按第 10 列所列公式计算，应按照税法规定据实填写。

② 第 7 行"即征即退服务、不动产和无形资产"：反映按一般计税方法计算增值税且享受即征即退政策的服务、不动产和无形资产。本行不包括货物及加工修理修配劳务的内容。

- 本行第 9 列"合计""销售额"栏：反映按一般计税方法计算增值税且享受即征即退政策的服务、不动产和无形资产的不含税销售额。服务、不动产和无形资产有扣除项目的，按扣除之前的不含税销售额填写。该栏不按第 9 列所列公式计算，应按照税法规定据实填写。

- 本行第 10 列"合计""销项（应纳）税额"栏：反映按一般计税方法计算增值税且享受即征即退政策的服务、不动产和无形资产的销项税额。服务、不动产和无形资产有扣除项目的，按扣除之前的销项税额填写。该栏不按第 10 列所列公式计算，应按照税法规定据实填写。

- 本行第 14 列"扣除后""销项（应纳）税额"栏：反映按一般计税方法征收增值税且享受即征即退政策的服务、不动产和无形资产实际应计提的销项税额。服务、不动产和无形资产有扣除项目的，按扣除之后的销项税额填写；服务、不动产和无形资产无扣除项目的，按本行第 10 列填写。该栏不按第 14 列所列公式计算，应按照税法规定据实填写。

（3）第 8 行至第 12 行"二、简易计税方法计税""全部征税项目"各行：按不同征收率和项目分别填写按简易计税方法计算增值税的全部征税项目。有即征即退征税项目的纳税人，本部分数据中既包括即征即退项目，也包括不享受即征即退政策的一般征税项目。

（4）第 13a 行至第 13c 行"二、简易计税方法计税""预征率%"：反映营业税改征增值税的纳税人，服务、不动产和无形资产按规定汇总计算缴纳增值税的分支机构，预征增值税销售额、预征增值税应纳税额。其中，第 13a 行"预征率 %"适用于所有实行汇总计算缴纳增值税的分支机构试点纳税人；第 13b 行、第 13c 行"预征率%"适用于部分实行汇总计算缴纳增值税的铁路运输试点纳税人。

① 第 13a 行至第 13c 行第 1 列至第 6 列按照销售额和销项税额的实际发生数填写。

② 第 13a 行至第 13c 行第 14 列，纳税人按"应预征缴纳的增值税=应预征增值税销售额×预征率"公式计算后据实填写。

（5）第 14 行至第 15 行"二、简易计税方法计税""其中：即征即退项目"各行：只反映按简易计税方法计算增值税的即征即退项目。按照税法规定不享受即征即退政策的纳税人，不填写本行。即征即退项目是全部征税项目的其中数。

① 第 14 行"即征即退货物及加工修理修配劳务"：反映按简易计税方法计算增值税且享受即征即退政策的货物及加工修理修配劳务。本行不包括服务、不动产和无形资产的内容。

- 本行第 9 列"合计""销售额"栏：反映按简易计税方法计算增值税且享受即征即退政策的货物及加工修理修配劳务的不含税销售额。该栏不按第 9 列所列公式计算，应按照税法规定据实填写。

- 本行第 10 列"合计""销项（应纳）税额"栏：反映按简易计税方法计算增值税且享受即征即退政策的货物及加工修理修配劳务的应纳税额。该栏不按第 10 列所列公式计算，应按照税法规定据实填写。

② 第 15 行"即征即退服务、不动产和无形资产"：反映按简易计税方法计算增值税且享受即征即退政策的服务、不动产和无形资产。本行不包括货物及加工修理修配劳务的内容。

- 本行第 9 列"合计""销售额"栏：反映按简易计税方法计算增值税且享受即征即退政策的服务、不动产和无形资产的不含税销售额。服务、不动产和无形资产有扣除项目的，按扣除之前的不含税销售额填写。该栏不按第 9 列所列公式计算，应按照税法规定据实填写。

- 本行第 10 列"合计""销项（应纳）税额"栏：反映按简易计税方法计算增值税且享受即征即退政策的服务、不动产和无形资产的应纳税额。服务、不动产和无形资产有扣除项目的，按扣除之前的应纳税额填写。该栏不按第 10 列所列公式计算，应按照税法规定据实填写。

- 本行第 14 列"扣除后""销项（应纳）税额"栏：反映按简易计税方法计算增值税且享受即征即退政策的服务、不动产和无形资产实际应计提的应纳税额。服务、不动产和无形资产有扣除项目的，按扣除之后的应纳税额填写；服务、不动产和无形资产无扣除项目的，按本行第 10 列填写。

（6）第 16 行"三、免抵退税""货物及加工修理修配劳务"：反映适用免、抵、退税政策的出口货物、加工修理修配劳务。

（7）第 17 行"三、免抵退税""服务、不动产和无形资产"：反映适用免、抵、退税政策的服务、不动产和无形资产。

（8）第 18 行"四、免税""货物及加工修理修配劳务"：反映按照税法规定免征增值税的货物及劳务和适用零税率的出口货物及劳务，但零税率的销售额中不包括适用免、抵、退税办法的出口货物及劳务。

（9）第 19 行"四、免税""服务、不动产和无形资产"：反映按照税法规定免征增值税的服务、不动产、无形资产和适用零税率的服务、不动产、无形资产，但零税率的销售额中不包括适用免、抵、退税办法的服务、不动产和无形资产。

4. 增值税纳税申报表附列资料（二）（本期进项税额明细）表及填报说明

增值税纳税申报表附列资料（二）（本期进项税额明细）如表 3-3 所示。

表 3-3 　　　　　　　　　　增值税纳税申报表附列资料（二）

（本期进项税额明细）

税款所属时间： 　　年　月　日至　　年　月　日

纳税人名称：（公章） 　　　　　　　　　　　　　　　　　　　　　　　金额单位：元至角分

| 一、申报抵扣的进项税额 | | | | |
|---|---|---|---|---|
| 项目 | 栏次 | 份数 | 金额 | 税额 |
| （一）认证相符的增值税专用发票 | 1=2+3 | 5 | 27 946.98 | 4 504.20 |
| 其中：本期认证相符且本期申报抵扣 | 2 | 5 | 27 946.98 | 4 504.20 |
| 前期认证相符且本期申报抵扣 | 3 | | | |
| （二）其他扣税凭证 | 4=5+6+7+8 | | | |
| 其中：海关进口增值税专用缴款书 | 5 | 1 | 24 625.54 | 3 201.32 |
| 农产品收购发票或者销售发票 | 6 | | | |
| 代扣代缴税收缴款凭证 | 7 | | | |
| 其他 | 8 | | | |
| （三）本期用于购建不动产的扣税凭证 | 9 | | | |

续表

| 一、申报抵扣的进项税额 | | | | |
|---|---|---|---|---|
| 项目 | 栏次 | 份数 | 金额 | 税额 |
| （四）本期不动产允许抵扣进项税额 | 10 | — | | |
| （五）外贸企业进项税额抵扣证明 | 11 | — | | |
| 当期申报抵扣进项税额合计 | 12=1+4-9+10+11 | 6 | 52 572.52 | 7 705.52 |

| 二、进项税额转出额 | | |
|---|---|---|
| 项目 | 栏次 | 税额 |
| 本期进项税额转出额 | 13=14 至 23 之和 | |
| 其中：免税项目用 | 14 | |
| 集体福利、个人消费 | 15 | |
| 非正常损失 | 16 | |
| 简易计税方法征税项目用 | 17 | |
| 免抵退税办法不得抵扣的进项税额 | 18 | |
| 纳税检查调减进项税额 | 19 | |
| 红字专用发票信息表注明的进项税额 | 20 | |
| 上期留抵税额抵减欠税 | 21 | |
| 上期留抵税额退税 | 22 | |
| 其他应作进项税额转出的情形 | 23 | |

| 三、待抵扣进项税额 | | | | |
|---|---|---|---|---|
| 项目 | 栏次 | 份数 | 金额 | 税额 |
| （一）认证相符的增值税专用发票 | 24 | — | — | — |
| 期初已认证相符但未申报抵扣 | 25 | | | |
| 本期认证相符且本期未申报抵扣 | 26 | | | |
| 期末已认证相符但未申报抵扣 | 27 | | | |
| 其中：按照税法规定不允许抵扣 | 28 | | | |
| （二）其他扣税凭证 | 29=30 至 33 之和 | | | |
| 其中：海关进口增值税专用缴款书 | 30 | | | |
| 农产品收购发票或者销售发票 | 31 | | | |
| 代扣代缴税收缴款凭证 | 32 | — | | |
| 其他 | 33 | | | |
| | 34 | | | |

| 四、其他 | | | | |
|---|---|---|---|---|
| 项目 | 栏次 | 份数 | 金额 | 税额 |
| 本期认证相符的增值税专用发票 | 35 | 5 | 27 946.98 | 4 504.20 |
| 代扣代缴税额 | 36 | — | — | — |

增值税纳税申报表附列资料（二）（本期进项税额明细）填报说明如下。

（1）"税款所属时间""纳税人名称"的填写同主表。

（2）第 1 至第 12 栏"一、申报抵扣的进项税额"。分别反映纳税人按税法规定符合抵扣条件，在本期申报抵扣的进项税额。

① 第 1 栏"（一）认证相符的增值税专用发票"：反映纳税人取得的认证相符本期申报抵扣的增值税专用发票情况。该栏应等于第 2 栏"本期认证相符且本期申报抵扣"与第 3 栏"前期认证相符且本期申报抵扣"数据之和。

② 第 2 栏"其中：本期认证相符且本期申报抵扣"：反映本期认证相符且本期申报抵扣的增值税专用发票的情况。本栏是第 1 栏的其中数，本栏只填写本期认证相符且本期申报抵扣的部分。

③ 第 3 栏"前期认证相符且本期申报抵扣"：反映前期认证相符且本期申报抵扣的增值税专用发票的情况。

辅导期纳税人依据税务机关告知的稽核比对结果通知书及明细清单注明的稽核相符的增值税专用发票填写本栏。本栏是第 1 栏的其中数。

纳税人本期申报抵扣的收费公路通行费增值税电子普通发票（以下简称通行费电子发票）应当填写在第 1 至 3 栏对应栏次中。

第 1 至 3 栏中涉及的增值税专用发票均不包含从小规模纳税人处购进农产品时取得的专用发票，但购进农产品未分别核算用于生产销售 13%税率货物和其他货物服务的农产品进项税额情况除外。

④ 第 4 栏"（二）其他扣税凭证"：反映本期申报抵扣的除增值税专用发票之外的其他扣税凭证的情况。具体包括：海关进口增值税专用缴款书、农产品收购发票或者销售发票（含农产品核定扣除的进项税额）、代扣代缴税收完税凭证、加计扣除农产品进项税额和其他符合政策规定的抵扣凭证。该栏应等于第 5 至第 8b 栏之和。

⑤ 第 5 栏"海关进口增值税专用缴款书"：反映本期申报抵扣的海关进口增值税专用缴款书的情况。按规定执行海关进口增值税专用缴款书先比对后抵扣的，纳税人需依据税务机关告知的稽核比对结果通知书及明细清单注明的稽核相符的海关进口增值税专用缴款书填写本栏。

⑥ 第 6 栏"农产品收购发票或者销售发票"：反映纳税人本期购进农业生产者自产农产品取得（开具）的农产品收购发票或者销售发票情况。从小规模纳税人处购进农产品时取得增值税专用发票情况填写在本栏，但购进农产品未分别核算用于生产销售 13%税率货物和其他货物服务的农产品进项税额情况除外。

"税额"栏=农产品销售发票或者收购发票上注明的农产品买价×9%+增值税专用发票上注明的金额×9%。

上述公式中的"增值税专用发票"是指纳税人从小规模纳税人处购进农产品时取得的专用发票。

执行农产品增值税进项税额核定扣除办法的，填写当期允许抵扣的农产品增值税进项税额，不填写"份数""金额"。

⑦ 第 7 栏"代扣代缴税收缴款凭证"：填写本期按规定准予抵扣的完税凭证上注明的增值税额。

⑧ 第 8a 栏"加计扣除农产品进项税额"：填写纳税人将购进的农产品用于生产销售或委托受托加工 13%税率货物时加计扣除的农产品进项税额。该栏不填写"份数""金额"。

⑨ 第 8b 栏"其他"：反映按规定本期可以申报抵扣的其他扣税凭证情况。

纳税人按照规定不得抵扣且未抵扣进项税额的固定资产、无形资产、不动产，发生用途改变，用于允许抵扣进项税额的应税项目，可在用途改变的次月将按公式计算出的可以抵扣的进项税额，填入"税额"栏。

⑩ 第 9 栏"（三）本期用于购建不动产的扣税凭证"：反映按规定本期用于购建不动产的扣税凭证上注明的金额和税额。

购建不动产是指纳税人 2016 年 5 月 1 日后取得并在会计制度上按固定资产核算的不动产或者 2016 年 5 月 1 日后取得的不动产在建工程。取得不动产,包括以直接购买、接受捐赠、接受投资入股、自建以及抵债等各种形式取得不动产,不包括房地产开发企业自行开发的房地产项目。

本栏次包括第 1 栏中本期用于购建不动产的增值税专用发票和第 4 栏中本期用于购建不动产的其他扣税凭证。

本栏"金额""税额"≥0。

⑪ 第 10 栏"(四)本期用于抵扣的旅客运输服务扣税凭证":反映按规定本期购进旅客运输服务,所取得的扣税凭证上注明或按规定计算的金额和税额。

本栏次包括第 1 栏中按规定本期允许抵扣的购进旅客运输服务取得的增值税专用发票和第 4 栏中按规定本期允许抵扣的购进旅客运输服务取得的其他扣税凭证。

本栏"金额""税额"≥0。

第 9 栏"(三)本期用于购建不动产的扣税凭证"+第 10 栏"(四)本期用于抵扣的旅客运输服务扣税凭证"税额≤第 1 栏"认证相符的增值税专用发票"+第 4 栏"其他扣税凭证"税额。

⑫ 第 11 栏"(五)外贸企业进项税额抵扣证明":填写本期申报抵扣的税务机关出口退税部门开具的《出口货物转内销证明》列明允许抵扣的进项税额。

⑬ 第 12 栏"当期申报抵扣进项税额合计":反映本期申报抵扣进项税额的合计数。按表中所列公式计算填写。

(3)第 13 至第 23 栏"二、进项税额转出额"各栏:分别反映纳税人已经抵扣但按规定应在本期转出的进项税额明细情况。

① 第 13 栏"本期进项税额转出额":反映已经抵扣但按规定应在本期转出的进项税额合计数。按表中所列公式计算填写。

② 第 14 栏"免税项目用":反映用于免征增值税项目,按规定应在本期转出的进项税额。

③ 第 15 栏"集体福利、个人消费":反映用于集体福利或者个人消费,按规定应在本期转出的进项税额。

④ 第 16 栏"非正常损失":反映纳税人发生非正常损失,按规定应在本期转出的进项税额。

⑤ 第 17 栏"简易计税方法征税项目用":反映用于按简易计税方法征税项目,按规定应在本期转出的进项税额。

营业税改征增值税的纳税人,服务、不动产和无形资产按规定汇总计算缴纳增值税的分支机构,当期应由总机构汇总的进项税额也填入本栏。

⑥ 第 18 栏"免抵退税办法不得抵扣的进项税额":反映按照免、抵、退税办法的规定,由于征税税率与退税税率存在税率差,在本期应转出的进项税额。

⑦ 第 19 栏"纳税检查调减进项税额":反映税务、财政、审计部门检查后而调减的进项税额。

⑧ 第 20 栏"红字专用发票信息表注明的进项税额":填写主管税务机关开具的《开具红字增值税专用发票信息表》注明的在本期应转出的进项税额。

⑨ 第 21 栏"上期留抵税额抵减欠税":填写本期经税务机关同意,使用上期留抵税额抵减欠税的数额。

⑩ 第 22 栏"上期留抵税额退税":填写本期经税务机关批准的上期留抵税额退税额。

⑪ 第 23 栏"其他应作进项税额转出的情形":反映除上述进项税额转出情形外,其他应在本期转出的进项税额。

（4）第 24 至第 34 栏"三、待抵扣进项税额"各栏：分别反映纳税人已经取得，但按税法规定不符合抵扣条件，暂不予在本期申报抵扣的进项税额情况及按税法规定不允许抵扣的进项税额情况。

① 第 24 至第 28 栏涉及的增值税专用发票均不包括从小规模纳税人处购进农产品时取得的专用发票，但购进农产品未分别核算用于生产销售 13%税率货物和其他货物服务的农产品进项税额情况除外。

② 第 25 栏"期初已认证相符但未申报抵扣"：反映前期认证相符，但按照税法规定暂不予抵扣及不允许抵扣，结存至本期的增值税专用发票情况。辅导期纳税人填写认证相符但未收到稽核比对结果的增值税专用发票期初情况。

③ 第 26 栏"本期认证相符且本期未申报抵扣"：反映本期认证相符，但按税法规定暂不予抵扣及不允许抵扣，而未申报抵扣的增值税专用发票情况。辅导期纳税人填写本期认证相符但未收到稽核比对结果的增值税专用发票情况。

④ 第 27 栏"期末已认证相符但未申报抵扣"：反映截至本期期末，按照税法规定仍暂不予抵扣及不允许抵扣且已认证相符的增值税专用发票情况。辅导期纳税人填写截至本期期末已认证相符但未收到稽核比对结果的增值税专用发票期末情况。

⑤ 第 28 栏"其中：按照税法规定不允许抵扣"：反映截至本期期末已认证相符但未申报抵扣的增值税专用发票中，按照税法规定不允许抵扣的增值税专用发票情况。

纳税人本期期末已认证相符待抵扣的通行费电子发票应当填写在第 24 栏至第 28 栏对应栏次中。

⑥ 第 29 栏"（二）其他扣税凭证"：反映截至本期期末仍未申报抵扣的除增值税专用发票之外的其他扣税凭证情况。具体包括：海关进口增值税专用缴款书、农产品收购发票或者销售发票、代扣代缴税收完税凭证和其他符合政策规定的抵扣凭证。该栏应等于第 30 栏至第 33 栏之和。

⑦ 第 30 栏"海关进口增值税专用缴款书"：反映已取得但截至本期期末仍未申报抵扣的海关进口增值税专用缴款书情况，包括纳税人未收到稽核比对结果的海关进口增值税专用缴款书情况。

⑧ 第 31 栏"农产品收购发票或者销售发票"：反映已取得但截至本期期末仍未申报抵扣的农产品收购发票或者农产品销售发票情况。从小规模纳税人处购进农产品时取得增值税专用发票情况填写在本栏，但购进农产品未分别核算用于生产销售 13%税率货物和其他货物服务的农产品进项税额情况除外。

⑨ 第 32 栏"代扣代缴税收缴款凭证"：反映已取得但截至本期期末仍未申报抵扣的代扣代缴税收完税凭证情况。

⑩ 第 33 栏"其他"：反映已取得但截至本期期末仍未申报抵扣的其他扣税凭证的情况。

5. 第 35 栏至第 36 栏"四、其他"各栏

（1）第 35 栏"本期认证相符的增值税专用发票"：反映本期认证相符的增值税专用发票的情况。纳税人本期认证相符的通行费电子发票应当填写在本栏次中。

（2）第 36 栏"代扣代缴税额"：填写纳税人根据《中华人民共和国增值税暂行条例》第十八条扣缴的应税劳务增值税额与根据营业税改征增值税有关政策规定扣缴的服务、不动产和无形资产增值税额之和。

6. 增值税纳税申报表附列资料（三）（服务、不动产和无形资产扣除项目明细）表及填写说明

增值税纳税申报表附列资料（三）（服务、不动产和无形资产扣除项目明细）如表 3-4 所示。

表 3-4

增值税纳税申报表附列资料（三）

（服务、不动产和无形资产扣除项目明细）

税款所属时间：　年　月　日至　年　月　日

纳税人名称：（公章）A 公司　　　　　　　　　　　　　　　　　　　　　　　　金额单位：元至角分

| 项目及栏次 | | 本期服务、不动产和无形资产价税合计额（免税销售额） | 服务、不动产和无形资产扣除项目 | | | | |
|---|---|---|---|---|---|---|---|
| | | | 期初余额 | 本期发生额 | 本期应扣除金额 | 本期实际扣除金额 | 期末余额 |
| | | 1 | 2 | 3 | 4=2+3 | 5（5≤1且5≤4） | 6=4-5 |
| 13%税率的项目 | 1 | | | | | | |
| 9%税率的项目 | 2 | 946 660.11 | 0 | 0 | 0 | 0 | 0 |
| 6%税率的项目（不含金融商品转让） | 3 | 6 600.00 | | | | | |
| 6%税率的金融商品转让项目 | 4 | | | | | | |
| 5%征收率的项目 | 5 | | | | | | |
| 3%征收率的项目 | 6 | 317 545.00 | 0 | | | | 0 |
| 免抵退税的项目 | 7 | | | | | | |
| 免税的项目 | 8 | | | | | | |

增值税纳税申报表附列资料（三）（服务、不动产和无形资产扣除项目明细）填报说明如下。

（1）本表由服务、不动产和无形资产有扣除项目的营业税改征增值税纳税人填写。其他纳税人不填写。

（2）"税款所属时间""纳税人名称"的填写同主表。

（3）第 1 列"本期服务、不动产和无形资产价税合计额（免税销售额）"：营业税改征增值税的服务、不动产和无形资产属于征税项目的，填写扣除之前的本期服务、不动产和无形资产价税合计额；营业税改征增值税的服务、不动产和无形资产属于免抵退税或免税项目的，填写扣除之前的本期服务、不动产和无形资产免税销售额。本列各行次等于《附列资料（一）》第 11 列对应行次，其中本列第 3 行和第 4 行之和等于《附列资料（一）》第 11 列第 5 栏。

营业税改征增值税的纳税人，服务、不动产和无形资产按规定汇总计算缴纳增值税的分支机构，本列各行次之和等于《附列资料（一）》第 11 列第 13a、第 13b 行之和。

（4）第 2 列"服务、不动产和无形资产扣除项目""期初余额"：填写服务、不动产和无形资产扣除项目上期期末结存的金额，试点实施之日的税款所属期填写"0"。本列各行次等于上期《附列资料（三）》第 6 列对应行次。

本列第 4 行"6%税率的金融商品转让项目""期初余额"年初首期填报时应填"0"。

（5）第 3 列"服务、不动产和无形资产扣除项目""本期发生额"：填写本期取得的按税法规定准予扣除的服务、不动产和无形资产扣除项目金额。

（6）第 4 列"服务、不动产和无形资产扣除项目""本期应扣除金额"：填写服务、不动产和无形资产扣除项目本期应扣除的金额。

本列各行次=第 2 列对应各行次+第 3 列对应各行次

（7）第 5 列"服务、不动产和无形资产扣除项目""本期实际扣除金额"：填写服务、不动产和无形资产扣除项目本期实际扣除的金额。

本列各行次≤第4列对应各行次且本列各行次≤第1列对应各行次。

（8）第6列"服务、不动产和无形资产扣除项目""期末余额"：填写服务、不动产和无形资产扣除项目本期期末结存的金额。

本列各行次=第4列对应各行次−第5列对应各行次

**7. 增值税纳税申报表附列资料（四）（税额抵减情况表）及填写说明**

《增值税纳税申报表附列资料（四）》（税额抵减情况表）如表3-5所示。

表3-5                    增值税纳税申报表附列资料（四）

（税额抵减情况表）

税款所属时间：　　年　月　日至　年　月　日

纳税人名称：（公章）                                      金额单位：元至角分

| 序号 | 抵减项目 | 期初余额 | 本期发生额 | 本期应抵减税额 | 本期实际抵减税额 | 期末余额 |
|------|----------|----------|------------|----------------|------------------|----------|
|  |  | 1 | 2 | 3=1+2 | 4≤3 | 5=3-4 |
| 1 | 增值税税控系统专用设备费及技术维护费 |  |  |  |  |  |
| 2 | 分支机构预征缴纳税款 |  |  |  |  |  |
| 3 | 建筑服务预征缴纳税款 | 0 | 23 535.83 | 23 535.83 | 23 535.83 |  |
| 4 | 销售不动产预征缴纳税款 |  |  |  |  |  |
| 5 | 出租不动产预征缴纳税款 |  |  |  |  |  |

增值税纳税申报表附列资料（四）（税额抵扣情况表）填报说明如下。

（1）税额抵减情况。

本表第1行由发生增值税税控系统专用设备费用和技术维护费的纳税人填写，反映纳税人增值税税控系统专用设备费用和技术维护费按规定抵减增值税应纳税额的情况。

本表第2行由营业税改征增值税纳税人，服务、不动产和无形资产按规定汇总计算缴纳增值税的总机构填写，反映其分支机构预征缴纳税款抵减总机构应纳增值税税额的情况。

本表第3行由销售建筑服务并按规定预缴增值税的纳税人填写，反映其销售建筑服务预征缴纳税款抵减应纳增值税税额的情况。

本表第4行由销售不动产并按规定预缴增值税的纳税人填写，反映其销售不动产预征缴纳税款抵减应纳增值税税额的情况。

本表第5行由出租不动产并按规定预缴增值税的纳税人填写，反映其出租不动产预征缴纳税款抵减应纳增值税税额的情况。

（2）加计抵减情况。

本表第6至第8行仅限适用加计抵减政策的纳税人填写，反映其加计抵减情况。其他纳税人不需填写。第8行"合计"等于第6行、第7行之和。各列说明如下。

① 第1列"期初余额"：填写上期期末结余的加计抵减额。

② 第2列"本期发生额"：填写按照规定本期计提的加计抵减额。

③ 第3列"本期调减额"：填写按照规定本期应调减的加计抵减额。

④ 第4列"本期可抵减额"：按表中所列公式填写。

⑤ 第5列"本期实际抵减额"：反映按照规定本期实际加计抵减额，按以下要求填写：

若第4列≥0，且第4列<主表第11栏-主表第18栏，则第5列=第4列；

若第 4 列≥主表第 11 栏-主表第 18 栏，则第 5 列=主表第 11 栏-主表第 18 栏；

若第 4 列<0，则第 5 列等于 0。

计算本列"一般项目加计抵减额计算"行和"即征即退项目加计抵减额计算"行时，公式中主表各栏次数据分别取主表"一般项目""本月数"列、"即征即退项目""本月数"列对应数据。

⑥ 第 6 列"期末余额"：填写本期结余的加计抵减额，按表中所列公式填写。

8. 增值税减免税申报明细表及填写说明

增值税减免税申报明细表如表 3-6 所示。

表 3-6 　　　　　　　　　　　　　增值税减免税申报明细表

税款所属时间：自　年　月　日至　年　月　日

纳税人名称（公章）：　　　　　　　　　　　　　　　　　　　　　　　　　　　　金额单位：元至角分

| 一、减税项目 | | | | | | |
| --- | --- | --- | --- | --- | --- | --- |
| 减税性质代码及名称 | 栏次 | 期初余额 | 本期发生额 | 本期应抵减税额 | 本期实际抵减税额 | 期末余额 |
| | | 1 | 2 | 3=1+2 | 4≤3 | 5=3-4 |
| 合计 | 1 | | | | | |
| 0001129914《财政部国家税务局关于增值税税控系统专用设备和技术服维护费抵减增值税税额有关政策的通知》财税 2012（15）号 | 2 | 0 | 280 | 280 | 280 | 0 |
| | 3 | | | | | |
| | 4 | | | | | |
| | 5 | | | | | |
| | 6 | | | | | |

| 二、免税项目 | | | | | | |
| --- | --- | --- | --- | --- | --- | --- |
| 免税性质代码及名称 | 栏次 | 免征增值税项目销售额 | 免税销售额扣除项目本期实际扣除金额 | 扣除后免税销售额 | 免税销售额对应的进项税额 | 免税额 |
| | | 1 | 2 | 3=1-2 | 4 | 5 |
| 合计 | 7 | | | | | |
| 出口免税 | 8 | | — | — | — | — |
| 其中：跨境服务 | 9 | | — | — | — | — |
| | 10 | | | | | |
| | 11 | | | | | |
| | 12 | | | | | |
| | 13 | | | | | |
| | 14 | | | | | |
| | 15 | | | | | |
| | 16 | | | | | |

增值税减免税申报明细表填报说明如下。

（1）本表由享受增值税减免税优惠政策的增值税一般纳税人和小规模纳税人填写。仅享受月销售额不超过 10 万元（按季纳税 30 万元）免征增值税政策或未达起征点的增值税小规模纳税人不需要填报本表，即小规模纳税人当期增值税纳税申报表主表第 12 栏"其他免税销售额""本期数"和第 16 栏"本期应纳税额减征额""本期数"均无数据时，不需要填报本表。

（2）"税款所属时间""纳税人名称"的填写同增值税纳税申报表主表（以下简称主表），申报表主表是指《增值税纳税申报表（一般纳税人适用）》或者《增值税纳税申报表（小规模纳税人适用）》（下同）。

（3）"一、减税项目"由本期按照税收法律、法规及国家有关税收规定享受减征（包含税额式减征、税率式减征）增值税优惠的纳税人填写。

①"减税性质代码及名称"：根据国家税务总局最新发布的《减免性质及分类表》所列减免性质代码、项目名称填写。同时有多个减征项目的，应分别填写。

② 第1列"期初余额"：填写应纳税额减征项目上期"期末余额"，为对应项目上期应抵减而不足抵减的余额。

③ 第2列"本期发生额"：填写本期发生的按照规定准予抵减增值税应纳税额的金额。

④ 第3列"本期应抵减税额"：填写本期应抵减增值税应纳税额的金额。本列按表中所列公式填写。

⑤ 第4列"本期实际抵减税额"：填写本期实际抵减增值税应纳税额的金额。本列各行≤第3列对应各行。

一般纳税人填写时，第1行"合计"本列数=主表第23行"一般项目"列"本月数"。

小规模纳税人填写时，第1行"合计"本列数=主表第16行"本期应纳税额减征额""本期数"。

⑥ 第5列"期末余额"：按表中所列公式填写。

（4）"二、免税项目"由本期按照税收法律、法规及国家有关税收规定免征增值税的纳税人填写。仅享受小微企业免征增值税政策或未达起征点的小规模纳税人不需要填写，即小规模纳税人申报表主表第12栏"其他免税销售额""本期数"无数据时，不需要填写本栏。

①"免税性质代码及名称"：根据国家税务总局最新发布的《减免性质及分类表》所列减免性质代码、项目名称填写。同时有多个免税项目的，应分别填写。

②"出口免税"填写纳税人本期按照税法规定出口免征增值税的销售额，但不包括适用免、抵、退税办法出口的销售额。小规模纳税人不填写本栏。

③ 第1列"免征增值税项目销售额"：填写纳税人免税项目的销售额。免税销售额按照有关规定允许从取得的全部价款和价外费用中扣除价款的，应填写扣除之前的销售额。

一般纳税人填写时，本列"合计"等于主表第8行"一般项目"列"本月数"。

④ 第2列"免税销售额扣除项目本期实际扣除金额"：免税销售额按照有关规定允许从取得的全部价款和价外费用中扣除价款的，据实填写扣除金额；无扣除项目的，本列填写"0"。

⑤ 第3列"扣除后免税销售额"：按表中所列公式填写。

⑥ 第4列"免税销售额对应的进项税额"：本期用于增值税免税项目的进项税额。小规模纳税人不填写本列，一般纳税人按下列情况填写：

纳税人兼营应税和免税项目的，按当期免税销售额对应的进项税额填写；

纳税人本期销售收入全部为免税项目，且当期取得合法扣税凭证的，按当期取得的合法扣税凭证注明或计算的进项税额填写；

当期未取得合法扣税凭证的，纳税人可根据实际情况自行计算免税项目对应的进项税额；无法计算的，本栏次填"0"。

⑦ 第5列"免税额"：一般纳税人和小规模纳税人分别按下列公式计算填写，且本列各行数应大于或等于0。

一般纳税人公式：第5列"免税额"≤第3列"扣除后免税销售额"×适用税率－第4列"免税销售额对应的进项税额"。

小规模纳税人公式：第5列"免税额"=第3列"扣除后免税销售额"×征收率。

## 三、增值税小规模纳税人纳税申报表及其附列资料

### （一）增值税小规模纳税人纳税申报表及填写说明

增值税纳税申报表（小规模纳税人适用）如表 3-7 所示。

表 3-7 增值税纳税申报表

（小规模纳税人适用）

纳税人识别号：□□□□□□□□□□□□□□□□□□□□

纳税人名称（公章）： 金额单位：元至角分

税款所属期： 年 月 日至 年 月 日 填表日期： 年 月 日

| | 项目 | 栏次 | 本期数 | | 本年累计 | |
|---|---|---|---|---|---|---|
| | | | 货物及劳务 | 服务、不动产和无形资产 | 货物及劳务 | 服务、不动产和无形资产 |
| 一、计税依据 | （一）应征增值税不含税销售额（3%征收率） | 1 | | | | |
| | 税务机关代开的增值税专用发票不含税销售额 | 2 | | | | |
| | 税控器具开具的普通发票不含税销售额 | 3 | | | | |
| | （二）销售、出租不动产不含税销售额（5%征收率） | 4 | — | | — | |
| | 税务机关代开的增值税专用发票不含税销售额 | 5 | — | | — | |
| | 税控器具开具的普通发票不含税销售额 | 6 | — | | — | |
| | （三）销售使用过的固定资产不含税销售额 | 7（7≥8） | | — | | — |
| | 其中：税控器具开具的普通发票不含税销售额 | 8 | | — | | — |
| | （四）免税销售额 | 9=10+11+12 | | | | |
| | 其中：小微企业免税销售额 | 10 | | | | |
| | 未达起征点销售额 | 11 | | | | |
| | 其他免税销售额 | 12 | | | | |
| | （五）出口免税销售额 | 13（13≥14） | | | | |
| | 其中：税控器具开具的普通发票销售额 | 14 | | | | |
| 二、税款计算 | 本期应纳税额 | 15 | | | | |
| | 本期应纳税额减征额 | 16 | | | | |
| | 本期免税额 | 17 | | | | |
| | 其中：小微企业免税额 | 18 | | | | |
| | 未达起征点免税额 | 19 | | | | |
| | 应纳税额合计 | 20=15-16 | | | | |
| | 本期预缴税额 | 21 | | — | | — |
| | 本期应补（退）税额 | 22=20-21 | | | | |

| 纳税人或代理人声明：<br>本纳税申报表是根据国家税收法律法规及相关规定填报的，我确定它是真实的、可靠的、完整的。 | 如纳税人填报，由纳税人填写以下各栏：<br><br>办税人员： 财务负责人：<br><br>法定代表人： 联系电话：<br>如委托代理人填报，由代理人填写以下各栏：<br><br>代理人名称（公章）： 经办人：<br><br>联系电话： |
|---|---|
| 主管税务机关： | 接收人： 接收日期： |

增值税纳税申报表（小规模纳税人适用填写说明如下）。

本表"货物及劳务"与"服务、不动产和无形资产"各项目应分别填写。

（1）"税款所属期"是指纳税人申报的增值税应纳税额的所属时间，应填写具体的起止年、月、日。

（2）"纳税人识别号"栏，填写纳税人的税务登记证件号码。

（3）"纳税人名称"栏，填写纳税人名称全称。

（4）第1栏"应征增值税不含税销售额（3%征收率）"：填写本期销售货物及劳务、服务和无形资产的不含税销售额，不包括销售、出租不动产、销售使用过的固定资产和销售旧货的不含税销售额、免税销售额、出口免税销售额、查补销售额。

服务有扣除项目的纳税人，本栏填写扣除后的不含税销售额，与当期增值税纳税申报表（小规模纳税人适用）附列资料第8栏数据一致。

（5）第2栏"税务机关代开的增值税专用发票不含税销售额"：填写税务机关代开的增值税专用发票销售额合计。

（6）第3栏"税控器具开具的普通发票不含税销售额"：填写税控器具开具的货物及劳务，服务、不动产和无形资产的普通发票金额换算的不含税销售额。

（7）第4栏"销售、出租不动产不含税销售额（5%征收率）"：填写销售、出租不动产的不含税销售额，销售额=含税销售额÷（1+5%）。销售不动产有扣除项目的纳税人，本栏填写扣除后的不含税销售额。

（8）第5栏"税务机关代开的增值税专用发票不含税销售额"：填写税务机关代开的增值税专用发票销售额合计。

（9）第6栏"税控器具开具的普通发票不含税销售额"：填写税控器具开具的销售、出租不动产的普通发票金额换算的不含税销售额。

（10）第7栏"销售使用过的固定资产不含税销售额"：填写销售自己使用过的固定资产（不含不动产，下同）和销售旧货的不含税销售额，销售额=含税销售额÷（1+3%）。

（11）第8栏"税控器具开具的普通发票不含税销售额"：填写税控器具开具的销售自己使用过的固定资产和销售旧货的普通发票金额换算的不含税销售额。

（12）第9栏"免税销售额"：填写销售免征增值税的货物及劳务，服务、不动产和无形资产的销售额，不包括出口免税销售额。

服务、不动产有扣除项目的纳税人，填写扣除之前的销售额。

（13）第10栏"小微企业免税销售额"：填写符合小微企业免征增值税政策的免税销售额，不包括符合其他增值税免税政策的销售额。个体工商户和其他个人不填写本栏次。

（14）第11栏"未达起征点销售额"：填写个体工商户和其他个人未达起征点（含支持小微企业免征增值税政策）的免税销售额，不包括符合其他增值税免税政策的销售额。本栏次由个体工商户和其他个人填写。

（15）第12栏"其他免税销售额"：填写销售免征增值税的货物及劳务，服务、不动产和无形资产的销售额，不包括符合小微企业免征增值税和未达起征点政策的免税销售额。

（16）第13栏"出口免税销售额"：填写出口免征增值税货物及劳务、出口免征增值税服务、不动产和无形资产的销售额。

服务有扣除项目的纳税人，填写扣除之前的销售额。

（17）第 14 栏"税控器具开具的普通发票销售额"：填写税控器具开具的出口免征增值税货物及劳务、出口免征增值税服务、无形资产的普通发票销售额。

（18）第 15 栏"本期应纳税额"：填写本期按征收率计算缴纳的应纳税额。

（19）第 16 栏"本期应纳税额减征额"：填写纳税人本期按照税法规定减征的增值税应纳税额。包含可在增值税应纳税额中全额抵减的增值税税控系统专用设备费用以及技术维护费，可在增值税应纳税额中抵免的购置税控收款机的增值税税额。

当本期减征额小于或等于第 15 栏"本期应纳税额"时，按本期减征额实际填写；当本期减征额大于第 15 栏"本期应纳税额"时，按本期第 15 栏填写，本期减征额不足抵减部分结转下期继续抵减。

（20）第 17 栏"本期免税额"：填写纳税人本期增值税免税额，免税额根据第 9 栏"免税销售额"和征收率计算。

（21）第 18 栏"小微企业免税额"：填写符合小微企业免征增值税政策的增值税免税额，免税额根据第 10 栏"小微企业免税销售额"和征收率计算。

（22）第 19 栏"未达起征点免税额"：填写个体工商户和其他个人未达起征点（含支持小微企业免征增值税政策）的增值税免税额，免税额根据第 11 栏"未达起征点销售额"和征收率计算。

（23）第 21 栏"本期预缴税额"：填写纳税人本期预缴的增值税额，但不包括查补缴纳的增值税额。

**（二）小规模纳税人增值税纳税申报表附列资料及填写说明**

增值税纳税申报表（小规模纳税人适用）附列资料如表 3-8 所示。

表 3-8　　　　　　　　　增值税纳税申报表（小规模纳税人适用）附列资料

税款所属期：　　年　月　日至　　年　月　日　　　　　　　　　　　　填表日期：　　年　月　日

纳税人名称（公章）：　　　　　　　　　　　　　　　　　　　　　　　金额单位：元至角分

| 服务扣除额计算 | | | |
| --- | --- | --- | --- |
| 期初余额 | 本期发生额 | 本期扣除额 | 期末余额 |
| 1 | 2 | 3（3≤1+2 之和，且 3≤5） | 4=1+2−3 |
| | | | |

| 计税销售额计算 | | | |
| --- | --- | --- | --- |
| 全部含税收入 | 本期扣除额 | 含税销售额 | 不含税销售额 |
| 5 | 6=3 | 7=5−6 | 8=7÷1.03 |
| | | | |

本附列资料由有销售服务且有扣除项目的纳税人填写，各栏次均不包含免征增值税项目的金额。

（1）"税款所属期"是指纳税人申报的增值税应纳税额的所属时间，应填写具体的起止年、月、日。

（2）"纳税人名称"栏，填写纳税人名称全称。

（3）第 1 栏"期初余额"：填写服务扣除项目上期期末结存的金额，试点实施之日的税款所属期填写"0"。

（4）第2栏"本期发生额"：填写本期取得的按税法规定准予扣除的服务扣除项目金额。

（5）第3栏"本期扣除额"：填写服务扣除项目本期实际扣除的金额。

第3栏"本期扣除额"≤第1栏"期初余额"+第2栏"本期发生额"之和，且第3栏"本期扣除额"≤第5栏"全部含税收入"。

（6）第4栏"期末余额"：填写服务扣除项目本期期末结存的金额。

（7）第5栏"全部含税收入"：填写纳税人销售服务、不动产和无形资产取得的全部价款和价外费用数额。

（8）第6栏"本期扣除额"：填写本附列资料第3栏"本期扣除额"的数据。

第6栏"本期扣除额"=第3栏"本期扣除额"

（9）第7栏"含税销售额"：填写服务、不动产和无形资产的含税销售额。

第7栏"含税销售额"=第5栏"全部含税收入"-第6栏"本期扣除额"

（10）第8栏"不含税销售额"：填写服务、不动产和无形资产的不含税销售额。

第8栏"不含税销售额"=第7栏"含税销售额"÷1.03，与增值税纳税申报表（小规模纳税人适用）第1栏"应征增值税不含税销售额""本期数""服务、不动产和无形资产"栏数据一致。

## 四、增值税纳税申报模拟实训

### （一）一般计税方法模拟实训

【例3-1】天津华时科技有限公司2019年4月发生以下业务。

本月与山东德州陵城水利工程公司签订合同两份，其中信息采集系统安装合同金额为946 660.11元；甲供材施工合同317 545元；为天津公交公司提供技术服务合同6 600元，变卖废品收取现金350元，开具收据；本月维修电子设备，总金额59 589元；本月取得进项税发票5份，金额为27 946.98元，税额4 504.2元；进口电子产品取得进口增值税票据1份，税额3 201.32元；本月缴纳开票设备服务款280元；本月缴纳2019年3月应纳税额23 793.25元。

根据上述经济业务内容，计算公司2019年4月收入，并填写4月增值税申报表及附表。

（注：以上技术服务合同为增值税普通发票，其他业务合同均开具增值税专用发票。）

【解析】

（1）工程收入销项税额=946 660.11÷（1+9%）×9%=78 164.60（元）

（2）山东所属税务机关预缴税额=946 660.11÷（1+9%）×2%=17 369.91（元）

（3）简易征收合同销项税额=317 545÷（1+3%）×3%=9 248.88（元）

（4）简易征收异地预缴税额=317 545÷（1+3%）×2%=6 165.92（元）

（5）技术服务销项税额=6 600÷（1+6%）×6%=373.58（元）

（6）未开票收入销项税=350÷（1+13%）×13%=40.27（元）

（7）维修费销项税=59 589÷（1+13%）×13%=6 855.37（元）

根据计算结果填制增值税纳税申报表（见表3-9）；附表1（见表3-2）、附表2（见表3-3）、附表3（见表3-4）、附表4（见表3-5）；增值税减免税申报明细表（见表3-6）。

表 3-9 　　　　　　　　　　　增值税纳税申报表

（一般纳税人适用）

根据国家税收法律法规及增值税相关规定制定本表。纳税人不论有无销售额，均应按税务机关核定的纳税期限填写本表，并向当地税务机关申报。

| 税款所属时间：2019 年 4 月 1 日至 2019 年 4 月 30 日 | | | 填表日期：2019 年 5 月 8 日 | | 金额单位：元至角分 | |
|---|---|---|---|---|---|---|
| 纳税人识别号： | | | 所属行业： | | | |
| 纳税人名称：天津华时科技有限公司 | | 法定代表人姓名：张某某 | | 注册地址： | 生产经营地址： | |
| 开户银行及账号： | | | 登记注册类型： | | 电话号码： | |
| 项目 | | 栏次 | 一般项目 | | 即征即退项目 | |
| | | | 本月数 | 本年累计 | 本月数 | 本年累计 |
| 销售额 | （一）按适用税率计税销售额 | 1 | | | | |
| | 其中：应税货物销售额 | 2 | 59 939.00 | | | |
| | 应税劳务销售额 | 3 | 953 260.11 | | | |
| | 纳税检查调整的销售额 | 4 | | | | |
| | （二）按简易办法计税销售额 | 5 | 317 545.00 | | | |
| | 其中：纳税检查调整的销售额 | 6 | | | | |
| | （三）免、抵、退办法出口销售额 | 7 | | | — | — |
| | （四）免税销售额 | 8 | | | — | — |
| | 其中：免税货物销售额 | 9 | | | — | — |
| | 免税劳务销售额 | 10 | | | — | — |
| 税款计算 | 销项税额 | 11 | 94 682.70 | | | |
| | 进项税额 | 12 | 7 705.52 | | | |
| | 上期留抵税额 | 13 | | | | |
| | 进项税额转出 | 14 | | | | |
| | 免、抵、退应退税额 | 15 | | | | |
| | 按适用税率计算的纳税检查应补缴税额 | 16 | | | | |
| | 应抵扣税额合计 | 17=12+13-14-15+16 | | | — | — |
| | 实际抵扣税额 | 18（如 17<11，则为 17，否则为 11） | | | | |
| | 应纳税额 | 19=11-18 | 86 977.18 | | | |
| | 期末留抵税额 | 20=17-18 | | | | — |
| | 简易计税办法计算的应纳税额 | 21 | | | | |
| | 按简易计税办法计算的纳税检查应补缴税额 | 22 | | | | |
| | 应纳税额减征额 | 23 | 280.00 | | | |
| | 应纳税额合计 | 24=19+21-23 | 86 697.18 | | | |
| 税款缴纳 | 期初未缴税额（多缴为负数） | 25 | 23 793.25 | | | |
| | 实收出口开具专用缴款书退税额 | 26 | | | | |
| | 本期已缴税额 | 27=28+29+30+31 | 23 535.83 | | | |

续表

| 项目 | | 栏次 | 一般项目 | | 即征即退项目 | |
|---|---|---|---|---|---|---|
| | | | 本月数 | 本年累计 | 本月数 | 本年累计 |
| 税款缴纳 | 次预缴税额 | 28 | 23 535.83 | — | — | — |
| | ② 出口开具专用缴款书预缴税额 | 29 | — | — | — | — |
| | ③ 本期缴纳上期应纳税额 | 30 | 23 793.25 | | | |
| | ④ 本期缴纳欠缴税额 | 31 | | | | |
| | 期末未缴税额（多缴为负数） | 32=24+25+26-27 | 63 391.35 | | | |
| | 其中：欠缴税额（≥0） | 33=25+26-27 | | | | |
| | 本期应补（退）税额 | 34=24-28-29 | | | — | |
| | 即征即退实际退税额 | 35 | — | — | | |
| | 期初未缴查补税额 | 36 | | | — | |
| | 本期入库查补税额 | 37 | | | — | |
| | 期末未缴查补税额 | 38=16+22+36-37 | | | — | |
| 是否代理申报 | | | □是 | □否 | 代理人名称 | |
| 代理人地址 | | | | | 代理人员身份证件类型 | |
| 代理人员身份证件号码 | | | | | 授权人 | |

| 授权声明 | 如果你已委托代理人申报，请填写下列资料： | 申报人声明 | 本纳税申报表是根据国家税收法律法规及相关规定填报的，我确定它是真实的、可靠的、完整的。 |
|---|---|---|---|
| | 为代理一切税务事宜，现授权 | | |
| | （地址） | | |
| | 为本纳税人的代理申报人，任何与本申报表有关的往来文件，都可寄予此人。 | | |
| | 授权人签字： | | 声明人签字： |

主管税务局机关： 接收人： 接收日期：

## （二）简易计税方法模拟实训

【例3-2】天津市靖城机动车鉴定评估有限公司为小规模纳税人，2019年4月取得鉴定评估费用163 901元，5月收取97 366元，6月收取127 738元，同时8月销售二手车一辆，取得63 821元。以上经济活动均已开具增值税普通发票。

根据题目给出的资料，计算本公司2018年第二季度增值税税额，并填写第二季度增值税报表。

【解析】

（1）第二季度服务收入合计=（163 901+97 366+127 738）÷（1+3%）=377 674.76（元）

（2）第二季度货物收入合计=63 821÷（1+3%）=61 962.14（元）

（3）第二季度应交增值税合计=（377 674.76+61 962.14）×3%=13 189.1（元）

根据计算结果填制增值税纳税申报表（小规模纳税人适用）（见表3-10）。

表 3-10 　　　　　　　　　　增值税纳税申报表

（小规模纳税人适用）

纳税人识别号：

纳税人名称（公章）：　　　　　　　　　　　　　　　　　　　　　　金额单位：元至角分

税款所属期：2019 年 4 月 1 日至 2019 年 6 月 30 日　　　　　　　填表日期：2018 年 7 月 10 日

| 项目 | | 栏次 | 本期数 | | 本年累计 | |
|---|---|---|---|---|---|---|
| | | | 货物及劳务 | 服务、不动产和无形资产 | 货物及劳务 | 服务、不动产和无形资产 |
| 一、计税依据 | （一）应征增值税不含税销售额（3%征收率） | 1 | 61 962.14 | | 377 674.76 | |
| | 税务机关代开的增值税专用发票不含税销售额 | 2 | 61 962.14 | | 377 674.76 | |
| | 税控器具开具的普通发票不含税销售额 | 3 | | | | |
| | （二）销售出租不动产不含税销售额销售额（5%征收率） | 4 | — | | | |
| | 税务机关代开的增值税专用发票不含税销售额 | 5 | — | | | |
| | 税控器具开具的普通发票不含税销售额 | 6 | — | | | |
| | （三）销售使用过的固定资产不含税销售额 | 7（7≥8） | | — | | — |
| | 其中：税控器具开具的普通发票不含税销售额 | 8 | | — | | — |
| | （四）免税销售额 | 9=10+11+12 | | | | |
| | 其中：小微企业免税销售额 | 10 | | | | |
| | 未达起征点销售额 | 11 | | | | |
| | 其他免税销售额 | 12 | | | | |
| | （五）出口免税销售额 | 13（13≥14） | | | | |
| | 其中：税控器具开具的普通发票销售额 | 14 | | | | |
| 二、税款计算 | 本期应纳税额 | 15 | 1 858.86 | | 11 330.24 | |
| | 本期应纳税额减征额 | 16 | | | | |
| | 本期免税额 | 17 | | | | |
| | 其中：小微企业免税额 | 18 | | | | |
| | 未达起征点免税额 | 19 | | | | |
| | 应纳税额合计 | 20=15-16 | 1 858.86 | | 11 330.24 | |
| | 本期预缴税额 | 21 | — | | — | |
| | 本期应补（退）税额 | 22=20-21 | — | | — | |

| 纳税人或代理人声明： | 如纳税人填报，由纳税人填写以下各栏： | |
|---|---|---|
| 本纳税申报表是根据国家税收法律法规及相关规定填报的，我确定它是真实的、可靠的、完整的。 | 办税人员： | 财务负责人： |
| | 法定代表人： | 联系电话： |
| | 如委托代理人填报，由代理人填写以下各栏： | |
| | 代理人名称（公章）： | 经办人： |
| | | 联系电话： |

主管税务机关：　　　　　　　　　　　　　　　接收人：　　　　　　接收日期：

## 五、纳税申报程序

### 1. 申报导出

选中所需申报报表，单击"报表审核"，审核成功后，单击"申报导出"，将申报文件导出到指定路径，如图 3-1 所示。

| 税种 | 选择 | 申报表名称 | 税款所属期 |
|---|---|---|---|
| 一般纳税人 | ✓ | 增值税纳税申报表（适用于一般纳税人） | 2018-08-01 至 2018-08-31 |
| | ✓ | 增值税纳税申报表附列资料（表一） | 2018-08-01 至 2018-08-31 |
| | ✓ | 增值税纳税申报表附列资料（表二） | 2018-08-01 至 2018-08-31 |
| | ✓ | 增值税纳税申报表附列资料（表三） | 2018-08-01 至 2018-08-31 |
| | ✓ | 增值税纳税申报表附列资料（表四） | 2018-08-01 至 2018-08-31 |
| | ✓ | 增值税减免税申报明细表 | 2018-08-01 至 2018-08-31 |
| | ✓ | 增值税纳税申报表附列资料（五）（不动产分期抵扣计算表） | 2018-08-01 至 2018-08-31 |
| | ✓ | 营改增税负分析测算明细表 | 2018-08-01 至 2018-08-31 |
| 印花税 | ✓ | 印花税纳税申报表 | 2018-08-01 至 2018-08-31 |
| 城建教育费附加 | ✓ | 城建税、教育费附加、地方教育附加税（费）申报表 | 2018-08-01 至 2018-08-31 |
| 申报期【9月】财务报表 | ✓ | 资产负债表（适用执行企业会计准则的一般企业） | 2018-08-01 至 2018-08-31 |
| | ✓ | 利润表（适用执行企业会计准则的一般企业） | 2018-08-01 至 2018-08-31 |

图 3-1

### 2. 纳税申报

登录税务局网上申报接受系统，在功能菜单下单击"纳税申报"，选择导出的申报文件，单击"上传申报文件"，如图 3-2 和图 3-3 所示。

图 3-2

| 序号 | 申报结果 | 申报表名称 | 征收项目 | 税款所属期起日 | 税款所属期止日 | 应补退税额 |
|---|---|---|---|---|---|---|
| 1 | 申报成功 | 增值税纳税申报表（适用于一般纳税人） | 增值税 | 20180801 | 20180831 | 0.00 |
| 2 | 申报成功 | 城建税、教育费附加、地方教育附加税（费）申报表 | 城市维护建设税 | 20180801 | 20180831 | 0.00 |

图 3-3

### 3. 税款缴纳

登录税务局网上申报接受系统，在功能菜单下选择"银行缴款"，单击"缴款"按钮，即完成税款缴纳，如图 3-4 所示。

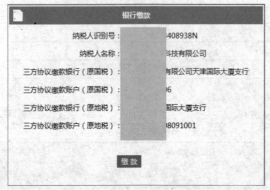

图 3-4

# 第三节 增值税预缴和清缴实训

增值税预缴的范围主要包括以下两种，一是房地产开发企业采用预收款方式销售其自行开发的房地产项目时，对预收款应预缴增值税；二是纳税人在不同地级行政管辖区范围内跨县（市、区）异地提供建筑服务的建筑工程项目，收到工程结算款时，在建筑服务发生地税务机关预交增值税；或者纳税人在同一地级行政管辖区范围内跨县（市、区）异地提供建筑服务，在收到预收款时，在建筑服务机构所在地、发生地税务机关预交增值税。

以跨县（市、区）异地提供建筑服务的建筑工程项目为例，增值税预缴的基本流程如图3-5所示。

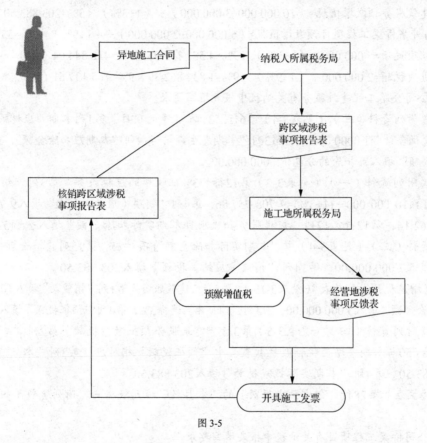

图 3-5

取得异地施工合同→纳税人所属税务局→获得跨区域涉税事项报告表 2 份→施工地税务局预缴增值税→施工地税务局开具《经营地涉税事项反馈表》→纳税人开具施工工程发票→施工完毕纳税人所属税务局核销跨区域涉税事项报告表并收回 1 份。

【例3-3】某建筑施工企业A公司(增值税一般纳税人)具备建筑行政部门批准的建筑业施工资质，并已在主管国税机关办理了简易征收备案。该公司于2019年11月在外省承接一个公路工程项目（按简易办法计税），工期半年，工程竣工后，工程发包方于2020年6月8日给项目办理竣工决算，A公司向发包方已开具增值税普通发票。该工程造价10 000 000元，其中：3 000 000元A公司分包给B建筑工程公司。6月12日该工程项目已在当地预缴税款。

同时，该A公司于2020年5月在外省承接一个桥梁工程项目，工期四个月，工程竣工后，工程发包方于2020年10月8日给项目办理竣工决算，A公司给发包方已开具增值税专用发票。该工程造价5 000 000元，其中：2 000 000元A公司分包给D建筑工程公司，收到D建筑工程公司已开具的增值税专用发票1份，注明税额1 834 862.39元，该专票已通过A公司机构所在地国税增值税发票查询平台的勾选认证。该工程项目已在当地预缴税款。

【解析】

1. 增值税的计算。

A公司外省公路工程项目

差额扣除前应纳税额=10 000 000÷（1+3%）×3%=9 708 737.86×3%=291 262.14（元）

差额扣除后应纳税额=（10 000 000-3 000 000）÷（1+3%）×3%=203 883.50（元）

跨区建筑服务预缴增值税=（10 000 000-3 000 000）÷（1+3%）×3%=203 883.50（元）

A公司外省桥梁工程项目预缴增值税=（5 000 000-2 000 000）÷（1+9%）×2%=55 045.87（元）

当期销项税额=5 000 000÷（1+9%）×9%=4 587 155.96×9%=412 844.04（元）

当期进项税额=2 000 000÷（1+9%）×9%=1 834 862.39×9%=165 137.61（元）

2. A公司公路工程建筑服务有关纳税申报表填写要求。

（1）《附列资料（三）》（见表3-4）第6行"3%征收率的项目"第1列本期"应税服务价税合计额"填入价税合计额1 0000 000.00，第3列"本期发生额"，第4列"本期应扣除金额"，第5列"本期实际扣除金额"填入可扣除的分包价3 000 000.00。

（2）《附列资料（一）》（见表3-2）第12行"3%征收率的应税服务"第3列"销售额"填入不含税销售额10 000 000÷（1+3%）=9 708 737.86，第4列"销项（应纳）税额"填入9 708 737.86×3%=291 262.14，第12行第12列"应税服务扣除项目本期实际扣除金额"填入金额3 000 000.00与《附列资料（三）》（见表3-4）中"本期实际扣除金额"项对应，第13列"扣除后含税（免税）销售额"填入7 000 000.00，第14列"销项（应纳）税额"填入203 883.50。

（3）《增值税预缴税款表》（见表3-19-1）第1行"建筑服务"第1列"销售额"填入10 000 000.00，第2列"扣除金额"填入3 000 000.00，第3列"预征率"选择3%，第4列"预征税额"填入203 883.50。

（4）《附列资料（四）》（见表3-5）第3行"建筑服务预征缴纳税款"第2列"本期发生额"填入203 883.50与本期《增值税预缴税款表》中"预征税额"相对应。第3列"本期应抵减税额"填入203 883.50。第4列"本期实际抵减税额"填入203 883.50。

（5）《主表》第28行"分次预缴税额"的"本月数"填列数据与《附列资料（四）》第4列相对应。

3. A公司桥梁工程项目有关纳税申报表填写要求。

（1）《附列资料（三）》第2行"9%税率的应税服务"第1列本期"应税服务价税合计额（免税销售额）"填入价税合计金额5 000 000.00，该业务使用一般计税方法，2 000 000.00元的分包款不予扣除。第3列"本期发生额"、第4列"本期应扣除金额"、第5列"本期实际扣除金额"为0。

（2）《附列资料（一）》第4b行"9%税率的服务、不动产和无形资产"第1列"销售额"填入不含税销售额4 587 155.96，第2列"销项（应纳）税额"填入412 844.04，该业务使用一般计税方法，2 000 000.00元分包金额不予扣除。第4行第12列"应税服务扣除项目本期实际扣除金额"为0与《附列资料（三）》中"本期实际扣除金额"相对应，第13列"扣除后含税（免税）销售额"填入5 000 000.00，第14列"销项（应纳）税额"填入412 844.04。

（3）《增值税预缴税款表》（见表3-19-2）第1行"建筑服务"第1列"销售额"填入5 000 000.00，第2列"扣除金额"填入2 000 000.00，第3列"预征率"选择2%，第4列"预征税额"填入55 045.87。

（4）《附列资料（四）》第3行"建筑服务预征缴纳税款"，第2列"本期发生额"填入55 045.87与本期《增值税预缴税款表》中"预征税额"相对应。第3列"本期应抵减税额"填入55 045.87，第4列"本期实际抵减税额"填入55 045.87。

（5）《主表》第28行"分次预缴税额"的"本月数"填列数据与《附列资料（四）》第4列相对应。

（6）收到D建筑工程公司已开具的增值税专用发票，注明税额165 137.61元，填入《附列资料（二）》第2行"本期认证相符且本期申报抵扣"的金额、税额列，填入《本期抵扣进项税额结构明细表》第5行"9%税率的进项"项目下的第8行"建筑安装服务的进项"的金额、税额列。

4. 申报表展示。详见表3-1《增值税纳税申报表（一般纳税人适用）》、表3-2《增值税纳税申报表附列资料（一）》（本期销售情况明细）、表3-3《增值税纳税申报表附列资料（二）》（本期进项税额明细）、表3-4《增值税纳税申报表附列资料（三）》（服务、不动产和无形资产扣除明细）、表3-5《增值税纳税申报表附列资料（四）》（税额抵减情况表）、表3-11（1）《增值税预缴税款表》、表3-11（2）《增值税预缴税款表》。

表3-11（1）　　　　　　　　　　增值税预缴税款表

税款所属时间：　年　月　日至　年　月　日

纳税人识别号：□□□□□□□□□□□□　　　　　　　　是否适用一般计税方法　是□　否√

| 纳税人名称：（公章） | | A公司 | | | 金额单位：元（列至角分） | |
|---|---|---|---|---|---|---|
| 项目编号 | | | | 项目名称 | 公路工程项目 | |
| 项目地址 | | | | | | |
| 预征项目和栏次 | | | 销售额 | 扣除金额 | 预征率 3% | 预征税额 |
| | | | 1 | 2 | 3 | 4 |
| 建筑服务 | | 1 | 10,000,000.00 | 3,000,000.00 | 0.03 | 203,883.50 |
| 销售不动产 | | 2 | | | | |
| 出租不动产 | | 3 | | | | |
| | | 4 | | | | |
| | | 5 | | | | |
| 合计 | | 6 | 10,000,000.00 | 3,000,000.00 | 0.03 | 203,883.50 |
| 授权声明 | 如果你已委托代理人填报，请填写下列资料：<br><br>为代理一切税务事宜，现授权（地址）为本次纳税人的代理填报人，任何与本表有关的往来文件，都可寄予此人。<br><br>授权人签字： | | | 填表人申明 | 以上内容是真实的、可靠的、完整的。<br><br><br><br>纳税人签字： | |

表 3-11（2）　　　　　　　　　增值税预缴税款表

税款所属时间：　　年 月 日至　　年 月 日

纳税人识别号：□□□□□□□□□□　　　　　　　　是否适用一般计税方法　　是√　否□

| 纳税人名称：（公章） | A 公司 | | | | 金额单位：元（列至角分） | |
|---|---|---|---|---|---|---|
| 项目编号 | | | 项目名称 | | 桥梁工程项目 | |
| 项目地址 | | | | | | |
| 预征项目和栏次 | | 销售额 | 扣除金额 | 预征率 2% | 预征税额 | |
| | | 1 | 2 | 3 | 4 | |
| 建筑服务 | 1 | 5,000,000.00 | 2,000,000.00 | 0.02 | 54,054.05 | |
| 销售不动产 | 2 | | | | | |
| 出租不动产 | 3 | | | | | |
| | 4 | | | | | |
| | 5 | | | | | |
| 合计 | 6 | 5,000,000.00 | 2,000,000.00 | 0.02 | 54,054.05 | |
| 授权声明 | 如果你已委托代理人填报，请填写下列资料：　　为代理一切税务事宜，现授权（地址）为本次纳税人的代理填报人，任何与本表有关的往来文件，都可寄予此人。　　授权人签字： | | 填表人申明 | | 以上内容是真实的、可靠的、完整的。　　纳税人签字： | |

# 第四节 增值税的实训练习

WD 生产企业为增值税一般纳税人，该企业主要经营轮胎的生产和销售业务。当年 6 月该企业的相关情况如下：

## 一、上期留抵税额

截止当年 5 月 31 日，增值税纳税申报表（一般纳税人适用）中的"一般项目"列第 20 栏"期末留抵税额"为 0。

## 二、销售情况

（1）向某摩托车制造厂销售车胎，开具增值税专用发票，销售额 110 660 118.63 元，销项税额 14 385 815.42 元，货款尚未收到；

（2）向某摩托车修理厂销售车胎，开具的增值税普通发票，销售额 128.42 元，货款尚未收到；

（3）销售下脚料，开具增值税专用发票，销售额 247454 元，销项税额 32 169.02 元，货款尚未收到；

（4）出租机器设备，开具的增值税普通发票，销售额 3200 元，租金存入银行。

## 三、采购情况

（1）采购生产用原材料一批，取得增值税专用发票，金额 97 006 802.71 元，进项税额 12 610 884.35 元，货款尚未支付；

（2）通过银行向供电支付电费，取得增值税专用发票，金额 4 851 805.01 元，进项税额 630 734.65 元；

（3）购买汽油，取得增值税专用发票，金额 98489.68 元，进项税额 12 803.66 元，已通过银行付款；

（4）进口原材料，取得海关开具的增值税专用缴款书，注明增值税额 49718.56 元。

要求：若该企业当月取得需要认证的发票均于当月认证且申报抵扣，根据上述业务填制增值税纳税申报表（一般纳税人适用）及其附表。

# 第四章

## 消费税纳税申报与税款缴纳实训

消费税是流转税种之一,当企业发生消费税应税项目活动时需进行消费税的纳税申报。通过实训环节,学生可以掌握消费税纳税申报表的编制原则、依据、要求与方法,尤其是复合计征应税消费品消费税纳税申报表的填报方法。

1. 实训目标
(1) 熟练掌握消费税会计核算。
(2) 熟练掌握消费税不同计税方法的纳税申报表的填制。

2. 实训内容
(1) 填写并审核消费税不同计税方法的纳税申报表的相关资料。
(2) 完成消费税纳税申报及缴纳。

## 第一节 消费税实训概述

### 一、消费税概念

消费税是对在我国境内从事生产、委托加工和进口应税消费品的单位和个人征收的一种流转税。

### 二、消费税的纳税人

消费税的纳税人是在我国境内从事生产、委托加工和进口应税消费品的单位和个人。"单位"是指企业、行政单位、事业单位、军事单位、社会团体及其他单位;"个人"是指个体工商户及其他个人。

### 三、消费税纳税期限

按照《中华人民共和国消费税暂行条例》规定,消费税的纳税期限分别为1日、3日、5日、10日、15日、1个月或者一个季度。纳税人的具体纳税期限,由主管税务机关根据纳税人应纳税额的大小分别核定;不能按照固定期限纳税的,可以按此纳税。

纳税人以1个月或者1个季度为1个纳税期的,自期满之日起15日内申报纳税;以1日、3日、5日、10日或者15日为1个纳税期的,自期满之日起5日内预缴税款,于次月1日起15日内申报纳税并结清上月应纳税款。

纳税人进口货物,应当自海关填发海关进口增值税专用缴款书之日起15日内缴纳税款。

# 第二节 消费税纳税申报实训

## 一、消费税纳税申报概述

消费税的纳税人应按规定及时办理纳税申报，并如实填写纳税申报表。

消费税纳税申报表包括烟类应税消费品消费税纳税申报表、酒类应税消费品消费税纳税申报表、成品油消费税纳税申报表、小汽车消费税纳税申报表和其他应税消费品消费税纳税申报表；本节以酒类应税消费品纳税申报为例。

1. 酒类应税消费品消费税申报

从事酒类应税消费品生产、委托加工的纳税人依照税收法律法规及相关规定确定的申报期限、申报内容办理消费税纳税申报。

（1）必报资料

酒类应税消费品消费税申报必报资料包括《酒类应税消费品消费税纳税申报表》及附表。其中，酒类应税消费品消费税纳税申报表主表格式如表 4-1～表 4-5 所示。

表 4-1　　　　　　　　　　酒类应税消费品消费税纳税申报表

税款所属期：　　年　月　日至　　年　月　日

纳税人名称（公章）：

纳税人识别号：

填表日期：　年　月　日　　　　　　　　　　　　　金额单位：元（列至角分）

| 项目 消费品名称 | 适用税率 | | 销售数量 | 销售额 | 应纳税额 |
|---|---|---|---|---|---|
| | 定额税率 | 比例税率 | | | |
| 粮食白酒 | 0.5 元/斤 | 20% | | | |
| 薯类白酒 | 0.5 元/斤 | 20% | | | |
| 啤酒 | 250 元/吨 | — | | | |
| 啤酒 | 220 元/吨 | — | | | |
| 黄酒 | 240 元/吨 | — | | | |
| 其他酒 | — | 10% | | | |
| 合计 | — | — | | | |

本期准予抵减税额：

本期减（免）税额：

声明：此纳税申报表是根据国家税收法律的规定填报的，我确定它是真实的、可靠的、完整的。

经办人（签章）：
财务负责人（签章）：
联系电话：

期初未缴税额：

本期缴纳前期应纳税额：

本期预缴税额：

本期应补（退）税额：

（如果你已委托代理人申报，请填写）
授权声明：
为代理一切税务事宜，现授权（地址）为本纳税人的代理申报人，任何与本申报表有关的往来文件，都可寄予此人。
授权人签章：

期末未缴税额：

以下由税务机关填写：

受理人（签章）：　　　　受理日期：　年　月　日　　　受理税务机关（章）：

表 4-2　　　　　　　　　　本期准予抵减税额计算表（附1）

税款所属期：　年　月　日至　年　月　日

纳税人名称（公章）：　纳税人识别号：

填表日期：　　年　　月　　日　　　　　　　　　　　　　　　单位：吨、元（列至角分）

| 一、当期准予抵减的外购啤酒液已纳税款计算 |
|---|
| 1. 期初库存外购啤酒液数量： |
| 2. 当期购进啤酒液数量： |
| 3. 期末库存外购啤酒液数量： |
| 4. 当期准予抵减的外购啤酒液已纳税款： |
| 二、当期准予抵减的进口葡萄酒已纳税款： |
| 三、本期准予抵减税款合计： |

表 4-3　　　　　　　　　　准予抵减消费税凭证明细

| | 号码 | 开票日期 | 数量 | 单价 | 定额税率（元/吨） |
|---|---|---|---|---|---|
| 啤酒<br>（增值税专用<br>发票） | | | | | |
| | | | | | |
| | | | | | |
| | | | | | |
| | 合计 | — | | — | — |
| | 号码 | 开票日期 | 数量 | 完税价格 | 税款金额 |
| 葡萄酒（海关<br>进口消费税<br>专用缴款书） | | | | | |
| | | | | | |
| | | | | | |
| | 合计 | — | | | |

表 4-4　　　　　　　　　　本期代收代缴税额计算表（附2）

税款所属期：　年　月　日至　年　月　日

纳税人名称（公章）：　纳税人识别号：

填表日期：年　月　日　　　　　　　　　　　　　　　　　金额单位：元（列至角分）

| 项目 | 应税消费品名称 | 粮食白酒 | 薯类白酒 | 啤酒 | 啤酒 | 黄酒 | 其他酒 | 酒精 | 合计 |
|---|---|---|---|---|---|---|---|---|---|
| 适用税率 | 定额税率 | 0.5 元/斤 | 0.5 元/斤 | 250 元/吨 | 220 元/吨 | 240 元/吨 | — | — | — |
| | 比例税率 | 20% | 20% | — | — | — | 10% | 5% | — |
| 受托加工数量 | | | | | | | | | — |
| 同类产品<br>销售价格 | | | | | | | — | | — |
| 材料成本 | | | | | | | | | — |
| 加工费 | | | | | | | | | — |
| 组成计税价格 | | | | | | | | | — |
| 本期代收代缴<br>税款 | | | | | | | | | |

表 4-5                    生产经营情况表（附3）

税款所属期：　年　月　日至　年　月　日

纳税人名称（公章）：　　纳税人识别号：☐☐☐☐☐☐☐☐☐☐☐☐☐☐☐☐☐☐☐☐

填表日期：　年　月　日                                          金额单位：元（列至角分）

| 项目 ＼ 应税消费品名称 | 粮食白酒 | 薯类白酒 | 啤酒（适用税率250元/吨） | 啤酒（适用税率220元/吨） | 黄酒 | 其他酒 | 酒精 |
|---|---|---|---|---|---|---|---|
| 生产数量 | | | | | | | |
| 销售数量 | | | | | | | |
| 委托加工收回酒及酒精直接销售数量 | | | | | | | |
| 委托加工收回酒及酒精直接销售额 | | | | | | | |
| 出口免税销售数量 | | | | | | | |
| 出口免税销售额 | | | | | | | |

（2）条件报送资料

① 将外购应税消费品用于连续生产应税消费品的纳税人，应提供"外购应税消费品增值税专用发票抵扣联"原件及复印件。

② 将委托加工收回应税消费品连续生产应税消费品的纳税人，应提供《代扣代收税款凭证》原件及复印件。

③ 将进口应税消费品连续生产应税消费品的纳税人，应提供《海关进口消费税专用缴款书》原件及复印件。

④ 白酒生产企业应提供《已核定最低计税价格白酒清单》原件。

⑤ 享受消费税减免税优惠政策的纳税人应提供《本期减（免）税额明细表》原件。

2. 酒类应税消费品消费税申报表主表填表说明

（1）本表仅限酒类应税消费品消费税纳税人使用。

（2）本表"税款所属期"是指纳税人申报的消费税应纳税额的所属时间，应填写具体的起止年、月、日。

（3）本表"纳税人识别号"栏，填写纳税人的税务登记证号码。

（4）本表"纳税人名称"栏，填写纳税人单位名称全称。

（5）本表"销售数量"为《中华人民共和国消费税暂行条例》《中华人民共和国消费税暂行条例实施细则》及其他法规、规章规定的当期应申报缴纳消费税的酒类应税消费品销售（不含出口免税）数量。计量单位：粮食白酒和薯类白酒为斤（如果实际销售商品按照体积标注计量单位，应按 500 毫升为 1 斤换算），啤酒、黄酒和其他酒为吨。

（6）本表"销售额"为《中华人民共和国消费税暂行条例》《中华人民共和国消费税暂行条例实施细则》及其他法规、规章规定的当期应申报缴纳消费税的酒类应税消费品销售（不含出口免税）收入。

（7）根据《中华人民共和国消费税暂行条例》和《财政部 国家税务总局关于调整酒类产品消费税政策的通知》（财税〔2001〕84 号）的规定，本表"应纳税额"计算公式如下。

① 粮食白酒、薯类白酒。

$$应纳税额=销售数量×定额税率+销售额×比例税率$$

② 啤酒、黄酒。

$$应纳税额=销售数量×定额税率$$

③ 其他酒。

$$应纳税额=销售额×比例税率$$

（8）本表"本期准予抵减税额"填写按税收法规规定的本期准予抵减的消费税应纳税额。其准予抵减的消费税应纳税额情况，需填报本表附1《本期准予抵减税额计算表》予以反映。

"本期准予抵减税额"栏数值与本表附1《本期准予抵减税额计算表》"本期准予抵减税款合计"栏数值一致。

（9）本表"本期减（免）税额"不含出口退（免）税额。

（10）本表"期初未缴税额"栏，填写本期期初累计应缴未缴的消费税额，多缴为负数。其数值等于上期申报表"期末未缴税额"栏数值。

（11）本表"本期缴纳前期应纳税额"填写本期实际缴纳入库的前期应缴未缴消费税额。

（12）本表"本期预缴税额"填写纳税申报前纳税人已预先缴纳入库的本期消费税额。

（13）本表"本期应补（退）税额"填写纳税人本期应纳税额中应补缴或应退回的数额，计算公式如下，多缴为负数：

本期应补（退）税额=应纳税额（合计栏金额）−本期准予抵减税额−本期减（免）税额−本期预缴税额

（14）本表"期末未缴税额"填写纳税人本期期末应缴未缴的消费税额，计算公式如下，多缴为负数。

期末未缴税额=期初未缴税额+本期应补（退）税额−本期缴纳前期应纳税额

（15）本表为A4竖式，所有数字小数点后保留两位。一式二份，一份纳税人留存，一份税务机关留存。

3. 酒类应税消费品消费税申报表附表填表说明

（1）附1（见表4-2）的填写说明。

① 本表作为《酒类应税消费品消费税纳税申报表》的附列资料，由以外购啤酒液为原料连续生产啤酒的纳税人、以外购（仅限从生产企业购进，下同）或进口葡萄酒为原料连续生产葡萄酒的纳税人填报。未发生以外购啤酒液为原料连续生产啤酒、以外购或进口葡萄酒为原料连续生产葡萄酒业务的纳税人不填报本表。

② 本表"税款所属期""纳税人名称""纳税人识别号"的填写同主表。

③ 根据《国家税务总局关于用外购和委托加工收回的应税消费品连续生产应税消费品征收消费税问题的通知》（国税发〔1995〕94 号）和《国家税务总局关于啤酒集团内部企业间销售（调拨）啤酒液征收消费税问题的批复》（国税函〔2003〕382 号）的规定，本表"当期准予抵减的外购啤酒液已纳税款"计算公式如下。

当期准予抵减的外购啤酒液已纳税款=（期初库存外购啤酒液数量+当期购进啤酒液数量
−期末库存外购啤酒液数量）×外购啤酒液适用定额税率

其中，外购啤酒液适用定额税率由购入方取得的销售方销售啤酒液所开具的增值税专用发票上记载的单价确定。适用定额税率不同的，应分别核算外购啤酒液数量和当期准予抵减的外购啤酒液已纳税款，并在表中填写合计数。

④ 本表"当期准予抵扣的葡萄酒已纳税款"栏，填写纳税人符合税收法规规定，在本期申报抵扣外购或进口用于连续生产的葡萄酒已纳消费税款，本栏数据与葡萄酒消费税抵扣税款第9栏"本

月实际抵扣税额"数值一致。

⑤ 本表"本期准予抵减（扣）税款合计"栏数值应与《酒类应税消费品消费税纳税申报表》"本期准予抵减税额"栏数值一致。

⑥ 以外购啤酒液为原料连续生产啤酒的纳税人应在"附：准予抵减消费税凭证明细"栏据实填写购入啤酒液取得的增值税专用发票上载明的"号码""开票日期""数量""单价"等项目内容。

⑦ 本表为 A4 竖式，所有数字小数点后保留两位。一式二份，一份纳税人留存，一份税务机关留存。

（2）附 2（见表 4-4）的填写说明

① 本表作为《酒类应税消费品消费税纳税申报表》的附列资料，由酒类应税消费品受托加工方纳税人填报。委托方和未发生受托加工业务的纳税人不填报本表。

② 本表"税款所属期""纳税人名称""纳税人识别号"的填写同主表。

③ 本表"受托加工数量"的计量单位是：粮食白酒和薯类白酒为斤（如果实际销售商品按照体积标注计量单位，应按 500 毫升为 1 斤换算），啤酒、黄酒、其他酒为吨。

④ 本表"同类产品销售价格"为受托方同类产品销售价格。

⑤ 根据《中华人民共和国消费税暂行条例》的规定，本表"组成计税价格"的计算公式如下。

组成计税价格=（材料成本+加工费）÷（1-消费税税率）

⑥ 根据《中华人民共和国消费税暂行条例》的规定，本表"本期代收代缴税款"的计算公式如下。

a. 当受托方有同类产品销售价格时

本期代收代缴税款=同类产品销售价格×受托加工数量×适用税率+受托加工数量×适用税率

b. 当受托方没有同类产品销售价格时

本期代收代缴税款=组成计税价格×适用税率+受托加工数量×适用税率

"本期代收代缴税款合计"为粮食白酒、薯类白酒、啤酒、黄酒、其他酒的"本期代收代缴税款"合计数。

⑦ 本表为 A4 竖式，所有数字小数点后保留两位。一式二份，一份纳税人留存，一份税务机关留存。

（3）附 3（见表 4-5）的填写说明

① 本表为年报，作为《酒类应税消费品消费税纳税申报表》的附列资料，由酒类应税消费品消费税纳税人于年度终了后填写，次年 1 月办理消费税纳税申报时报送。

② 本表"税款所属期""纳税人名称""纳税人识别号"和"销售数量"的填写要求同主表。

③ 本表"生产数量"，填写本期生产的产成品数量。

④ 本表"出口免税销售数量"和"出口免税销售额"为享受出口免税政策的应税消费品销售数量和销售额。

⑤ 本表计量单位：粮食白酒和薯类白酒为斤（如果实际销售商品按照体积标注计量单位，应按 500 毫升为 1 斤换算），啤酒、黄酒、其他酒为吨。

⑥ 本表为 A4 竖式，所有数字小数点后保留两位。一式二份，一份纳税人留存，一份税务机关留存。

## 二、消费税纳税申报模拟实训

【例4-1】浓郁酒业有限公司2018年6月发生以下经济业务。

（1）9月1日销售粮食白酒10吨，不含税价格310 000元，收取包装物押金35 000元。

（2）9月10日用5吨特制粮食白酒与供货方换取原材料，酒厂开具了增值税专用发票，发票上注明价款为220 000元，特制白酒的平均销售价格为每500克22元，最高销售价格为每500克25元。

（3）9月20日销售薯类白酒20吨，不含税价款240 000元，另收取包装物价款25 000元。

（4）9月22日销售乙类啤酒20吨，每吨1 700元，取得不含税价款54 000元，向当地啤酒节捐赠乙类啤酒10吨。

（5）9月30日将自产特制粮食白酒5吨发给职工作为福利，该白酒的成本价为14 000元，并且无同类售价。（该白酒的成本利润率为5%）

要求：计算各项业务中的应纳消费税税额并填制纳税申报表。

【解析】

（1）应纳消费税=10×2 000×0.5+（310 000+35 000÷1.16）×20%

=78 034.48（元）

（2）应纳消费税=5×2 000×25×20%+5×2 000×0.5=55 000（元）

（3）应纳消费税=20×2 000×0.5+（240 000+25 000÷1.16）×20%

=72 310.34（元）

（4）应纳消费税=（20+10）×220=6 600（元）

（5）应纳消费税

=[14 000（1+5%）+5×2 000×0.5]×20%÷（1-20%）+5×2 000×0.5

=9 925（元）

《酒及酒精消费税纳税申报表》的填制如表4-6所示。

表4-6　　　　　　　　　酒类应税消费品消费税纳税申报表

税款所属期：　年　月　日至　年　月　日

纳税人名称（公章）：

纳税人识别号：

填表日期：2018 年 7 月 10 日

金额单位：元（列至角分）

| 项目<br>消费品名称 | 适用税率 | | 销售数量 | 销售额 | 应纳税额 |
|---|---|---|---|---|---|
| | 定额税率 | 比例税率 | | | |
| 粮食白酒 | 0.5 元/斤 | 20% | 40 000 | 614 797.41 | 142 959.48 |
| 薯类白酒 | 0.5 元/斤 | 20% | 40 000 | 261 551.22 | 72 310.34 |
| 啤酒 | 250 元/吨 | — | | | |
| 啤酒 | 220 元/吨 | — | 30 | | 6 600 |
| 黄酒 | 240 元/吨 | — | | | |
| 其他酒 | | 10% | | | |
| 合计 | — | — | | | 221 869.82 |

| 本期准予抵减税额： | 声明：此纳税申报表是根据国家税收法律的规定填报的，我确定它是真实的、可靠的、完整的。 |
|---|---|
| 本期减（免）税额： | 经办人（签章）： |
| 期初未缴税额： | 财务负责人（签章）：<br>联系电话：<br>（如果你已委托代理人申报，请填写）授权声明 |
| 本期缴纳前应纳税额： | 为代理一切税务事宜，现授权（地址）为本纳税人的代理申报人，任何与本申报表有关的往来文件，都可寄予此人。<br>授权人签章： |
| 本期预缴税额： | |
| 本期应补（退）税额： | |
| 期末未缴税额： | |

以下由税务机关填写：

受理人（签章）：　　　　　　受理日期：　年　月　日　　　　受理税务机关（章）：

# 第三节 | 消费税纳税申报实训练习

　　某酒厂 2018 年 3 月生产一种新的粮食白酒，对外赞助 0.2 吨，已知该种白酒无同类产品出厂价，生产成本每吨 35 000 元，成本利润率为 10%，粮食白酒定额税率为每 500 克 0.5 元，比例税率为 20%。

　　要求：计算该酒厂应纳消费税税额并填制纳税申报表。

# 第五章

## 资源税纳税申报与税款缴纳实训

资源税是在流转环节以特定自然资源为纳税对象的资源税类税种。当企业发生资源税应税项目活动时需进行资源税的纳税申报。通过实训环节，学生可以掌握资源税纳税申报表的适用范围、依据、要求与方法，尤其注意附表（一）与附表（二）在填制过程中的区别。

1. 实训目标

（1）熟练掌握资源税税额的计算及会计核算。

（2）熟练掌握资源税不同计税方及各自附表（一）、附表（二）的填制。

2. 实训内容

（1）填写并审核资源税不同计税方法的计税依据。

（2）完成资源税纳税申报及缴纳。

## 第一节

## 资源税实训概述

### 一、资源税概念

资源税是以特定自然资源为纳税对象的一种流转税。

### 二、资源税的纳税人、扣缴义务人

资源税的纳税人是在我国境内开采矿产资源和特定自然资源的单位和个人。"单位"是指企业、行政单位、事业单位、军事单位、社会团体及其他单位，"个人"是指个体工商户和其他个人。

收购资源税未税矿产品（纳税人在销售其矿产品时不能向扣缴义务人提供"资源税管理证明"的矿产品）的独立矿山、联合企业以及其他单位为资源税的代扣代缴义务人，简称扣缴义务人。

### 三、资源税的纳税范围

（1）原油：是指开采的天然原油，不包括人造石油。

（2）天然气：是指专门开采或与原油同时开采的天然气。

（3）煤炭：包括原煤和以未税原煤（即自采原煤）加工的洗选煤。

（4）金属矿：包含铁矿、金矿、铜矿、铝土矿、铅锌矿、镍矿、锡矿、钨、钼、未列举名称的其他金属矿产品原矿或精矿。

（5）其他非金属矿：如石灰石、稀土、煤层（成）气、井矿盐、湖盐、提取地下卤水晒制的盐、海盐，未列举名称的其他非金属矿产品。

（6）水资源：试点费改税方式，将地表水和地下水纳入征税范围，实行从量定额计征。

# 第二节 | 资源税纳税申报实训

## 一、资源税纳税申报概述

### （一）资源税的纳税期限

资源税的纳税期限为 1 日、3 日、5 日、10 日、15 日或者 1 个月，由主管税务机关根据实际情况具体核定。不能按固定期限纳税的，可以按次计算纳税。

### （二）资源税的纳税地点

（1）如果纳税人应纳的资源税属于跨省开采，其下属生产单位与核算单位不在同一省、自治区、直辖市的，对其开采或者生产的应税产品，一律在开采地或者生产地纳税。

（2）扣缴义务人代扣代缴的资源税，应当向收购地主管税务机关缴纳。

### （三）资源税纳税申报表的填制

资源税的纳税人不论本期是否发生应税行为，均应按期进行纳税申报，在规定时间内向主管税务机关报送《资源税纳税申报表》主表（见表 5-1）和三张附表（见表 5-2～表 5-4）。

表 5-1 资源税纳税申报表

根据国家税收法律法规及资源税有关规定制定本表。纳税人不论有无销售额，均应按照税务机关核定的纳税期限填写本表，并向当地税务机关申报。

税款所属时间：自 年 月 日至 年 月 日 填表日期：年 月 日 金额单位：元至角分

纳税人识别号 ☐☐☐☐☐☐☐☐☐☐☐☐☐☐☐☐

| 纳税人名称 | （公章） | | 法定代表人姓名 | | | 注册地址 | | 生产经营地址 | |
|---|---|---|---|---|---|---|---|---|---|
| 开户银行及账号 | | | 登记注册类型 | | | | | 电话号码 | |

| 税目 | 子目 | 折算率或换算比 | 计量单位 | 计税销售量 | 计税销售额 | 适用税率 | 本期应纳税额 | 本期减免税额 | 本期已缴税额 | 本期应补（退）税额 |
|---|---|---|---|---|---|---|---|---|---|---|
| 1 | 2 | 3 | 4 | 5 | 6 | 7 | 8①=6×7<br>8②=5×7 | 9 | 10 | 11=8-9-10 |
| 煤炭 | | 80% | 吨 | 130 200 | 25 400 000 | 2% | 508 000 | 0 | 0 | 508 000 |
| | | | | | | | | | | |
| | | | | | | | | | | |
| 合计 | | — | | — | | — | | | | |

| 授权声明 | 如果你已委托代理人申报，请填写下列资料：<br>为代理一切税务事宜，现授权　　　（地址）<br>为本纳税人的代理申报人，任何与本申报表有关的往来文件，都可寄予此人。<br>授权人签字： | | 申报人声明 | 本纳税申报表是根据国家税收法律法规及相关规定填写的，我确定它是真实的、可靠的、完整的。<br>声明人签字： |
|---|---|---|---|---|

主管税务机关：　　　　　　接收人：　　　　　　接收日期：　　年　月　日

本表一式两份，一份纳税人留存，一份税务机关留存。

表 5-2　　　　　　　　　　　　资源税纳税申报表附表（一）

（原矿类税目适用）

纳税人识别号　□□□□□□□□□□□□□□□□□□□□

纳税人名称：　　　　　　　　　　　　　　（公章）

税款所属时间：自　　年　月　日至　　年　月　日　　　　　　　　　　　　　金额单位：元至角分

| 序号 | 税目 | 子目 | 原矿销售额 | 精矿销售额 | 折算率 | 精矿折算为原矿的销售额 | 允许扣减的运杂费 | 允许扣减的外购矿购进金额 | 计税销售额 | 计量单位 | 原矿销售量 | 精矿销售量 | 平均选矿比 | 精矿换算为原矿的销售量 | 计税销售量 |
|---|---|---|---|---|---|---|---|---|---|---|---|---|---|---|---|
| | 1 | 2 | 3 | 4 | 5 | 6=4×5 | 7 | 8 | 9=3+6-7-8 | 10 | 11 | 12 | 13 | 14=12×13 | 15=11+14 |
| 1 | 煤炭 | | 10 000 000 | 35 000 000 | 80% | 28 000 000 | 1 600 000 | 11 000 000 | 25 400 000 | 吨 | 35 000 | 70 000 | 1.36 | 95 200 | 130 200 |
| 2 | | | | | | | | | | | | | | | |
| 3 | | | | | | | | | | | | | | | |
| 4 | | | | | | | | | | | | | | | |
| 5 | | | | | | | | | | | | | | | |
| 6 | | | | | | | | | | | | | | | |
| 7 | | | | | | | | | | | | | | | |
| 8 | | | | | | | | | | | | | | | |
| 合计 | | | | | | | | | | | | | | | |

表 5-3　　　　　　　　　　　　资源税纳税申报表附表（二）

（精矿类税目适用）

纳税人识别号　□□□□□□□□□□□□□□□□□□□□

纳税人名称：　　　　　　（公章）

税款所属时间：自　　年　月　日至　　年　月　日　　　　　　　　　　　　　金额单位：元至角分

| 序号 | 税目 | 子目 | 原矿销售额 | 精矿销售额 | 换算比 | 原矿换算为精矿的销售额 | 允许扣减的运杂费 | 允许扣减的外购矿购进金额 | 计税销售额 | 计量单位 | 原矿销售量 | 精矿销售量 | 平均选矿比 | 原矿换算为精矿的销售量 | 计税销售量 |
|---|---|---|---|---|---|---|---|---|---|---|---|---|---|---|---|
| | 1 | 2 | 3 | 4 | 5 | 6=3×5 | 7 | 8 | 9=4+6-7-8 | 10 | 11 | 12 | 13 | 14=11÷13 | 15=12+14 |
| 1 | | | | | | | | | | | | | | | |
| 2 | | | | | | | | | | | | | | | |
| 3 | | | | | | | | | | | | | | | |
| 4 | | | | | | | | | | | | | | | |
| 5 | | | | | | | | | | | | | | | |
| 6 | | | | | | | | | | | | | | | |
| 7 | | | | | | | | | | | | | | | |
| 8 | | | | | | | | | | | | | | | |
| 合计 | | | | | | | | | | | | | | | |

表 5-4

资源税纳税申报表附表（三）
（减免税明细）

纳税人识别号 ☐☐☐☐☐☐☐☐☐☐☐☐☐☐☐☐☐☐

纳税人名称： （公章）

税款所属时间：自 年 月 日至 年 月 日　　　　　　　　　　　金额单位：元至角分

| 序号 | 税目 | 子目 | 减免项目名称 | 计量单位 | 减免税销售量 | 减免税销售额 | 适用税率 | 减免性质代码 | 减征比例 | 本期减免税额 |
|---|---|---|---|---|---|---|---|---|---|---|
| | 1 | 2 | 3 | 4 | 5 | 6 | 7 | 8 | 9 | 10①=6×7×9;<br>10②=5×7×9 |
| 1 | | | | | | | | | | |
| 2 | | | | | | | | | | |
| 3 | | | | | | | | | | |
| 4 | | | | | | | | | | |
| 5 | | | | | | | | | | |
| 6 | | | | | | | | | | |
| 7 | | | | | | | | | | |
| 8 | | | | | | | | | | |
| | 合计 | — | — | | | | — | — | — | |

1. 申报资料

（1）报送《资源税纳税申报表》的纳税人，依以下具体情况，还应报送以下相关附送资料。

① 开采以原矿为征税对象的应税产品的纳税人，报送《资源税纳税申报表附表（一）（原矿类税目适用）》。

② 开采以精矿为征税对象的应税产品的纳税人，报送《资源税纳税申报表附表（二）（精矿类税目适用）》

③ 享受资源税优惠的纳税人，报送《资源税纳税申报表附表（三）（减免税明细）》。

（2）经营中外合作油气田和中国海洋石油总公司海上自营油气田的纳税人，不报送《资源税纳税申报表》及其附送资料，改为报送《中外合作及海上自营油气田资源税纳税申报表》。

2. 资源税纳税申报表的填制说明

（1）主表的填写说明

① 本表为资源税纳税申报表主表，适用于缴纳资源税的纳税人填报（另有规定者除外）。本表包括三个附表，分别为资源税纳税申报表附表（一）、附表（二）、附表（三），由开采或生产原矿类、精矿类税目的纳税人以及发生减免税事项的纳税人填写。除"本期已缴税额"需要填写外，纳税人提交附表后，本表由系统自动生成，无需纳税人手工填写，仅需签章确认（特殊情况下需要手工先填写附表、再填写主表的例外）。

②"纳税人识别号"：即税务登记证件号码。"纳税人名称"：即税务登记证件所载纳税人的全称。"填写日期"：即纳税人申报当日日期。"税款所属时间"是指纳税人申报的资源税应纳税额的所属时间，应填写具体的起止年、月、日。

③ 第 1 栏"税目"：是指规定的应税产品名称，多个税目的，可增加行次。

④ 第 2 栏"子目"：反映同一税目下适用税率、折算率或换算比不同的明细项目。子目名称由各省、自治区、直辖市、计划单列市税务机关根据本地区实际情况确定。

⑤ 第 3 栏"折算率或换算比"：反映精矿销售额折算为原矿销售额或者原矿销售额换算为精矿销售额的比值。除煤炭折算率由纳税人所在省、自治区、直辖市财税部门或其授权地市级财税部门确定外，其他应税产品的折算率或换算比由当地省级财税部门确定。

⑥ 第 4 栏 "计量单位"：反映计税销售量的计量单位，如吨、立方米、千克等。

⑦ 第 5 栏 "计税销售量"：反映计征资源税的应税产品销售数量，包括应税产品实际销售和视同销售两部分。从价计征税目计税销售额对应的销售数量视为计税销售量自动导入到本栏。计税销售量即课税数量。

⑧ 第 6 栏 "计税销售额"：反映计征资源税的应税产品销售收入，包括应税产品实际销售和视同销售两部分。

⑨ 第 7 栏 "适用税率"：从价计征税目的适用税率为比例税率，如原油资源税率为 6%，即填 6%；从量计征税目的适用税率为定额税率，如某税目每立方米 3 元，即填 3。

⑩ 第 8 栏 "本期应纳税额"：反映本期按适用税率计算缴纳的应纳税额。从价计征税目应纳税额的计算公式为 8①＝第 6 栏×第 7 栏×第 9 栏；从量计征税目应纳税额的计算公式为 8②＝第 5 栏×第 7 栏×第 9 栏。

⑪ 第 9 栏 "本期减免税额"：反映本期减免的资源税税额。如不涉及减免税事项，纳税人不需填写附表（三），系统会将其 "本期减免税额" 默认为 0。

⑫ 第 10 栏 "本期已缴税额"：填写本期应纳税额中已经缴纳的部分。

⑬ 第 11 栏 "本期应补（退）税额"：本期应补（退）税额＝本期应纳税额-本期减免税额-本期已缴税额。

⑭ 中外合作及海上自营油气田按照《国家税务总局关于发布〈中外合作及海上自营油气田资源税纳税申报表〉的公告》（2012 年第 3 号）进行纳税申报。

（2）附表（一）的填写说明

① 凡开采以原矿为征税对象的应税产品的纳税人需填写此表。原矿类税目是指以原矿为征税对象的各种应税产品品目。此表反映计税销售额、计税销售量的计算过程，并自动导入主表。表中各栏如有发生数额，从价计征资源税纳税人均应如实填写；无发生数额的，应填写 0。如不涉及折算，从价计征资源税纳税人应将其折算率和平均选矿比填写 1；不涉及运杂费、外购矿购进金额扣减的，第 7 栏、第 8 栏填写 0。从量计征资源税纳税人只需填写原矿销售量、精矿销售量和计量单位、平均选矿比（不需要换算的，平均选矿比应填写 1），系统将自动计算出计税销售量，本表第 3 栏到第 9 栏不需要填写。

② "税目"：填写规定的应税产品名称。多个税目的，可增加行次。煤炭、原油、天然气、井矿盐、湖盐、海盐等视同原矿类税目填写本表。"子目"：同一税目适用税率、折算率不同的，作为不同的子目分行填写。子目名称由各省、自治区、直辖市、计划单列市税务机关根据本地区实际情况确定。

③ 第 3 栏 "原矿销售额"：填写纳税人当期应税原矿产品的销售额，包括实际销售和视同销售两部分。

④ 第 4 栏 "精矿销售额"：填写纳税人当期应税精矿产品的销售额，包括实际销售和视同销售两部分。

⑤ 第 7 栏 "允许扣减的运杂费"、第 8 栏 "允许扣减的外购矿购进金额"：填写根据资源税现行规定准予扣减的运杂费用、外购矿（即外购已税产品）购进金额。允许扣减的运杂费和允许扣减的外购矿购进金额，可按当期发生额根据有关规定扣减。当期不足扣减或未扣减的，可结转下期扣减。

运杂费和外购矿购进金额需要进行折算的，应按规定折算后作为允许扣减的运杂费和允许扣减的外购矿购进金额。

⑥ 第 10 栏"计量单位"：填写计税销售量的计量单位，如吨、立方米、千克等。

⑦ 本表各应税产品的销售量均包括视同销售数量，但不含外购矿的购进量。应税产品的销售量按其增值税发票等票据注明的数量填写或计算填写；发票上未注明数量的，填写与应税产品销售额相应的销售量。

⑧ 除煤炭折算率由省级财税部门或其授权地市级财税部门确定外，本表中的折算率、平均选矿比均按当地省级财税部门确定的数值填写。在用市场法计算折算率时需用到平均选矿比。平均选矿比=加工精矿耗用的原矿数量÷精矿数量。煤炭平均选矿比的计算公式为：

$$平均选矿比=1÷平均综合回收率$$
$$平均综合回收率=洗选煤数量÷入洗前原煤数量×100\%$$

⑨ 通过本表计算的计税销售额、计税销售量，即为主表相应栏次的计税销售额、计税销售量。

（3）附表（二）的填写说明

① 凡开采以精矿为征税对象的应税产品的纳税人需填写此表。精矿类税目是指以精矿为征税对象的各种应税产品品目。此表反映计税销售额、计税销售量的计算过程，并自动导入主表。表中各栏如有发生数额，从价计征资源税纳税人均应如实填写；无发生数额的，应填写 0。如不涉及换算，从价计征资源税纳税人应将其换算比和平均选矿比填写 1；不涉及运杂费、外购矿购进金额扣减的，第 7 栏、第 8 栏填写 0。从量计征资源税纳税人只需填写原矿销售量、精矿销售量和计量单位、平均选矿比（不需要换算的，平均选矿比应填写 1），系统将自动计算出计税销售量，本表第 3 栏到第 9 栏不需要填写。

② "税目"：填写规定的应税产品名称。多个税目的，可增加行次。

"子目"：同一税目适用税率、换算比不同的，作为不同的子目分行填写。子目名称由各省、自治区、直辖市、计划单列市税务机关根据本地区实际情况确定。以金锭、原矿加工品等为征税对象的税目视同精矿类税目填写本表。金锭销售在第 4 栏、第 12 栏填写，金原矿或金精矿销售均在第 3 栏、第 11 栏填写（纳税人既销售自采金原矿，又销售自采原矿加工的金精矿或粗金，应当分为两个子目填写）。单位金锭需要耗用的金精矿或金原矿数量在第 13 栏填写。

③ 第 3 栏"原矿销售额"：填写纳税人当期应税原矿产品的销售额，包括实际销售和视同销售两部分。

④ 第 4 栏"精矿销售额"：填写纳税人当期应税精矿产品的销售额，包括实际销售和视同销售两部分。

⑤ 第 7 栏"允许扣减的运杂费"、第 8 栏"允许扣减的外购矿购进金额"：填写根据资源税现行规定准予扣减的运杂费用、外购矿（即外购已税产品）购进金额。允许扣减的运杂费和允许扣减的外购矿购进金额，可按当期发生额根据有关规定扣减。当期不足扣减或未扣减的，可结转下期扣减。

运杂费和外购矿购进金额需要进行换算的，应按规定换算后作为允许扣减的运杂费和允许扣减的外购矿购进金额。

⑥ 第 10 栏"计量单位"：填写计税销售量的计量单位，如吨、立方米、千克等。

⑦ 本表各应税产品的销售量均包括视同销售数量，但不含外购矿的购进量。应税产品的销售量按其增值税发票等票据注明的数量填写或计算填写；发票上未注明数量的，填写与应税产品销售额相应的销售量。

⑧ 本表中的换算比、平均选矿比按当地省级财税部门确定的数值填写。在用市场法计算换算比时需用到平均选矿比。平均选矿比=加工精矿耗用的原矿数量÷精矿数量。

⑨ 通过本表计算的计税销售额、计税销售量，即为主表相应栏次的计税销售额、计税销售量。

（4）附表（三）的填写说明

① 本附表适用于有减免资源税项目的纳税人填写。如不涉及减免税事项，纳税人不需填写本附表，系统会将其"本期减免税额"默认为0。

②"纳税人识别号"填写税务登记证件号码。"纳税人名称"填写税务登记证件所载纳税人的全称。

③ 第1栏"税目"：填写规定的应税产品名称。多个税目的，可增加行次。

④ 第2栏"子目"：同一税目适用的减免性质代码、税率不同的，视为不同的子目，按相应的计税销售额分行填写。

⑤ 第3栏"减免项目名称"：填写现行资源税规定的减免项目名称，如符合条件的衰竭期矿山、低品位矿等。

⑥ 第4栏"计量单位"：填写计税销售量的计量单位，如吨、立方米、千克等。

⑦ 第5栏"减免税销售量"：填写减免资源税项目对应的应税产品销售数量，由从量定额计征资源税的纳税人填写。减免税销售量需要通过平均选矿比换算的，应在换算后填写。

⑧ 第6栏"减免税销售额"：填写减免资源税项目对应的应税产品销售收入，由从价定率计征资源税的纳税人填写。减免税销售额需要折算或换算的，应在折算或换算后填写。

⑨ 第7栏"适用税率"：从价计征税目的适用税率为比例税率，如原油资源税率为6%，即填6%；从量计征税目的适用税率为定额税率，如某税目每立方米3元，即填3。

⑩ 第8栏"减免性质代码"：填写规定的减免性质代码。

⑪ 第9栏"减征比例"：填写减免税额占应纳税额的比例。免税项目的减征比例按100%填写。原油、天然气资源税按综合减征比例填写，其减征比例计算公式为：减征比例=（综合减征率÷适用税率）×100%；综合减征率=适用税率-实际征收率。

⑫ 第10栏"本期减免税额"：填写本期应纳税额中按规定应予减免的部分。从价定率计征资源税的纳税人适用的计算公式为：本期减免税额=减免税销售额×适用税率×减征比例。从量定额计征资源税的纳税人适用的计算公式为：本期减免税额=减免税销售量×适用税率×减征比例。本期减免税额由系统自动导入资源税纳税申报表。

## 二、资源税纳税申报模拟实训

【例5-1】KL煤炭企业7月自采原煤与外购原煤混合销售，销售额1 000万元（销售数量5万吨），当期使用的外购原煤购进金额300万元（购进数量1.5万吨）；同时该企业还将以自采原煤加工的洗煤与外购洗煤混合销售，销售额3 500万元（销售数量10万吨），当期使用的外购洗煤购进金额1 000万元（购进数量3万吨），洗（选）煤折算率80%，选矿比为1.36。洗煤销售额中，含运杂费200万元（有运输发票）。已知该企业原煤的适用税率为2%。

要求：根据上述资料计算应缴纳的资源税并填制资源税纳税申报表及附表（一）。

【解析】

（1）该企业7月混售洗煤应扣减的运杂费=200×80%=160（万元）

（2）该企业7月混售洗煤允许扣减外购矿购进金额=1 000×80%=800（万元）

该企业7月混售洗煤允许扣减外购矿购进金额合计=300+800=1 100（万元）

（3）计税销售额=1 000+3 500×80%-160-1 100=2 540（万元）

（4）计算附表（一）的相关数据：

原煤的计税销售量=5-1.5=3.5（万吨）

洗煤的计税销售量=10-3=7（万吨）

通过选矿比计算的洗煤计税销售量=7×1.36=9.52（万吨）

两者之和=3.5+9.52=13.02（万吨）

（5）将附表有关数据导入主表，计算该企业7月应缴纳的资源税=2 540×2%=50.8（万元）

资源税纳税申报表的填制结果如表5-1和表5-2所示。

说明：该企业不开采精矿类税目，也不涉及减免税事项，故该企业不需要填报附表（二）和附表（三）。

## 第三节 资源税纳税申报实训练习

天丰有色金属矿7月销售自采铜原矿1 500吨，售价为120元/吨；当月销售精铜矿2 200吨，售价为380元/吨。另外该企业不存在运杂费、外购矿扣减情况，也没有减免税项发生。（假设铜矿原矿与精矿的换算比为3∶1，省级政府规定的资源税税率为5%。）

要求：计算上述业务应缴纳的资源税并填制资源税纳税申报表。

# 第六章

## 企业所得税纳税申报与税款缴纳实训

　　企业所得税是对我国境内的企业和其他取得收入的组织的生产经营所得和其他所得征收的一种税，所得税与流转税构成了我国的税务会计类型。企业所得税在促进企业改善经营管理活动，提高企业的盈利能力以及为国家建设筹集财政资金等方面具有重要的作用。因此，实训环节，有助于学生了解企业所得税纳税申报表中各数据之间的钩稽关系，更好地理解所得税会计的重要性。

　　1. 实训目标

　　（1）熟练掌握企业所得税的计算及会计核算。

　　（2）熟悉企业所得税纳税申报表中各数据之间的钩稽关系。

　　（3）熟练掌握企业所得税纳税申报表主表及附列资料的填制。

　　2. 实训内容

　　（1）填写并审核企业所得税纳税申报表主表及附列资料。

　　（2）完成企业所得税纳税申报及缴纳。

## 第一节　企业所得税实训概述

### 一、企业所得税概念

　　企业所得税是对我国境内的企业和其他取得收入的组织的生产经营所得和其他所得征收的一种直接税。

### 二、企业所得税的纳税人及征税对象

#### （一）企业所得税的纳税人

　　企业所得税的纳税人是在我国境内的企业和其他取得收入的组织，依据税收管辖权，将其分为居民企业和非居民企业。

　　1. 居民企业

　　居民企业是指依法在中国境内成立，或者依照外国（地区）法律成立但实际管理机构在中国境内的企业。依法在中国境内成立的企业，包括依照中国法律、行政法规在中国境内成立的企业、事业单位、社会团体以及其他取得收入的组织。

　　2. 非居民企业

　　非居民企业是指依照外国（地区）法律成立且实际管理机构不在中国境内，但在中国境内设立机构、场所的，或者在中国境内未设立机构、场所，但有来源于中国境内所得的企业。依照外国（地

区）法律成立的企业，包括依照外国（地区）法律成立的企业和其他取得收入的组织。

### （二）企业所得税的征税对象

#### 1. 居民企业的征税对象

居民企业应当就其来源于中国境内、境外的所得缴纳企业所得税。"所得"包括销售货物所得、提供劳务所得，转让财产所得、股息红利等权益性投资所得，利息所得、租金所得、特许权使用费所得、接受捐赠所得和其他所得。

#### 2. 非居民企业的征税对象

非居民企业在中国境内设立机构、场所的，应当就其所设机构、场所取得的来源于中国境内的所得，以及发生在中国境外、但与其所设机构、场所有实际联系的所得，缴纳企业所得税。

## 三、企业所得税的征收

企业所得税的征收有查账征收（核实征收）与核定征收两种方式。本章仅涉及居民企业查账征收方法下企业所得税的计算。

### （一）居民企业应纳税额的计算

企业的应纳税所得额乘以适用税率为应纳所得税税额，再减去按税法规定的减免税额和抵免税额后的余额为应纳税额。其计算公式为：

$$应纳税额=应纳税所得额×适用税率-减免税额-抵免税额$$

$$=应纳所得税税额-减免税额-抵免税额$$

企业应纳税所得额的计算有直接计算法和间接计算法两种。

#### 1. 直接计算法

直接计算法是按税法规定直接计算应纳税所得额的方法，即按税法规定的应税收入减去税法规定允许税前扣除项目金额计算应纳税所得额。直接计算法的计算公式如下：

$$应纳税所得额=收入总额-不征税收入-减免税收入-扣除费用金额$$

$$-抵扣和减免所得、弥补以前年度亏损额$$

#### 2. 间接计算法

间接计算法即在财务会计计算的账面利润（利润总额）的基础上，加减纳税调整项目金额，间接计算应纳税所得额的方法。间接计算法的计算公式如下：

$$纳税调整后所得=利润总额-境外所得±纳税调整额-免税、减计收入及加计扣除$$

$$+境外应税所得抵减境内亏损额$$

$$应纳税所得额=纳税调整后所得-所得减免-抵扣应纳税所得额-弥补以前年度亏损$$

### （二）居民企业核定征收应纳税额的计算

按核定征收方式缴纳企业所得税的企业，在其收入总额或成本费用支出额能够正确核算的情况下，可按国家规定的应税所得率计算应纳税所得额，再计算出应纳所得税税额，据以申报纳税。计算公式如下：

（1）        $$应纳税所得额=应税收入额×应税所得率$$

或        $$=成本（费用）支出额÷（1-应税所得率）×应税所得率$$

（2）        $$应纳所得税税额=应纳税所得额×适用税率$$

# 第二节 企业所得税预缴纳税申报实训

## 一、企业所得税的纳税申报概述

### （一）纳税地点

除税收法律、行政法规另有规定外，居民企业以企业登记注册地为纳税地点；但登记注册地在境外的，以实际管理机构所在地为纳税地点。

非居民企业取得税法规定的所得，以机构、场所所在地为纳税地点。非居民企业在中国境内未设立机构、场所，或者虽设立机构、场所但取得的所得与其所设机构、场所没有实际联系的，其所得应缴纳的所得税，以扣缴义务人所在地为纳税地点。

### （二）纳税年度

企业所得税按纳税年度计征，分月或分季预缴，年终汇算清缴，多退少补。纳税年度自公历 1 月 1 日起至 12 月 31 日止。企业在一个纳税年度中间开业，或者终止经营活动，使该纳税年度的实际经营期不足 12 个月的，应以其实际经营期为一个纳税年度。

### （三）纳税申报

预缴企业所得税时，应当自月份或季度终了之日起 15 日内，向税务机关报送预缴企业所得税纳税申报表，预缴企业所得税。在正常情况下，企业自年度终了之日起 5 个月内，向税务机关报送年度企业所得税纳税申报表，并汇算清缴，结清应交或应退税款。企业在年度中间终止经营活动的，应自实际经营终止之日起 60 日内，向税务机关办理企业所得税汇算清缴。

企业在纳税年度内无论盈亏，均应依照税法规定期限，向税务机关报送预缴企业所得税纳税申报表、年度企业所得税纳税申报表、同期财务报告和税务机关要求报送的其他有关资料。

## 二、企业所得税预缴纳税申报表的填制

企业所得税预缴纳税申报表分 A 类申报表和 B 类申报表两种。中华人民共和国企业所得税月（季）度预缴纳税申报表（A 类）适用于实行查账（核实）征收企业所得税的居民纳税人在月（季）度预缴企业所得税时使用；中华人民共和国企业所得税月（季）度和年度纳税申报表（B 类）适用于核定征收企业所得税的纳税人在月（季）度申报缴纳企业所得税时使用。A 类预缴和 B 类预缴纳税申报表（2018 版）格式分别如表 6-1 和表 6-2 所示。

企业所得税预缴纳税申报表的填报说明如下。

### （一）所得税月（季）度预缴和年度纳税申报表（A 类）填报说明

#### 1. 适用范围

本表适用于实行查账征收企业所得税的居民企业纳税人（以下简称"纳税人"）在月（季）度预缴纳税申报时填报。执行《跨地区经营汇总纳税企业所得税征收管理办法》（国家税务总局公告 2012 年第 57 号发布）的跨地区经营汇总纳税企业的分支机构，在年度纳税申报时填报本表。省（自治区、直辖市和计划单列市）税务机关对仅在本省（自治区、直辖市和计划单列市）内设立不具有法人资格分支机构的企业，参照《跨地区经营汇总纳税企业所得税征收管理办法》征收管理的，企业的分支机构在年度纳税申报时填报本表。

表 6-1　　A200000　　中华人民共和国企业所得税月（季）度预缴纳税申报表（A 类）

税款所属期间：　年 月 日至 年 月 日

纳税人识别号（统一社会信用代码）：□□□□□□□□□□□□□□□□□□

纳税人名称：　　　　　　　　　　　　　　　　　　　　　　　金额单位：人民币元（列至角分）

| 预缴方式 | □按照实际利润额预缴 | □按照上一纳税年度应纳税所得额平均额预缴 | □按照税务机关确定的其他方法预缴 | |
|---|---|---|---|---|
| 企业类型 | □一般企业 | □跨地区经营汇总纳税企业总机构 | □跨地区经营汇总纳税企业分支机构 | |
| 预缴税款计算 | | | | |
| 行次 | 项　目 | | | 本年累计金额 |
| 1 | 营业收入 | | | |
| 2 | 营业成本 | | | |
| 3 | 利润总额 | | | |
| 4 | 加：特定业务计算的应纳税所得额 | | | |
| 5 | 减：不征税收入 | | | |
| 6 | 减：免税收入、减计收入、所得减免等优惠金额（填写 A201010） | | | |
| 7 | 减：固定资产加速折旧（扣除）调减额（填写 A201020） | | | |
| 8 | 减：弥补以前年度亏损 | | | |
| 9 | 实际利润额（3+4-5-6-7-8）\按照上一纳税年度应纳税所得额平均额确定的应纳税所得额 | | | |
| 10 | 税率（25%） | | | |
| 11 | 应纳所得税额（9×10） | | | |
| 12 | 减：减免所得税额（填写 A201030） | | | |
| 13 | 减：实际已缴纳所得税额 | | | |
| 14 | 减：特定业务预缴（征）所得税额 | | | |
| 15 | 本期应补（退）所得税额（11-12-13-14）\税务机关确定的本期应纳所得税额 | | | |
| 汇总纳税企业总分机构税款计算 | | | | |
| 16 | 总机构填报 | 总机构本期分摊应补（退）所得税额（17+18+19） | | |
| 17 | | 其中：总机构分摊应补（退）所得税额（15×总机构分摊比例__%） | | |
| 18 | | 财政集中分配应补（退）所得税额（15×财政集中分配比例__%） | | |
| 19 | | 总机构具有主体生产经营职能的部门分摊所得税额（15×全部分支机构分摊比例__%×总机构具有主体生产经营职能部门分摊比例__%） | | |
| 20 | 分支机构填报 | 分支机构本期分摊比例 | | |
| 21 | | 分支机构本期分摊应补（退）所得税额 | | |
| 附报信息 | | | | |
| 小型微利企业 | | □是□否 | 科技型中小企业 | □是□否 |
| 高新技术企业 | | □是□否 | 技术入股递延纳税事项 | □是□否 |
| 期末从业人数 | | | | |

谨声明：此纳税申报表是根据《中华人民共和国企业所得税法》《中华人民共和国企业所得税法实施条例》以及有关税收政策和国家统一会计制度的规定填报的，是真实的、可靠的、完整的。

法定代表人（签章）：年月日

| 纳税人公章：<br>会计主管： | 代理申报中介机构公章：<br>经办人：<br>经办人执业证件号码： | 主管税务机关受理专用章：<br>受理人： |
|---|---|---|
| 填表日期：　年 月 日 | 代理申报日期：　年 月 日 | 受理日期：　年 月 日 |

表 6-2　　　　　　　B100000　　　中华人民共和国企业所得税月（季）度预缴和年度

纳税申报表（B类）

税款所属期间：　年　月　日至　年　月　日

纳税人识别号（统一社会信用代码）：□□□□□□□□□□□□□□□□□□

纳税人名称：　　　　　　　　　　　　　　　　　　　　　　　金额单位：人民币元（列至角分）

| 核定征收方式 | □核定应税所得率（能核算收入总额的）□核定应税所得率（能核算成本费用总额的）□核定应纳所得税额 | | |
|---|---|---|---|
| 行次 | 项目 | | 本年累计金额 |
| 1 | 收入总额 | | |
| 2 | 减：不征税收入 | | |
| 3 | 减：免税收入（4+5+8+9） | | |
| 4 | 　国债利息收入免征企业所得税 | | |
| 5 | 　符合条件的居民企业之间的股息、红利等权益性投资收益免征企业所得税 | | |
| 6 | 　其中：通过沪港通投资且连续持有 H 股满 12 个月取得的股息红利所得免征企业所得税 | | |
| 7 | 　通过深港通投资且连续持有 H 股满 12 个月取得的股息红利所得免征企业所得税 | | |
| 8 | 投资者从证券投资基金分配中取得的收入免征企业所得税 | | |
| 9 | 取得的地方政府债券利息收入免征企业所得税 | | |
| 10 | 应税收入额（1-2-3）\成本费用总额 | | |
| 11 | 税务机关核定的应税所得率（%） | | |
| 12 | 应纳税所得额（第 10×11 行）\[第 10 行÷（1-第 11 行）×第 11 行] | | |
| 13 | 税率（25%） | | |
| 14 | 应纳所得税额（12×13） | | |
| 15 | 减：符合条件的小型微利企业减免企业所得税 | | |
| 16 | 减：实际已缴纳所得税额 | | |
| 17 | 本期应补（退）所得税额（14-15-16）\税务机关核定本期应纳所得税额 | | |
| 月（季）度申报填报 | 小型微利企业 | □是□否 | 期末从业人数 | |
| 年度申报填报 | 所属行业明细代码 | | 国家限制或禁止行业 | □是□否 |
| | 从业人数 | | 资产总额（万元） | |

谨声明：此纳税申报表是根据《中华人民共和国企业所得税法》《中华人民共和国企业所得税法实施条例》以及有关税收政策和国家统一会计制度的规定填报的，是真实的、可靠的、完整的。

法定代表人（签章）：　年　月　日

| 纳税人公章：<br>会计主管：<br><br>填表日期：　年　月　日 | 代理申报中介机构公章：<br>经办人：<br>经办人执业证件号码：<br>代理申报日期：年　月　日 | 主管税务机关受理专用章：<br>受理人：<br><br>受理日期：　年　月　日 |
|---|---|---|

## 2. 表头项目

（1）税款所属期间

① 月（季）度预缴纳税申报。

正常情况填报税款所属期月（季）度第一日至税款所属期月（季）度最后一日；年度中间开业的纳税人，在首次月（季）度预缴纳税申报时，填报开始经营之日至税款所属期（季）度最后一日，以后月（季）度预缴纳税申报时按照正常情况填报；年度中间终止经营活动的纳税人，在终止经营活动当期纳税申报时，填报税款所属期月（季）度第一日至终止经营活动之日，以后月（季）度预缴纳税申报表不再填报。

② 年度纳税申报。

填报税款所属年度 1 月 1 日至 12 月 31 日。

（2）纳税人识别号（统一社会信用代码）

填报税务机关核发的纳税人识别号或有关部门核发的统一社会信用代码。

（3）纳税人名称

填报营业执照、税务登记证等证件载明的纳税人名称。

3．有关项目填报说明

（1）预缴方式

纳税人根据情况选择。

"按照上一纳税年度应纳税所得额平均额预缴"和"按照税务机关确定的其他方法预缴"两种预缴方式属于税务行政许可事项，纳税人需要履行行政许可相关程序。

（2）企业类型

纳税人根据情况选择。

纳税人为《跨地区经营汇总纳税企业所得税征收管理办法》规定的跨省、自治区、直辖市和计划单列市设立不具有法人资格分支机构的跨地区经营汇总纳税企业，总机构选择"跨地区经营汇总纳税企业总机构"；仅在同一省、自治区、直辖市和计划单列市内设立不具有法人资格分支机构的跨地区经营汇总纳税企业，并且总机构、分支机构参照《跨地区经营汇总纳税企业所得税征收管理办法》规定征收管理的，总机构选择"跨地区经营汇总纳税企业总机构"。

纳税人为《跨地区经营汇总纳税企业所得税征收管理办法》规定的跨省、自治区、直辖市和计划单列市设立不具有法人资格分支机构的跨地区经营汇总纳税企业，分支机构选择"跨地区经营汇总纳税企业分支机构"；仅在同一省、自治区、直辖市和计划单列市内设立不具有法人资格分支机构的跨地区经营汇总纳税企业，并且总机构、分支机构参照《跨地区经营汇总纳税企业所得税征收管理办法》规定征收管理的，分支机构选择"跨地区经营汇总纳税企业分支机构"。

上述企业以外的其他企业选择"一般企业"。

（3）预缴税款计算

预缴方式选择"按照实际利润额预缴"的纳税人填报第 1 行至第 15 行，预缴方式选择"按照上一纳税年度应纳税所得额平均额预缴"的纳税人填报第 9 行、第 10 行、第 11 行、第 12 行、第 13 行、第 15 行，预缴方式选择"按照税务机关确定的其他方法预缴"的纳税人填报第 15 行。

① 第 1 行"营业收入"：填报纳税人截至本税款所属期末，按照国家统一会计制度规定核算的本年累计营业收入。

如：以前年度已经开始经营且按季度预缴纳税申报的纳税人，第二季度预缴纳税申报时本行填报本年 1 月 1 日至 6 月 30 日期间的累计营业收入。

② 第 2 行"营业成本"：填报纳税人截至本税款所属期末，按照国家统一会计制度规定核算的本年累计营业成本。

③ 第 3 行"利润总额"：填报纳税人截至本税款所属期末，按照国家统一会计制度规定核算的本年累计利润总额。

④ 第 4 行"特定业务计算的应纳税所得额"：从事房地产开发等特定业务的纳税人，填报按照税收规定计算的特定业务的应纳税所得额。房地产开发企业销售未完工开发产品取得的预售收入，按照税收规定的预计计税毛利率计算的预计毛利额填入此行。企业开发产品完工后，其未完工预售

环节按照税收规定的预计计税毛利率计算的预计毛利额在汇算清缴时调整，月（季）度预缴纳税申报时不调整。本行填报金额不得小于本年上期申报金额。

⑤ 第 5 行"不征税收入"：填报纳税人已经计入本表"利润总额"行次但属于税收规定的不征税收入的本年累计金额。

⑥ 第 6 行"免税收入、减计收入、所得减免等优惠金额"：填报属于税收规定的免税收入、减计收入、所得减免等优惠的本年累计金额。

本行根据《免税收入、减计收入、所得减免等优惠明细表》（A201010）填报。

⑦ 第 7 行"固定资产加速折旧（扣除）调减额"：填报固定资产税收上享受加速折旧优惠计算的折旧额大于同期会计折旧额期间，发生纳税调减的本年累计金额。

本行根据《固定资产加速折旧（扣除）明细表》（A201020）填报。

⑧ 第 8 行"弥补以前年度亏损"：填报纳税人截至税款所属期末，按照税收规定在企业所得税税前弥补的以前年度尚未弥补亏损的本年累计金额。

当本表第 3 行+第 4 行-第 5 行-第 6 行-第 7 行≤0 时，本行=0。

⑨ 第 9 行"实际利润额\按照上一纳税年度应纳税所得额平均额确定的应纳税所得额"：预缴方式选择"按照实际利润额预缴"的纳税人，根据本表相关行次计算结果填报，第 9 行=第 3 行+第 4 行-第 5 行-第 6 行-第 7 行-第 8 行；预缴方式选择"按照上一纳税年度应纳税所得额平均额预缴"的纳税人，填报按照上一纳税年度应纳税所得额平均额计算的本年累计金额。

⑩ 第 10 行"税率（25%）"：填报 25%。

⑪ 第 11 行"应纳所得税额"：根据相关行次计算结果填报。第 11 行=第 9 行×第 10 行，且第 11 行≥0。

⑫ 第 12 行"减免所得税额"：填报纳税人截至税款所属期末，按照税收规定享受的减免企业所得税的本年累计金额。

本行根据《减免所得税额明细表》（A201030）填报。

⑬ 第 13 行"实际已缴纳所得税额"：填报纳税人按照税收规定已在此前月（季）度申报预缴企业所得税的本年累计金额。

建筑企业总机构直接管理的跨地区设立的项目部，按照税收规定已经向项目所在地主管税务机关预缴企业所得税的金额不填本行，而是填入本表第 14 行。

⑭ 第 14 行"特定业务预缴（征）所得税额"：填报建筑企业总机构直接管理的跨地区设立的项目部，按照税收规定已经向项目所在地主管税务机关预缴企业所得税的本年累计金额。

本行本期填报金额不得小于本年上期申报的金额。

⑮ 第 15 行"本期应补（退）所得税额\税务机关确定的本期应纳所得税额"：按照不同预缴方式，分情况填报：

预缴方式选择"按照实际利润额预缴"及"按照上一纳税年度应纳税所得额平均额预缴"的纳税人根据本表相关行次计算填报。第 15 行=第 11 行-第 12 行-第 13 行-第 14 行，当第 11 行-第 12 行-第 13 行-第 14 行<0 时，本行填 0；其中，企业所得税收入全额归属中央且按比例就地预缴企业的分支机构，以及在同一省、自治区、直辖市和计划单列市内的按比例就地预缴企业的分支机构，第 15 行=第 11 行×就地预缴比例-第 12 行×就地预缴比例-第 13 行-第 14 行，当第 15 行=第 11 行×就地预缴比例-第 12 行×就地预缴比例-第 13 行-第 14 行<0 时，本行填 0。

预缴方式选择"按照税务机关确定的其他方法预缴"的纳税人填报本期应纳企业所得税的金额。

（4）汇总纳税企业总分机构税款计算

企业类型选择"跨地区经营汇总纳税企业总机构"的纳税人填报第16行、第17行、第18行、第19行；企业类型选择"跨地区经营汇总纳税企业分支机构"的纳税人填报第20行、第21行。

① 第16行"总机构本期分摊应补（退）所得税额"：跨地区经营汇总纳税企业的总机构根据相关行次计算结果填报，第16行=第17行+第18行+第19行。

② 第17行"总机构分摊应补（退）所得税额（15×总机构分摊比例__%）"：根据相关行次计算结果填报，第17行=第15行×总机构分摊比例。其中：跨省、自治区、直辖市、计划单列市经营的汇总纳税企业"总机构分摊比例"填报25%，同一省（自治区、直辖市、计划单列市）内跨地区经营汇总纳税企业"总机构分摊比例"按照各省（自治区、直辖市和计划单列市）确定的总机构分摊比例填报。

③ 第18行"财政集中分配应补（退）所得税额（15×财政集中分配比例__%）"：根据相关行次计算结果填报，第18行=第15行×财政集中分配比例。其中：跨省（自治区、直辖市和计划单列市）经营的汇总纳税企业"财政集中分配比例"填报25%，同一省（自治区、直辖市、计划单列市）内跨地区经营汇总纳税企业"财政集中分配比例"按照各省（自治区、直辖市和计划单列市）确定的财政集中分配比例填报。

④ 第19行"总机构具有主体生产经营职能的部门分摊所得税额（第15行×全部分支机构分摊比例__%×总机构具有主体生产经营职能部门分摊比例__%）"：根据相关行次计算结果填报，第19行=第15行×全部分支机构分摊比例×总机构具有主体生产经营职能部门分摊比例。其中：跨省（自治区、直辖市和计划单列市）经营的汇总纳税企业"全部分支机构分摊比例"填报50%，同一省（自治区、直辖市、计划单列市）内跨地区经营汇总纳税企业"分支机构分摊比例"按照各省（自治区、直辖市和计划单列市）确定的分支机构分摊比例填报；"总机构具有主体生产经营部门分摊比例"按照设立的具有主体生产经营职能的部门在参与税款分摊的全部分支机构中的分摊比例填报。

⑤ 第20行"分支机构本期分摊比例"：跨地区经营汇总纳税企业分支机构填报其总机构出具的本期《企业所得税汇总纳税分支机构所得税分配表》"分配比例"列次中列示的本分支机构的分配比例。

⑥ 第21行"分支机构本期分摊应补（退）所得税额"：跨地区经营汇总纳税企业分支机构填报其总机构出具的本期《企业所得税汇总纳税分支机构所得税分配表》"分配所得税额"列次中列示的本分支机构应分摊的所得税额。

4. 附报信息

企业类型选择"跨地区经营汇总纳税企业分支机构"的，不填报"附报信息"所有项目。

（1）小型微利企业

本栏次为必报项目，按照以下规则选择：

① 以前年度成立企业。

上一纳税年度汇算清缴符合小型微利企业条件，且本期本表第9行"实际利润额\按照上一纳税年度应纳税所得额平均额确定的应纳税所得额"填报的金额符合小型微利企业应纳税所得额条件的纳税人，选择"是"。

上一纳税年度汇算清缴符合小型微利企业条件，但本期本表第9行"实际利润额\按照上一纳税年度应纳税所得额平均额确定的应纳税所得额"填报的金额不符合小型微利企业应纳税所得额条件的纳税人，选择"否"。

上一纳税年度汇算清缴不符合小型微利企业条件，但预计本年度资产总额、从业人数、从事行业符合小型微利企业条件且本期本表第 9 行"实际利润额\按照上一纳税年度应纳税所得额平均额确定的应纳税所得额"填报的金额符合小型微利企业应纳税所得额条件的纳税人，选择"是"。

上一纳税年度汇算清缴不符合小型微利企业条件，预计本年度资产总额、从业人数、从事行业不符合小型微利企业条件或者本期本表第 9 行"实际利润额\按照上一纳税年度应纳税所得额平均额确定的应纳税所得额"填报的金额不符合小型微利企业应纳税所得额条件的纳税人，选择"否"。

② 本年度成立企业。

本年度新成立企业，预计本年度资产总额、从业人数、从事行业符合小型微利企业条件且本期本表第 9 行"实际利润额\按照上一纳税年度应纳税所得额平均额确定的应纳税所得额"填报的金额符合小型微利企业应纳税所得额条件的纳税人，选择"是"。

本年度新成立企业，预计本年度资产总额、从业人数、从事行业不符合小型微利企业条件或者本期本表第 9 行"实际利润额\按照上一纳税年度应纳税所得额平均额确定的应纳税所得额"填报的金额不符合小型微利企业应纳税所得额条件的纳税人，选择"否"。

③ 以前年度成立企业在本年度第一季度预缴企业所得税时，如未完成上一纳税年度汇算清缴，无法判断上一纳税年度是否符合小型微利企业条件的，可暂按照上一纳税年度第四季度的预缴企业所得税情况判别。

（2）科技型中小企业

本栏次为必报项目。

符合条件的纳税人可以按照《科技型中小企业评价办法》进行自主评价，并按照自愿原则到"全国科技型中小企业信息服务平台"填报企业信息，经公示无异议后纳入"全国科技型中小企业信息库"。凡是取得本年"科技型中小企业入库登记编号"且编号有效的纳税人，选择"是"；未取得本年"科技型中小企业入库登记编号"或者已取得本年"科技型中小企业入库登记编号"但被科技管理部门撤销登记编号的纳税人，选择"否"。

（3）高新技术企业

本栏次为必报项目。

根据《高新技术企业认定管理办法》《高新技术企业认定管理工作指引》等文件规定，符合条件的纳税人履行相关认定程序后取得"高新技术企业证书"。凡是取得"高新技术企业证书"且在有效期内的纳税人，选择"是"；未取得"高新技术企业证书"或"高新技术企业证书"不在有效期内的纳税人，选择"否"。

（4）技术入股递延纳税事项

本栏次为必报项目。

根据《财政部国家税务总局关于完善股权激励和技术入股有关所得税政策的通知》（财税〔2016〕101 号）文件规定，企业以技术成果投资入股到境内居民企业，被投资企业支付的对价全部为股票（权）的，企业可以选择适用递延纳税优惠政策。本年内发生以技术成果投资入股且选择适用递延纳税优惠政策的纳税人，选择"是"；本年内未发生以技术成果投资入股或者以技术成果投资入股但选择继续按现行有关税收政策执行的纳税人，选择"否"。

（5）期末从业人数

本栏次为必报项目。

纳税人填报税款所属期期末从业人员的数量。从业人数是指与企业建立劳动关系的职工人数和企业接受的劳务派遣用工人数之和。汇总纳税企业总机构填报包括分支机构在内的所有从业人数。

5. 表内表间关系

（1）表内关系

① 预缴方式选择"按照实际利润额预缴"的纳税人，第9行=第3行+第4行-第5行-第6行-第7行-第8行。

② 第11行=第9行×第10行。

③ 预缴方式选择"按照实际利润额预缴""按照上一纳税年度应纳税所得额平均额预缴"的纳税人，第15行=第11行-第12行-第13行-第14行。当第11行-第12行-第13行-第14行<0时，第15行=0。

其中，企业所得税收入全额归属中央且按比例就地预缴企业的分支机构，以及在同一省、自治区、直辖市和计划单列市内的按比例就地预缴企业的分支机构，第15行=第11行×就地预缴比例-第12行×就地预缴比例-第13行-第14行。当第15行=第11行×就地预缴比例-第12行×就地预缴比例-第13行-第14行<0时，第15行=0。

④ 第16行=第17行+第18行+第19行。

⑤ 第17行=第15行×总机构分摊比例。

⑥ 第18行=第15行×财政集中分配比例。

⑦ 第19行=第15行×全部分支机构分摊比例×总机构具有主体生产经营职能部门分摊比例。

（2）表间关系

① 第6行=表A201010第41行。

② 第7行=表A201020第5行第5列。

③ 第12行=表A201030第30行。

④ 第15行=表A202000"应纳所得税额"栏次填报的金额。

⑤ 第17行=表A202000"总机构分摊所得税额"栏次填报的金额。

⑥ 第18行=表A202000"总机构财政集中分配所得税额"栏次填报的金额。

⑦ 第19行=表A202000"分支机构情况"中对应总机构独立生产经营部门行次的"分配所得税额"列次填报的金额。

### （二）所得税月（季）度预缴和年度纳税申报表（B类）填报说明

1. 适用范围

本表适用于实行核定征收企业所得税的居民企业纳税人（以下简称"纳税人"）在月（季）度预缴纳税申报时填报。此外，实行核定应税所得率方式的纳税人在年度纳税申报时填报本表。

2. 表头项目

（1）税款所属期间

① 月（季）度预缴纳税申报

正常情况填报税款所属期月（季）度第一日至税款所属期月（季）度最后一日；年度中间开业的纳税人，在首次月（季）度预缴纳税申报时，填报开始经营之日至税款所属月（季）度最后一日，以后月（季）度预缴纳税申报时按照正常情况填报。年度中间发生终止经营活动的纳税人，在终止经营活动当期纳税申报时，填报税款所属期月（季）度第一日至终止经营活动之日，以后月（季）度预缴纳税申报表不再填报。

② 年度纳税申报

正常情况填报税款所属年度1月1日至12月31日；年度中间开业的纳税人，在首次年度纳税申报时，填报开始经营之日至当年 12 月 31 日，以后年度纳税申报时按照正常情况填报；年度中间终止经营活动的纳税人，在终止经营活动年度纳税申报时，填报当年 1 月 1 日至终止经营活动之日；年度中间开业且当年度中间终止经营活动的纳税人，填报开始经营之日至终止经营活动之日。

（2）纳税人识别号（统一社会信用代码）

填报税务机关核发的纳税人识别号或有关部门核发的统一社会信用代码。

（3）纳税人名称

填报营业执照、税务登记证等证件载明的纳税人名称。

3. 有关项目填报说明

（1）核定征收方式

纳税人根据申报税款所属期税务机关核定的征收方式选择填报。

（2）行次说明

核定征收方式选择"核定应税所得率（能核算收入总额的）"的纳税人填报第 1 行至第 17 行，核定征收方式选择"核定应税所得率（能核算成本费用总额的）"的纳税人填报第 10 行至第 17 行，核定征收方式选择"核定应纳所得税额"的纳税人填报第 17 行。

① 第 1 行"收入总额"：填报纳税人各项收入的本年累计金额。

② 第 2 行"不征税收入"：填报纳税人已经计入本表"收入总额"行次但属于税收规定的不征税收入的本年累计金额。

③ 第 3 行"免税收入"：填报属于税收规定的免税收入优惠的本年累计金额。根据相关行次计算结果填报。本行=第 4 行+第 5 行+第 8 行+第 9 行。

④ 第 4 行"国债利息收入免征企业所得税"：填报纳税人根据《国家税务总局关于企业国债投资业务企业所得税处理问题的公告》（国家税务总局公告 2011 年第 36 号）等相关税收政策规定的，持有国务院财政部门发行的国债取得的利息收入。本行填报金额为本年累计金额。

⑤ 第 5 行"符合条件的居民企业之间的股息、红利等权益性投资收益免征企业所得税"：填报本期发生的符合条件的居民企业之间的股息、红利等权益性投资收益情况，不包括连续持有居民企业公开发行并上市流通的股票不足 12 个月取得的投资收益。本行填报金额为本年累计金额。

本行包括内地居民企业通过沪港通投资且连续持有 H 股满 12 个月取得的股息红利所得、内地居民企业通过深港通投资且连续持有 H 股满 12 个月取得的股息红利所得的情况。

⑥ 第 6 行"通过沪港通投资且连续持有 H 股满 12 个月取得的股息红利所得免征企业所得税"：填报根据《财政部 国家税务总局证监会关于沪港股票市场交易互联互通机制试点有关税收政策的通知》（财税〔2014〕81 号）等相关税收政策规定的，内地居民企业连续持有 H 股满 12 个月取得的股息红利所得。本行填报金额为本年累计金额。

⑦ 第 7 行"通过深港通投资且连续持有 H 股满 12 个月取得的股息红利所得免征企业所得税"：填报根据《财政部 国家税务总局证监会关于深港股票市场交易互联互通机制试点有关税收政策的通知》（财税〔2016〕127 号）等相关税收政策规定的，内地居民企业连续持有 H 股满 12 个月取得的股息红利所得。本行填报金额为本年累计金额。

⑧ 第 8 行"投资者从证券投资基金分配中取得的收入免征企业所得税"：填报纳税人根据《财政部 国家税务总局关于企业所得税若干优惠政策的通知》（财税〔2008〕1 号）第二条第（二）项等相关税收政策规定的，投资者从证券投资基金分配中取得的收入。本行填报金额为本年累计金额。

⑨ 第 9 行"取得的地方政府债券利息收入免征企业所得税"：填报纳税人根据《财政部 国家税

务总局关于地方政府债券利息所得免征所得税问题的通知》（财税〔2011〕76 号）、《财政部 国家税务总局关于地方政府债券利息免征所得税问题的通知》（财税〔2013〕5 号）等相关税收政策规定的，取得的 2009 年、2010 年和 2011 年发行的地方政府债券利息所得，2012 年及以后年度发行的地方政府债券利息收入。本行填报金额为本年累计金额。

⑩ 第 10 行"应税收入额\成本费用总额"：核定征收方式选择"核定应税所得率（能核算收入总额的）"的纳税人，本行=第 1 行-第 2 行-第 3 行。核定征收方式选择"核定应税所得率（能核算成本费用总额的）"的纳税人，本行填报纳税人各项成本费用的本年累计金额。

⑪ 第 11 行"税务机关核定的应税所得率（%）"：填报税务机关核定的应税所得率。

⑫ 第 12 行"应纳税所得额"：根据相关行次计算结果填报。核定征收方式选择"核定应税所得率（能核算收入总额的）"的纳税人，本行=第 10 行×11 行。核定征收方式选择"核定应税所得率（能核算成本费用总额的）"的纳税人，本行=第 10 行÷（第 1 行-第 11 行）×第 11 行。

⑬ 第 13 行"税率"：填报 25%。

⑭ 第 14 行"应纳所得税额"：根据相关行次计算填报。本行=第 12 行×第 13 行。

⑮ 第 15 行"符合条件的小型微利企业减免企业所得税"：填报纳税人根据相关税收政策规定的，从事国家非限制和禁止行业的企业，并符合应纳税所得额、从业人数、资产总额条件的，其所得减按 50%计入应纳税所得额，按 20%的税率缴纳企业所得税。本行填报本表第 12 行×15%的金额。

⑯ 第 16 行"实际已缴纳所得税额"：填报纳税人按照税收规定已在此前月（季）度预缴企业所得税的本年累计金额。

⑰ 第 17 行"本期应补（退）所得税额\税务机关核定本期应纳所得税额"：核定征收方式选择"核定应税所得率（能核算收入总额的）""核定应税所得率（能核算成本费用总额的）"的纳税人，根据相关行次计算结果填报，本行=第 14 行-第 15 行-第 16 行。月（季）度预缴纳税申报时，当第 14 行-第 15 行-第 16 行<0，本行填 0。核定征收方式选择"核定应纳所得税额"的纳税人，本行填报税务机关核定的本期应纳所得税额（如果纳税人符合小型微利企业条件，本行填报的金额应为税务机关按照程序调减定额后的本期应纳所得税额）。

4．附报信息填报说明

（1）月（季）度申报填报

① "小型微利企业"：本栏次为必报项目，按照以下规则选择：

● "核定应税所得率（能核算收入总额的）""核定应税所得率（能核算成本费用总额的）"的纳税人。

a．以前年度成立企业。

上一纳税年度汇算清缴符合小型微利企业条件，且本期本表第 12 行"应纳税所得额"填报的金额符合小型微利企业应纳税所得额条件的纳税人，选择"是"。

上一纳税年度汇算清缴符合小型微利企业条件，但本期本表第 12 行"应纳税所得额"填报的金额不符合小型微利企业应纳税所得额条件的纳税人，选择"否"。

上一纳税年度汇算清缴不符合小型微利企业条件，但预计本年度资产总额、从业人数、从事行业符合小型微利企业条件且本期本表第 12 行"应纳税所得额"填报的金额符合小型微利企业应纳税所得额条件的纳税人，选择"是"。

上一纳税年度汇算清缴不符合小型微利企业条件，预计本年度资产总额、从业人数、从事行业不符合小型微利企业条件或者本期本表第 12 行"应纳税所得额"填报的金额不符合小型微利企业应纳税所得额条件的纳税人，选择"否"。

b．本年度成立企业。

本年度新成立企业，预计本年度资产总额、从业人数、从事行业符合小型微利企业条件且本期本表第 12 行"应纳税所得额"填报的金额符合小型微利企业应纳税所得额条件的纳税人，选择"是"。

本年度新成立企业，预计本年度资产总额、从业人数、从事行业不符合小型微利企业条件或者本期本表第 12 行"应纳税所得额"填报的金额不符合小型微利企业应纳税所得额条件的纳税人，选择"否"。

c．以前年度成立企业在本年度第一季度预缴企业所得税时，如未完成上一纳税年度汇算清缴，无法判断上一纳税年度是否符合小型微利企业条件的，可暂按照上一纳税年度第四季度的预缴情况判别。

• "核定应纳所得税额"的纳税人。

由税务机关在核定应纳所得税额时进行判断并告知企业，判断标准按照税收规定的条件执行。

②"期末从业人数"：本栏次为必报项目。纳税人填报税款所属期期末从业人员的数量。从业人数是指与企业建立劳动关系的职工人数和企业接受的劳务派遣用工人数之和。

（2）年度申报填报

实行核定应税所得率方式的纳税人在年度纳税申报时为必填栏次。实行核定应纳所得税额方式的纳税人在本年度最后一次纳税申报时为必填栏次。

①"所属行业明细代码"：根据《国民经济行业分类》标准填报纳税人的行业代码。

②"资产总额"：填报纳税人全年资产总额季度平均数，单位为万元，保留小数点后 2 位。资产总额季度平均数，具体计算公式如下：

$$季度平均值=（季初值+季末值）\div 2$$

$$全年季度平均值=全年各季度平均值之和 \div 4$$

年度中间开业或者终止经营活动的，以其实际经营期作为一个纳税年度确定上述相关指标。

③"从业人数"：填报纳税人全年平均从业人数，从业人数是指与企业建立劳动关系的职工人数和企业接受的劳务派遣用工人数之和，计算方法同"资产总额"口径。

④"国家限制或禁止行业"：纳税人从事国家限制和禁止行业，选择"是"，其他选择"否"。

5．表内关系

① 第 3 行=第 4 行+第 5 行+第 8 行+第 9 行。

② 核定征收方式选择为"核定应税所得率（能核算收入总额的）"的，第 10 行=第 1 行-第 2 行-第 3 行。

③ 核定征收方式选择为"核定应税所得率（能核算收入总额的）"的，第 12 行=第 10 行×第 11 行；核定征收方式选择为"核定应税所得率（能核算成本费用总额的）"的，第 12 行=第 10 行÷（1-第 11 行）×第 11 行。

④ 第 14 行=第 12 行×13 行。

⑤ 核定征收方式选择为"核定应税所得率（能核算收入总额的）""核定应税所得率（能核算成本费用总额的）"的，第 17 行=第 14 行-第 15 行-第 16 行。当月（季）度预缴纳税申报时，若第 14 行-第 15 行-第 16 行<0，第 17 行=0。

**（三）所得税月（季）度预缴纳税申报表附表表样及填报说明**

所得税月（季）度预缴纳税申报表除了填制（A 类、B 类）主表外，还需填制附表，其中附表 A201010《免税收入、减计收入、所得减免等优惠明细表》（见表 6-3）、A201020《固定资产加速折旧（扣除）优惠明细表》（见表 6-4）、A201030《减免所得税优惠明细表》（见表 6-5），跨省、自治区、直辖市和计划单列市经营的建筑企业总机构在办理企业所得税预缴时，还应提供 A202000《企业所得税汇总纳税分支机构所得税分配表》（见表 6-6）。

表6-3　　　　　A201010　　免税收入、减计收入、所得减免等优惠明细表

| 行次 | 项目 | 本年累计金额 |
|---|---|---|
| 1 | 一、免税收入（2+3+6+7+…+15） | |
| 2 | （一）国债利息收入免征企业所得税 | |
| 3 | （二）符合条件的居民企业之间的股息、红利等权益性投资收益免征企业所得税 | |
| 4 | 其中：内地居民企业通过沪港通投资且连续持有H股满12个月取得的股息红利所得免征企业所得税 | |
| 5 | 内地居民企业通过深港通投资且连续持有H股满12个月取得的股息红利所得免征企业所得税 | |
| 6 | （三）符合条件的非营利组织的收入免征企业所得税 | |
| 7 | （四）符合条件的非营利组织（科技企业孵化器）的收入免征企业所得税 | |
| 8 | （五）符合条件的非营利组织（国家大学科技园）的收入免征企业所得税 | |
| 9 | （六）中国清洁发展机制基金取得的收入免征企业所得税 | |
| 10 | （七）投资者从证券投资基金分配中取得的收入免征企业所得税 | |
| 11 | （八）取得的地方政府债券利息收入免征企业所得税 | |
| 12 | （九）中国保险保障基金有限责任公司取得的保险保障基金等收入免征企业所得税 | |
| 13 | （十）中国奥委会取得北京冬奥组委支付的收入免征企业所得税 | |
| 14 | （十一）中国残奥委会取得北京冬奥组委分期支付的收入免征企业所得税 | |
| 15 | （十二）其他 | |
| 16 | 二、减计收入（17+18+22+23） | |
| 17 | （一）综合利用资源生产产品取得的收入在计算应纳税所得额时减计收入 | |
| 18 | （二）金融、保险等机构取得的涉农利息、保费减计收入（19+20+21） | |
| 19 | 1. 金融机构取得的涉农贷款利息收入在计算应纳税所得额时减计收入 | |
| 20 | 2. 保险机构取得的涉农保费收入在计算应纳税所得额时减计收入 | |
| 21 | 3. 小额贷款公司取得的农户小额贷款利息收入在计算应纳税所得额时减计收入 | |
| 22 | （三）取得铁路债券利息收入减半征收企业所得税 | |
| 23 | （四）其他 | |
| 24 | 三、加计扣除（25+26+27+28） | * |
| 25 | （一）开发新技术、新产品、新工艺发生的研究开发费用加计扣除 | * |
| 26 | （二）科技型中小企业开发新技术、新产品、新工艺发生的研究开发费用加计扣除 | * |
| 27 | （三）企业为获得创新性、创意性、突破性的产品进行创意设计活动而发生的相关费用加计扣除 | * |
| 28 | （四）安置残疾人员所支付的工资加计扣除 | * |
| 29 | 四、所得减免（30+33+34+35+36+37+38+39+40） | |
| 30 | （一）从事农、林、牧、渔业项目的所得减免征收企业所得税（31+32） | |
| 31 | 1. 免税项目 | |
| 32 | 2. 减半征收项目 | |
| 33 | （二）从事国家重点扶持的公共基础设施项目投资经营的所得定期减免企业所得税 | |
| 34 | （三）从事符合条件的环境保护、节能节水项目的所得定期减免企业所得税 | |
| 35 | （四）符合条件的技术转让所得减免征收企业所得税 | |
| 36 | （五）实施清洁发展机制项目的所得定期减免企业所得税 | |
| 37 | （六）符合条件的节能服务公司实施合同能源管理项目的所得定期减免企业所得税 | |
| 38 | （七）线宽小于130纳米的集成电路生产项目的所得减免企业所得税 | |
| 39 | （八）线宽小于65纳米或投资额超过150亿元的集成电路生产项目的所得减免企业所得税 | |
| 40 | （九）其他 | |
| 41 | 合计（1+16+24+29） | |

免税收入、减计收入、所得减免等优惠明细表填报说明如下。

本表为《中华人民共和国企业所得税月（季）度预缴纳税申报表（A类）》（A200000）附表，适用于享受免税收入、减计收入、所得减免等税收优惠政策的实行查账征收企业所得税的居民企业纳税人填报。纳税人根据税收规定，填报本年发生的累计优惠情况。

1. 有关项目填报说明

（1）总体说明

本表各行次填报的金额均为本年累计金额，即纳税人截至本税款所属期末，按照税收规定计算的免税收入、减计收入、所得减免等税收优惠政策的本年累计减免金额。

按照目前税收规定，加计扣除优惠政策汇算清缴时享受，第24行、第25行、第26行、第27行、第28行月（季）度预缴纳税申报时不填报。

当《中华人民共和国企业所得税月（季）度预缴纳税申报表（A类）》（A200000）第3行+第4行-第5行减本表第1行+第16行+第24行大于零时，可以填报本表第29行至第40行。

（2）行次说明

① 第1行"一、免税收入"：根据相关行次计算结果填报。本行=第2行+第3行+第6行+第7行+…+第15行。

② 第2行"（一）国债利息收入免征企业所得税"：填报纳税人根据《国家税务总局关于企业国债投资业务企业所得税处理问题的公告》（国家税务总局公告2011年第36号）等相关税收政策规定的，持有国务院财政部门发行的国债取得的利息收入。

③ 第3行"（二）符合条件的居民企业之间的股息、红利等权益性投资收益免征企业所得税"：填报发生的符合条件的居民企业之间的股息、红利等权益性投资收益情况，不包括连续持有居民企业公开发行并上市流通的股票不足12个月取得的投资收益。

本行包括内地居民企业通过沪港通投资且连续持有H股满12个月取得的股息红利所得、内地居民企业通过深港通投资且连续持有H股满12个月取得的股息红利所得的情况。

④ 第4行"内地居民企业通过沪港通投资且连续持有H股满12个月取得的股息红利所得免征企业所得税"：填报根据《财政部 国家税务总局 证监会关于沪港股票市场交易互联互通机制试点有关税收政策的通知》（财税〔2014〕81号）等相关税收政策规定的，内地居民企业通过沪港通投资且连续持有H股满12个月取得的股息红利所得。

⑤ 第5行"内地居民企业通过深港通投资且连续持有H股满12个月取得的股息红利所得免征企业所得税"：填报根据《财政部 国家税务总局 证监会关于深港股票市场交易互联互通机制试点有关税收政策的通知》（财税〔2016〕127号）等相关税收政策规定的，内地居民企业通过深港通投资且连续持有H股满12个月取得的股息红利所得。

⑥ 第6行"（三）符合条件的非营利组织的收入免征企业所得税"：填报根据《财政部 国家税务总局关于非营利组织企业所得税免税收入问题的通知》（财税〔2009〕122号）、《财政部 税务总局关于非营利组织免税资格认定管理有关问题的通知》（财税〔2018〕13号）等相关税收政策规定的，同时符合条件并依法履行登记手续的非营利组织，取得的捐赠收入等免税收入，但不包括从事营利性活动所取得的收入。符合条件的非营利组织（科技企业孵化器）的收入免征企业所得税、符合条件的非营利组织（国家大学科技园）的收入免征企业所得税的情况不在本行填报。

⑦ 第7行"（四）符合条件的非营利组织（科技企业孵化器）的收入免征企业所得税"：填报根据《财政部国家税务总局关于非营利组织企业所得税免税收入问题的通知》（财税〔2009〕122号）、

《财政部 国家税务总局关于科技企业孵化器税收政策的通知》（财税〔2016〕89 号）、《财政部 税务总局关于非营利组织免税资格认定管理有关问题的通知》（财税〔2018〕13 号）等相关税收政策规定的，符合非营利组织条件的科技企业孵化器的收入。

⑧ 第 8 行"（五）符合条件的非营利组织（国家大学科技园）的收入免征企业所得税"：填报根据《财政部 国家税务总局关于非营利组织企业所得税免税收入问题的通知》（财税〔2009〕122 号）、《财政部 国家税务总局关于国家大学科技园税收政策的通知》（财税〔2016〕98 号）、《财政部 税务总局关于非营利组织免税资格认定管理有关问题的通知》（财税〔2018〕13 号）等相关税收政策规定的，符合非营利组织条件的国家大学科技园的收入。

⑨ 第 9 行"（六）中国清洁发展机制基金取得的收入免征企业所得税"：填报根据《财政部国家税务总局关于中国清洁发展机制基金及清洁发展机制项目实施企业有关企业所得税政策问题的通知》（财税〔2009〕30 号）等相关税收政策规定的，中国清洁发展机制基金取得的 CDM 项目温室气体减排量转让收入上缴国家的部分，国际金融组织赠款收入，基金资金的存款利息收入、购买国债的利息收入，国内外机构、组织和个人的捐赠收入。

⑩ 第 10 行"（七）投资者从证券投资基金分配中取得的收入免征企业所得税"：填报根据《财政部 国家税务总局关于企业所得税若干优惠政策的通知》（财税〔2008〕1 号）第二条第（二）项等相关税收政策规定的，投资者从证券投资基金分配中取得的收入。

⑪ 第 11 行"（八）取得的地方政府债券利息收入免征企业所得税"：填报纳税人根据《财政部 国家税务总局关于地方政府债券利息所得免征所得税问题的通知》（财税〔2011〕76 号）、《财政部 国家税务总局关于地方政府债券利息免征所得税问题的通知》（财税〔2013〕5 号）等相关税收政策规定的，取得的 2009 年、2010 年和 2011 年发行的地方政府债券利息所得，2012 年及以后年度发行的地方政府债券利息收入。

⑫ 第 12 行"（九）中国保险保障基金有限责任公司取得的保险保障基金等收入免征企业所得税"：填报中国保险保障基金有限责任公司按照《财政部 税务总局关于保险保障基金有关税收政策问题的通知》（财税〔2018〕41 号）等税收政策规定，根据《保险保障基金管理办法》取得的境内保险公司依法缴纳的保险保障基金；依法从撤销或破产保险公司清算财产中获得的受偿收入和向有关责任方追偿所得，以及依法从保险公司风险处置中获得的财产转让所得，接受捐赠所得，银行存款利息收入，购买政府债券、中央银行、中央企业和中央级金融机构发行债券的利息收入，国务院批准的其他资金运用取得的收入。

⑬ 第 13 行"（十）中国奥委会取得北京冬奥组委支付的收入免征企业所得税"：填报按照《财政部 税务总局 海关总署关于北京 2022 年冬奥会和冬残奥会税收政策的通知》（财税〔2017〕60 号）等相关税收政策规定的，对按中国奥委会、主办城市签订的《联合市场开发计划协议》和中国奥委会、主办城市、国际奥委会签订的《主办城市合同》规定，中国奥委会取得的由北京冬奥组委分期支付的收入、按比例支付的盈余分成收入。

⑭ 第 14 行"（十一）中国残奥委会取得北京冬奥组委分期支付的收入免征企业所得税"：填报按照《财政部 税务总局 海关总署关于北京 2022 年冬奥会和冬残奥会税收政策的通知》（财税〔2017〕60 号）等相关税收政策规定的，中国残奥委会根据《联合市场开发计划协议》取得的由北京冬奥组委分期支付的收入。

⑮ 第 15 行"（十二）其他"：填报纳税人享受的本表未列明的其他免税收入的税收优惠事项名称、减免税代码及免税收入金额。

⑯ 第 16 行"二、减计收入"：根据相关行次计算结果填报。本行=第 17 行+第 18 行+第 22 行+

第23行。

⑰ 第17行"（一）综合利用资源生产产品取得的收入在计算应纳税所得额时减计收入"：填报纳税人综合利用资源生产产品取得的收入乘以10%的金额。

⑱ 第18行"（二）金融、保险等机构取得的涉农利息、保费减计收入"：填报金融、保险等机构取得的涉农利息、保费收入减计收入的金额。本行填报第19行+第20行+第21行的合计金额。

⑲ 第19行"1.金融机构取得的涉农贷款利息收入在计算应纳税所得额时减计收入"：填报金融机构取得农户小额贷款利息收入乘以10%的金额。

⑳ 第20行"2.保险机构取得的涉农保费收入在计算应纳税所得额时减计收入"：填报保险公司为种植业、养殖业提供保险业务取得的保费收入乘以10%的金额。其中保费收入=原保费收入+分保费收入-分出保费收入。

㉑ 第21行"3.小额贷款公司取得的农户小额贷款利息收入在计算应纳税所得额时减计收入"：填报根据《财政部 税务总局关于小额贷款公司有关税收政策的通知》（财税〔2017〕48号）等相关税收政策规定的，对经省级金融管理部门（金融办、局等）批准成立的小额贷款公司取得的农户小额贷款利息收入乘以10%的金额。

㉒ 第22行"（三）取得铁路债券利息收入减半征收企业所得税"：填报根据《财政部 国家税务总局关于铁路建设债券利息收入企业所得税政策的通知》（财税〔2011〕99号）、《财政部国家税务总局关于2014 2015年铁路建设债券利息收入企业所得税政策的通知》（财税〔2014〕2号）及《财政部国家税务总局关于铁路债券利息收入所得税政策问题的通知》（财税〔2016〕30号）等相关税收政策规定的，对企业持有铁路建设债券、铁路债券等企业债券取得的利息收入乘以50%的金额。

㉓ 第23行"（四）其他"：填报纳税人享受的本表未列明的其他减计收入的税收优惠事项名称、减免税代码及减计收入金额。

㉔ 第24行"三、加计扣除"：根据相关行次计算结果填报。本行=第25行+第26行+第27行+第28行。月（季）度预缴纳税申报时，纳税人不填报本行。

㉕ 第25行"（一）开发新技术、新产品、新工艺发生的研究开发费用加计扣除"：填报纳税人享受研发费加计扣除政策按照50%加计扣除的金额。月（季）度预缴纳税申报时，纳税人不填报本行。

㉖ 第26行"（二）科技型中小企业开发新技术、新产品、新工艺发生的研究开发费用加计扣除"：填报科技型中小企业享受研发费加计扣除政策按照75%加计扣除的金额。月（季）度预缴纳税申报时，纳税人不填报本行。

㉗ 第27行"（三）企业为获得创新性、创意性、突破性的产品进行创意设计活动而发生的相关费用加计扣除"：填报纳税人根据《财政部 国家税务总局 科技部关于完善研究开发费用税前加计扣除政策的通知》（财税〔2015〕119号）第二条第四项规定，为获得创新性、创意性、突破性的产品进行创意设计活动而发生的相关费用按照规定进行税前加计扣除的金额。月（季）度预缴纳税申报时，纳税人不填报本行。

㉘ 第28行"（四）安置残疾人员所支付的工资加计扣除"：填报根据《财政部 国家税务总局关于安置残疾人员就业有关企业所得税优惠政策问题的通知》（财税〔2009〕70号）等相关税收政策规定安置残疾人员的，在支付给残疾职工工资据实扣除的基础上，按照支付给残疾职工工资的100%加计扣除的金额。月（季）度预缴纳税申报时，纳税人不填报本行。

㉙ 第29行"四、所得减免"：

根据相关行次计算结果填报。本行=第30行+第33行+第34行+第35行+第36行+第37行+第38

行+第 39 行+第 40 行，同时本行≤表 A200000 第 3 行+第 4 行-第 5 行-本表第 1 行+第 16 行+第 24 行且本行≥0。

㉚ 第 30 行"（一）从事农、林、牧、渔业项目的所得减免征收企业所得税"：填报根据税收规定，从事农、林、牧、渔业项目发生的减征、免征企业所得税项目的所得额。本行=第 31 行+第 32 行。

㉛ 第 31 行"免税项目"：填报根据税收规定，从事农、林、牧、渔业项目发生的免征企业所得税项目的所得额。免征企业所得税项目主要有：蔬菜、谷物、薯类、油料、豆类、棉花、麻类、糖料、水果、坚果的种植；农作物新品种的选育；中药材的种植；林木的培育和种植；牲畜、家禽的饲养；林产品的采集；灌溉、农产品初加工、兽医、农技推广、农机作业和维修等农、林、牧、渔服务业项目；远洋捕捞等。

当项目所得≤0 时，本行不填列。纳税人有多个项目的，按前述规则分别确定各项目的金额后，将合计金额填入本行。

㉜ 第 32 行"减半征收项目"：填报根据税收规定，从事农、林、牧、渔业项目发生的减半征收企业所得税项目所得额的减半额。减半征收企业所得税项目主要有：花卉、茶以及其他饮料作物和香料作物的种植；海水养殖、内陆养殖等。

本行=减半征收企业所得税项目的所得额×50%。当项目所得≤0 时，本行不填列。纳税人有多个项目的，按前述规则分别确定各项目的金额后，将合计金额填入本行。

㉝ 第 33 行"（二）从事国家重点扶持的公共基础设施项目投资经营的所得定期减免企业所得税"：根据《财政部 国家税务总局关于执行公共基础设施项目企业所得税优惠目录有关问题的通知》（财税〔2008〕46 号）、《财政部 国家税务总局国家发展改革委关于公布公共基础设施项目企业所得税优惠目录（2008 年版）的通知》（财税〔2008〕116 号）、《国家税务总局关于实施国家重点扶持的公共基础设施项目企业所得税优惠问题的通知》（国税发〔2009〕80 号）、《财政部 国家税务总局关于公共基础设施项目和环境保护节能节水项目企业所得税优惠政策问题的通知》（财税〔2012〕10 号）、《财政部 国家税务总局关于继续实行农村饮水安全工程建设运营税收优惠政策的通知》（财税〔2016〕19 号）、《国家税务总局关于电网企业电网新建项目享受所得税优惠政策问题的公告》（国家税务总局公告 2013 年第 26 号）、《财政部 国家税务总局关于公共基础设施项目享受企业所得税优惠政策问题的补充通知》（财税〔2014〕55 号）等相关税收政策规定，从事《公共基础设施项目企业所得税优惠目录》规定的港口码头、机场、铁路、公路、城市公共交通、电力、水利等项目的投资经营的所得，自项目取得第一笔生产经营收入所属纳税年度起，第一年至第三年免征企业所得税，第四年至第六年减半征收企业所得税。不包括企业承包经营、承包建设和内部自建自用该项目的所得。

免税期间，本行填报从事基础设施项目的所得额；减半征税期间，本行填报从事基础设施项目的所得额×50%的金额。当项目所得≤0 时，本行不填列。纳税人有多个项目的，按前述规则分别确定各项目的金额后，将合计金额填入本行。

㉞ 第 34 行"（三）从事符合条件的环境保护、节能节水项目的所得定期减免企业所得税"：根据《财政部 国家税务总局 国家发展改革委关于公布环境保护节能节水项目企业所得税优惠目录（试行）的通知》（财税〔2009〕166 号）、《财政部 国家税务总局关于公共基础设施项目和环境保护节能节水项目企业所得税优惠政策问题的通知》（财税〔2012〕10 号）、《财政部 国家税务总局 国家发展改革委关于垃圾填埋沼气发电列入〈环境保护、节能节水项目企业所得税优惠目录（试行）〉的通知》（财税〔2016〕131 号）等相关税收政策规定，从事符合条件的公共污水处理、公共垃圾处理、沼气综合开发利用、节能减排技术改造、海水淡化等环境保护、节能节水项目的所得，自项目取得

第一笔生产经营收入所属纳税年度起，第一年至第三年免征企业所得税，第四年至第六年减半征收企业所得税。

免税期间，填报项目所得额；减半征税期间，填报项目所得额×50%的金额。当项目所得≤0时，本行不填列。纳税人有多个项目的，按前述规则分别确定各项目的金额后，将合计金额填入本行。

㉟ 第35行"（四）符合条件的技术转让所得减免征收企业所得税"：根据《国家税务总局关于技术转让所得减免企业所得税有关问题的通知》（国税函〔2009〕212号）、《财政部 国家税务总局关于居民企业技术转让有关企业所得税政策问题的通知》（财税〔2010〕111号）、《国家税务总局关于技术转让所得减免企业所得税有关问题的公告》（国家税务总局公告2013年第62号）、《财政部 国家税务总局关于将国家自主创新示范区有关税收试点政策推广到全国范围实施的通知》（财税〔2015〕116号）、《国家税务总局关于许可使用权技术转让所得企业所得税有关问题的公告》（国家税务总局公告2015年第82号）等相关税收政策规定，一个纳税年度内，居民企业将其拥有的专利技术、计算机软件著作权、集成电路布图设计权、植物新品种、生物医药新品种，以及财政部和国家税务总局确定的其他技术的所有权或5年以上（含5年）全球独占许可使用权、5年以上（含5年）非独占许可使用权转让取得的所得，不超过500万元的部分，免征企业所得税；超过500万元的部分，减半征收企业所得税。居民企业从直接或间接持有股权之和达到100%的关联方取得的技术转让所得，不享受技术转让减免企业所得税优惠政策。

转让所得不超过500万元且大于零的，本行=转让所得；转让所得超过500万元的，本行=500万元+（转让所得-500万元）×50%。

㊱ 第36行"（五）实施清洁发展机制项目的所得定期减免企业所得税"：根据《财政部 国家税务总局关于中国清洁发展机制基金及清洁发展机制项目实施企业有关企业所得税政策问题的通知》（财税〔2009〕30号）等相关税收政策规定，对企业实施的将温室气体减排量转让收入的65%上缴给国家的HFC和PFC类CDM项目，以及将温室气体减排量转让收入的30%上缴给国家的$N_2O$类CDM项目，其实施该类CDM项目的所得，自项目取得第一笔减排量转让收入所属纳税年度起，第一年至第三年免征企业所得税，第四年至第六年减半征收企业所得税。

免税期间，本行填报项目所得额；减半征税期间，本行填报项目所得额×50%的金额。当项目所得≤0时，本行不填列。纳税人有多个项目的，按照前述规则分别确定各项目的金额后，将合计金额填入本行。

㊲ 第37行"（六）符合条件的节能服务公司实施合同能源管理项目的所得定期减免企业所得税"：根据《财政部 国家税务总局关于促进节能服务产业发展增值税营业税和企业所得税政策问题的通知》（财税〔2010〕110号）、《国家税务总局 国家发展改革委关于落实节能服务企业合同能源管理项目企业所得税优惠政策有关征收管理问题的公告》（国家税务总局 国家发展改革委公告2013年第77号）等相关税收政策规定，对符合条件的节能服务公司实施合同能源管理项目，符合企业所得税法有关规定的，自项目取得第一笔生产经营收入所属纳税年度起，第一年至第三年免征企业所得税，第四年至第六年按照25%的法定税率减半征收企业所得税。

免税期间，本行填报项目所得额；减半征税期间，本行填报项目所得额×50%的金额。当项目所得≤0时，本行不填列。纳税人有多个项目的，按照前述规则分别确定各项目的金额后，将合计金额填入本行。

㊳ 第38行"（七）线宽小于130纳米的集成电路生产项目的所得减免企业所得税"：根据《财政部 国家税务总局 发展改革委 工业和信息化部关于软件和集成电路产业企业所得税优惠政策有

关问题的通知》（财税〔2016〕49 号）、《财政部 税务总局 国家发展改革委 工业和信息化部关于集成电路生产企业有关企业所得税政策问题的通知》（财税〔2018〕27 号）等相关税收政策规定，2018 年 1 月 1 日后投资新设的集成电路线宽小于 130 纳米，且经营期在 10 年以上的集成电路生产项目，自项目取得第一笔生产经营收入所属纳税年度起第一年至第二年免征企业所得税，第三年至第五年按照 25%的法定税率减半征收企业所得税。

免税期间，本行填报项目所得额；减半征税期间，本行填报项目所得额×50%的金额。当项目所得≤0 时，本行不填列。纳税人有多个项目的，按照前述规则分别确定各项目的金额后，将合计金额填入本行。

㊴ 第 39 行"（八）线宽小于 65 纳米或投资额超过 150 亿元的集成电路生产项目的所得减免企业所得税"：根据《财政部 国家税务总局 发展改革委 工业和信息化部关于软件和集成电路产业企业所得税优惠政策有关问题的通知》（财税〔2016〕49 号）、《财政部 税务总局 国家发展改革委 工业和信息化部关于集成电路生产企业有关企业所得税政策问题的通知》（财税〔2018〕27 号）等相关税收政策规定，2018 年 1 月 1 日后投资新设的集成电路线宽小于 65 纳米或投资额超过 150 亿元，且经营期在 15 年以上的集成电路生产项目，自项目取得第一笔生产经营收入所属纳税年度起第一年至第五年免征企业所得税，第六年至第十年按照 25%的法定税率减半征收企业所得税。

免税期间，本行填报项目所得额；减半征税期间，本行填报项目所得额×50%的金额。当项目所得≤0 时，本行不填列。纳税人有多个项目的，按照前述规则分别确定各项目的金额后，将合计金额填入本行。

㊵ 第 40 行"（九）其他"：填报纳税人享受的本表未列明的其他所得减免的税收优惠事项名称、减免税代码及项目减免的所得额。

当项目所得额≤0 时，本行不填列。纳税人有多个项目的，分别确定各项目减免的所得额后，将合计金额填入本行。

㊶ 第 41 行"合计"：根据相关行次计算结果填报。本行=第 1 行+第 16 行+第 24 行+第 29 行。

**2. 表内、表间关系**

（1）表内关系

① 第 1 行=第 2 行+第 3 行+第 6 行+第 7 行+…+第 15 行。

② 第 16 行=第 17 行+第 18 行+第 22 行+第 23 行。

③ 第 18 行=第 19 行+第 20 行+第 21 行。

④ 第 24 行=第 25 行+第 26 行+第 27 行+第 28 行。

⑤ 第 29 行=第 30 行+第 33 行+第 34 行+第 35 行+第 36 行+第 37 行+第 38 行+第 39 行+第 40 行。

- 当表 A200000 第 3 行+第 4 行−第 5 行−本表第 1 行+第 16 行+第 24 行＞0 时，本行≤表 A200000 第 3 行+第 4 行−第 5 行−本表第 1 行+第 16 行+第 24 行。
- 当表 A200000 第 3 行+第 4 行−第 5 行−本表第 1 行+第 16 行+第 24 行≤0 时，本行=0。

⑥ 第 30 行=第 31 行+第 32 行。

⑦ 第 41 行=第 1 行+第 16 行+第 24 行+第 29 行。

（2）表间关系

第 41 行=表 A200000 第 6 行。

固定资产加速折旧（扣除）优惠明细表（见表6-4），填报说明如下。

表6-4 　　　　　　　　A201020 　　　固定资产加速折旧（扣除）优惠明细表

| 行次 | 项目 | 资产原值 | 本年累计折旧（扣除）金额 | | | | |
|---|---|---|---|---|---|---|---|
| | | | 账载折旧金额 | 按照税收一般规定计算的折旧金额 | 享受加速折旧优惠计算的折旧金额 | 纳税调减金额 | 享受加速折旧优惠金额 |
| | | 1 | 2 | 3 | 4 | 5 | 6（4-3） |
| 1 | 一、固定资产加速折旧(不含一次性扣除，2+3) | | | | | | |
| 2 | （一）重要行业固定资产加速折旧 | | | | | | |
| 3 | （二）其他行业研发设备加速折旧 | | | | | | |
| 4 | 二、固定资产一次性扣除 | | | | | | |
| 5 | 合计（1+4） | | | | | | |

### 1. 适用范围及总体说明

（1）适用范围

本表为《中华人民共和国企业所得税月（季）度预缴纳税申报表（A 类）》（A200000）附表，适用于按照《财政部 国家税务总局关于完善固定资产加速折旧税收政策有关问题的通知》（财税〔2014〕75 号）、《财政部 国家税务总局关于进一步完善固定资产加速折旧企业所得税政策的通知》（财税〔2015〕106 号）、《财政部 税务总局关于设备 器具扣除有关企业所得税政策的通知》（财税〔2018〕54 号）等相关文件规定，享受固定资产加速折旧和一次性扣除优惠政策的纳税人填报。

按照目前税收规定，《国家税务总局关于企业固定资产加速折旧所得税处理有关问题的通知》（国税发〔2009〕81 号）、《财政部 国家税务总局关于进一步鼓励软件产业和集成电路产业发展企业所得税政策的通知》（财税〔2012〕27 号）文件规定的固定资产加速折旧优惠政策月（季）度预缴纳税申报时不填报本表。

（2）总体说明

① 本表主要目的。

• 落实税收优惠政策。本年度内享受财税〔2014〕75 号、财税〔2015〕106 号、财税〔2018〕54 号等相关文件规定的固定资产加速折旧和一次性扣除优惠政策的纳税人，在月（季）度预缴纳税申报时对其相应固定资产的折旧金额进行单向纳税调整，以调减其应纳税所得额。

• 实施减免税核算。对本年度内享受财税〔2014〕75 号、财税〔2015〕106 号、财税〔2018〕54 号等相关文件规定的固定资产加速折旧和一次性扣除优惠政策的纳税人，核算其减免税情况。

② 填报原则。

纳税人享受财税〔2014〕75 号、财税〔2015〕106 号、财税〔2018〕54 号等相关文件规定固定资产优惠政策的，应按以下原则填报：

• 自该固定资产开始计提折旧起，在"税收折旧"大于"一般折旧"的折旧期间内，必须填报本表。

税收折旧是指纳税人享受财税〔2014〕75 号、财税〔2015〕106 号、财税〔2018〕54 号等相关文件规定优惠政策的固定资产，采取税收加速折旧或一次性扣除方式计算的税收折旧额；一般折旧是指该资产按照税收一般规定计算的折旧金额，即该资产在不享受加速折旧情况下，按照税收规定的最低折旧年限以直线法计算的折旧金额。

固定资产税收折旧与会计折旧一致的，纳税人不涉及纳税调整事项，但是涉及减免税核算事项，在月（季）度预缴纳税申报时，需计算享受加速折旧优惠金额并将有关情况填报本表。

固定资产税收折旧与会计折旧不一致的，当固定资产会计折旧金额大于税收折旧金额时，在月（季）度预缴纳税申报时不进行纳税调增（相关事项在汇算清缴时一并调整），但需计算享受加速折旧优惠金额并将有关情况填报本表；当固定资产会计折旧金额小于税收折旧金额时，在月（季）度预缴纳税申报时进行纳税调减，同时需计算享受加速折旧优惠金额并将有关情况填报本表。

- 自固定资产开始计提折旧起，在"税收折旧"小于等于"一般折旧"的折旧期内，不填报本表。

固定资产本年先后出现"税收折旧大于一般折旧"和"税收折旧小于等于一般折旧"两种情形的，在"税收折旧小于等于一般折旧"折旧期内，仍需根据该固定资产"税收折旧大于一般折旧"的折旧期内最后一期折旧的有关情况填报本表，直至本年最后一次月（季）度预缴纳税申报。

- 本表第 5 列仅填报纳税调减金额，不得填报负数。

- 以前年度开始享受加速折旧政策的，若该固定资产本年符合第（1）条原则，应继续填报本表。

2. **有关项目填报说明**

（1）行次填报

① 第 1 行"一、固定资产加速折旧（不含一次性扣除）"：根据相关行次计算结果填报，本行=第 2+3 行。

② 第 2 行"（一）重要行业固定资产加速折旧"：生物药品制造业，专用设备制造业，铁路、船舶、航空航天和其他运输设备制造业，计算机、通信和其他电子设备制造业，仪器仪表制造业，信息传输、软件和信息技术服务业 6 个行业以及轻工、纺织、机械、汽车四大领域重点行业（以下简称"重要行业"）的纳税人按照财税〔2014〕75 号、财税〔2015〕106 号等相关文件规定对于新购进固定资产在税收上采取加速折旧的，结合会计折旧情况，在本行填报月（季）度预缴纳税申报时的纳税调减、加速折旧优惠统计等本年累计金额。

重要行业纳税人按照财税〔2014〕75 号、财税〔2015〕106 号等相关文件规定，享受一次性扣除政策的资产的有关情况，不在本行填报。

③ 第 3 行"（二）其他行业研发设备加速折旧"：重要行业以外的其他纳税人按照财税〔2014〕75 号、财税〔2015〕106 号等相关文件规定，对于单位价值超过 100 万元的专用研发设备采取缩短折旧年限或加速折旧方法的，在本行填报月（季）度预缴纳税申报时相关固定资产的纳税调减、加速折旧优惠统计等情况的本年累计金额。

④ 第 4 行"二、固定资产一次性扣除"：纳税人按照财税〔2014〕75 号、财税〔2015〕106 号、财税〔2018〕54 号等相关文件规定对符合条件的固定资产进行一次性扣除的，在本行填报月（季）度预缴纳税申报时相关固定资产的纳税调减、加速折旧优惠统计等情况的本年累计金额。

⑤ 第 5 行"合计"：根据相关行次计算结果填报。本行=第 1 行+第 4 行。

（2）列次填报

列次填报时间口径：纳税人享受财税〔2014〕75 号、财税〔2015〕106 号、财税〔2018〕54 号等相关文件规定优惠政策的固定资产，仅填报采取税收加速折旧计算的税收折旧额大于按照税法一般规定计算的折旧金额期间的金额；税收折旧小于一般折旧期间的金额不再填报本表。同时，保留本年税收折旧大于一般折旧期间最后一个折旧期的金额继续填报，直至本年度最后一期月（季）度预缴纳税申报。

① 第 1 列"资产原值"。

填报纳税人按照财税〔2014〕75 号、财税〔2015〕106 号、财税〔2018〕54 号等相关文件规定享受固定资产加速折旧和一次性扣除优惠政策的固定资产，会计处理计提折旧的资产原值（或历史成本）的金额。

② 第 2 列"账载折旧金额"。

填报纳税人按照财税〔2014〕75 号、财税〔2015〕106 号、财税〔2018〕54 号等相关文件规定享受固定资产加速折旧和一次性扣除优惠政策的固定资产，会计核算的本年资产折旧额。

③ 第 3 列"按照税收一般规定计算的折旧金额"。

填报纳税人按照财税〔2014〕75 号、财税〔2015〕106 号、财税〔2018〕54 号等相关文件规定享受固定资产加速折旧和一次性扣除优惠政策的固定资产，按照税收一般规定计算的允许税前扣除的本年资产折旧额。

所有享受上述优惠的资产都须计算填报一般折旧额，包括税会处理不一致的资产。

④ 第 4 列"享受加速折旧优惠计算的折旧金额"。

填报纳税人按照财税〔2014〕75 号、财税〔2015〕106 号、财税〔2018〕54 号等相关文件规定享受固定资产加速折旧和一次性扣除优惠政策的固定资产，按照税收规定的加速折旧方法计算的本年资产折旧额。

⑤ 第 5 列"纳税调减金额"。

纳税人按照财税〔2014〕75 号、财税〔2015〕106 号、财税〔2018〕54 号等相关文件规定享受固定资产加速折旧和一次性扣除优惠政策的固定资产，在列次填报时间口径规定的期间内，根据会计折旧金额与税收加速折旧金额填报：

当会计折旧金额小于等于税收折旧金额时，该项资产的"纳税调减金额"＝"享受加速折旧优惠计算的折旧金额"－"账载折旧金额"。

当会计折旧金额大于税收折旧金额时，该项资产"纳税调减金额"按 0 填报。

⑥ 第 6 列"享受加速折旧优惠金额"：根据相关列次计算结果填报。本列=第 4 列-第 3 列。

3. 表内、表间关系

（1）表内关系

① 第 1 行=第 2 行+第 3 行。

② 第 5 行=第 1 行+第 4 行。

③ 第 6 列=第 4 列-第 3 列。

（2）表间关系

第 5 行第 5 列=表 A200000 第 7 行。

减免所得税优惠明细表（见表 6-5），填报说明如下。

表 6-5　　　　　　　　A201030　　减免所得税优惠明细表

| 行次 | 项目 | 本年累计金额 |
|---|---|---|
| 1 | 一、符合条件的小型微利企业减免企业所得税 | |
| 2 | 二、国家需要重点扶持的高新技术企业减按 15%的税率征收企业所得税 | |
| 3 | 三、经济特区和上海浦东新区新设立的高新技术企业在区内取得的所得定期减免企业所得税 | |
| 4 | 四、受灾地区农村信用社免征企业所得税 | |
| 5 | 五、动漫企业自主开发、生产动漫产品定期减免企业所得税 | |

续表

| 行次 | 项目 | 本年累计金额 |
|---|---|---|
| 6 | 六、线宽小于 0.8 微米（含）的集成电路生产企业减免企业所得税 | |
| 7 | 七、线宽小于 0.25 微米的集成电路生产企业减按 15%税率征收企业所得税 | |
| 8 | 八、投资额超过 80 亿元的集成电路生产企业减按 15%税率征收企业所得税 | |
| 9 | 九、线宽小于 0.25 微米的集成电路生产企业减免企业所得税 | |
| 10 | 十、投资额超过 80 亿元的集成电路生产企业减免企业所得税 | |
| 11 | 十一、线宽小于 130 纳米的集成电路生产企业减免企业所得税 | |
| 12 | 十二、线宽小于 65 纳米或投资额超过 150 亿元的集成电路生产企业减免企业所得税 | |
| 13 | 十三、新办集成电路设计企业减免企业所得税 | |
| 14 | 十四、国家规划布局内集成电路设计企业可减按 10%的税率征收企业所得税 | |
| 15 | 十五、符合条件的软件企业减免企业所得税 | |
| 16 | 十六、国家规划布局内重点软件企业可减按 10%的税率征收企业所得税 | |
| 17 | 十七、符合条件的集成电路封装、测试企业定期减免企业所得税 | |
| 18 | 十八、符合条件的集成电路关键专用材料生产企业、集成电路专用设备生产企业定期减免企业所得税 | |
| 19 | 十九、经营性文化事业单位转制为企业的免征企业所得税 | |
| 20 | 二十、符合条件的生产和装配伤残人员专门用品企业免征企业所得税 | |
| 21 | 二十一、技术先进型服务企业减按 15%的税率征收企业所得税 | |
| 22 | 二十二、服务贸易类技术先进型服务企业减按 15%的税率征收企业所得税 | |
| 23 | 二十三、设在西部地区的鼓励类产业企业减按 15%的税率征收企业所得税 | |
| 24 | 二十四、新疆困难地区新办企业定期减免企业所得税 | |
| 25 | 二十五、新疆喀什、霍尔果斯特殊经济开发区新办企业定期免征企业所得税 | |
| 26 | 二十六、广东横琴、福建平潭、深圳前海等地区的鼓励类产业企业减按 15%税率征收企业所得税 | |
| 27 | 二十七、北京冬奥组委、北京冬奥会测试赛事组委会免征企业所得税 | |
| 28 | 二十八、其他 | |
| 29 | 二十九、民族自治地方的自治机关对本民族自治地方的企业应缴纳的企业所得税中属于地方分享的部分减征或免征（□免征□减征：减征幅度____%　） | |
| 30 | 合计（1+2+3+4+5+6+…+29） | |

本表为《中华人民共和国企业所得税月（季）度预缴纳税申报表（A 类）》（A200000）附表，适用于享受减免所得税额优惠的实行查账征收企业所得税的居民企业纳税人填报。纳税人根据税收规定，填报本年发生的累计优惠情况。

1. 有关项目填报说明

① 第 1 行 "一、符合条件的小型微利企业减免企业所得税"：根据相关税收政策规定的，从事国家非限制和禁止行业的企业，并符合应纳税所得额、从业人数、资产总额条件的，其所得减按 50%计入应纳税所得额，按 20%的税率缴纳企业所得税。本行填报本期《中华人民共和国企业所得税月（季）度预缴纳税申报表（A 类）》（A200000）第 9 行×15%的金额。

② 第 2 行 "二、国家需要重点扶持的高新技术企业减按 15%的税率征收企业所得税"：填报享受国家重点扶持的高新技术企业优惠的本年累计减免税额。

③ 第 3 行 "三、经济特区和上海浦东新区新设立的高新技术企业在区内取得的所得定期减免企业所得税"：根据《国务院关于经济特区和上海浦东新区新设立高新技术企业实行过渡性税收优惠的通知》（国发〔2007〕40 号）、《财政部 国家税务总局关于贯彻落实国务院关于实施企业所得税过渡优惠政策有关问题的通知》（财税〔2008〕21 号）等规定，经济特区和上海浦东新区内，在 2008 年

1月1日（含）之后完成登记注册的国家需要重点扶持的高新技术企业，在经济特区和上海浦东新区内取得的所得，自取得第一笔生产经营收入所属纳税年度起，第一年至第二年免征企业所得税，第三年至第五年按照25%法定税率减半征收企业所得税。本行填报免征、减征企业所得税的本年累计金额。

对于跨经济特区和上海浦东新区的高新技术企业，其区内所得优惠填写本行，区外所得优惠填报本表第2行。经济特区和上海浦东新区新设立的高新技术企业定期减免税期满后，只享受15%税率优惠的，填报本表第2行。

④ 第4行"四、受灾地区农村信用社免征企业所得税"：填报受灾地区农村信用社免征企业所得税的金额。鲁甸农村信用社按照《财政部 海关总署 国家税务总局关于支持鲁甸地震灾后恢复重建有关税收政策问题的通知》（财税〔2015〕27号）规定免征的所得税额，在本行填列。本行填报本期《中华人民共和国企业所得税月（季）度预缴纳税申报表（A类）》（A200000）第9行×25%的金额。

⑤ 第5行"五、动漫企业自主开发、生产动漫产品定期减免企业所得税"：根据《财政部 国家税务总局关于扶持动漫产业发展有关税收政策问题的通知》（财税〔2009〕65号）等规定，经认定的动漫企业自主开发、生产动漫产品，享受软件企业所得税优惠政策。即在2017年12月31日前自获利年度起，第一年至第二年免征所得税，第三年至第五年按照25%的法定税率减半征收所得税，并享受至期满为止。本行填报根据本期《中华人民共和国企业所得税月（季）度预缴纳税申报表（A类）》（A200000）第9行计算的免征、减征企业所得税的本年累计金额。

⑥ 第6行"六、线宽小于0.8微米（含）的集成电路生产企业减免企业所得税"：根据《财政部 国家税务总局关于进一步鼓励软件产业和集成电路产业发展企业所得税政策的通知》（财税〔2012〕27号）、《财政部 国家税务总局 发展改革委 工业和信息化部关于软件和集成电路产业企业所得税优惠政策有关问题的通知》（财税〔2016〕49号）、《财政部 税务总局 国家发展改革委 工业和信息化部关于集成电路生产企业有关企业所得税政策问题的通知》（财税〔2018〕27号）等规定，2017年12月31日前设立的线宽小于0.8微米（含）的集成电路生产企业，自获利年度起计算优惠期，第一年至第二年免征企业所得税，第三年至第五年按照25%的法定税率减半征收企业所得税，并享受至期满为止。本行填报根据本期《中华人民共和国企业所得税月（季）度预缴纳税申报表（A类）》（A200000）第9行计算的免征、减征企业所得税的本年累计金额。

⑦ 第7行"七、线宽小于0.25微米的集成电路生产企业减按15%税率征收企业所得税"：根据《财政部 国家税务总局关于进一步鼓励软件产业和集成电路产业发展企业所得税政策的通知》（财税〔2012〕27号）、《财政部 国家税务总局 发展改革委 工业和信息化部关于软件和集成电路产业企业所得税优惠政策有关问题的通知》（财税〔2016〕49号）等规定，线宽小于0.25微米的集成电路生产企业，享受15%税率。本行填报本期《中华人民共和国企业所得税月（季）度预缴纳税申报表（A类）》（A200000）第9行×10%的金额。

⑧ 第8行"八、投资额超过80亿元的集成电路生产企业减按15%税率征收企业所得税"：根据《财政部 国家税务总局关于进一步鼓励软件产业和集成电路产业发展企业所得税政策的通知》（财税〔2012〕27号）、《财政部 国家税务总局 发展改革委 工业和信息化部关于软件和集成电路产业企业所得税优惠政策有关问题的通知》（财税〔2016〕49号）等规定，投资额超过80亿元的集成电路生产企业，享受15%税率。本行填报本期《中华人民共和国企业所得税月（季）度预缴纳税申报表（A类）》（A200000）第9行×10%的金额。

⑨ 第 9 行"九、线宽小于 0.25 微米的集成电路生产企业减免企业所得税"：根据《财政部 国家税务总局关于进一步鼓励软件产业和集成电路产业发展企业所得税政策的通知》（财税〔2012〕27号）、《财政部 国家税务总局 发展改革委 工业和信息化部关于软件和集成电路产业企业所得税优惠政策有关问题的通知》（财税〔2016〕49 号）、《财政部 税务总局 国家发展改革委 工业和信息化部关于集成电路生产企业有关企业所得税政策问题的通知》（财税〔2018〕27 号）等规定，2017 年 12月 31 日前设立的线宽小于 0.25 微米的集成电路生产企业，经营期在 15 年以上的，自获利年度起计算优惠期，第一年至第五年免征企业所得税，第六年至第十年按照 25%的法定税率减半征收企业所得税，并享受至期满为止。本行填报根据本期《中华人民共和国企业所得税月（季）度预缴纳税申报表（A 类）》（A200000）第 9 行计算的免征、减征企业所得税的本年累计金额。

⑩ 第 10 行："十、投资额超过 80 亿元的集成电路生产企业减免企业所得税"：根据《财政部 国家税务总局关于进一步鼓励软件产业和集成电路产业发展企业所得税政策的通知》（财税〔2012〕27号）、《财政部 国家税务总局 发展改革委 工业和信息化部关于软件和集成电路产业企业所得税优惠政策有关问题的通知》（财税〔2016〕49 号）、《财政部 税务总局 国家发展改革委 工业和信息化部关于集成电路生产企业有关企业所得税政策问题的通知》（财税〔2018〕27 号）等规定，2017 年 12月 31 日前设立的投资额超过 80 亿元的集成电路生产企业，经营期在 15 年以上的，自获利年度起计算优惠期，第一年至第五年免征企业所得税，第六年至第十年按照 25%的法定税率减半征收企业所得税，并享受至期满为止。本行填报根据本期《中华人民共和国企业所得税月（季）度预缴纳税申报表（A 类）》（A200000）第 9 行计算的免征、减征企业所得税的本年累计金额。

⑪ 第 11 行"十一、线宽小于 130 纳米的集成电路生产企业减免企业所得税"：根据《财政部 国家税务总局 发展改革委 工业和信息化部关于软件和集成电路产业企业所得税优惠政策有关问题的通知》（财税〔2016〕49 号）、《财政部 税务总局 国家发展改革委 工业和信息化部关于集成电路生产企业有关企业所得税政策问题的通知》（财税〔2018〕27 号）等规定，2018 年 1 月 1 日后投资新设的集成电路线宽小于 130 纳米，且经营期在 10 年以上的集成电路生产企业，自获利年度起第一年至第二年免征企业所得税，第三年至第五年按照 25%的法定税率减半征收企业所得税，并享受至期满为止。本行填报根据本期《中华人民共和国企业所得税月（季）度预缴纳税申报表（A 类）》（A200000）第 9 行计算的免征、减征企业所得税的本年累计金额。

⑫ 第 12 行"十二、线宽小于 65 纳米或投资额超过 150 亿元的集成电路生产企业减免企业所得税"：根据《财政部 国家税务总局 发展改革委 工业和信息化部关于软件和集成电路产业企业所得税优惠政策有关问题的通知》（财税〔2016〕49 号）、《财政部 税务总局 国家发展改革委 工业和信息化部关于集成电路生产企业有关企业所得税政策问题的通知》（财税〔2018〕27 号）等规定，2018年 1 月 1 日后投资新设的集成电路线宽小于 65 纳米或投资额超过 150 亿元，且经营期在 15 年以上的集成电路生产企业，自获利年度起第一年至第五年免征企业所得税，第六年至第十年按照 25%的法定税率减半征收企业所得税，并享受至期满为止。本行填报根据本期《中华人民共和国企业所得税月（季）度预缴纳税申报表（A 类）》（A200000）第 9 行计算的免征、减征企业所得税的本年累计金额。

⑬ 第 13 行"十三、新办集成电路设计企业减免企业所得税"：根据《财政部 国家税务总局关于进一步鼓励软件产业和集成电路产业发展企业所得税政策的通知》（财税〔2012〕27 号）、《财政部 国家税务总局 发展改革委 工业和信息化部关于软件和集成电路产业企业所得税优惠政策有关问题的通知》（财税〔2016〕49 号）等规定，我国境内新办的集成电路设计企业，在 2017 年 12 月

31 日前自获利年度起计算优惠期,第一年至第二年免征企业所得税,第三年至第五年按照 25% 的法定税率减半征收企业所得税,并享受至期满为止。本行填报根据本期《中华人民共和国企业所得税月(季)度预缴纳税申报表(A 类)》(A200000)第 9 行计算的免征、减征企业所得税的本年累计金额。

⑭ 第 14 行"十四、国家规划布局内集成电路设计企业可减按 10% 的税率征收企业所得税":根据《财政部 国家税务总局关于进一步鼓励软件产业和集成电路产业发展企业所得税政策的通知》(财税〔2012〕27 号)、《财政部 国家税务总局 发展改革委 工业和信息化部关于软件和集成电路产业企业所得税优惠政策有关问题的通知》(财税〔2016〕49 号)等规定,国家规划布局内的集成电路设计企业,如当年未享受免税优惠的,可减按 10% 税率征收企业所得税。本行填报本期《中华人民共和国企业所得税月(季)度预缴纳税申报表(A 类)》(A200000)第 9 行×15% 的金额。

⑮ 第 15 行"十五、符合条件的软件企业减免企业所得税":根据《财政部 国家税务总局关于进一步鼓励软件产业和集成电路产业发展企业所得税政策的通知》(财税〔2012〕27 号)、《财政部 国家税务总局 发展改革委 工业和信息化部关于软件和集成电路产业企业所得税优惠政策有关问题的通知》(财税〔2016〕49 号)等规定,我国境内新办的符合条件的软件企业,在 2017 年 12 月 31 日前自获利年度起计算优惠期,第一年至第二年免征企业所得税,第三年至第五年按照 25% 的法定税率减半征收企业所得税,并享受至期满为止。本行填报根据本期《中华人民共和国企业所得税月(季)度预缴纳税申报表(A 类)》(A200000)第 9 行计算的免征、减征企业所得税的本年累计金额。

⑯ 第 16 行"十六、国家规划布局内重点软件企业可减按 10% 的税率征收企业所得税":根据《财政部 国家税务总局关于进一步鼓励软件产业和集成电路产业发展企业所得税政策的通知》(财税〔2012〕27 号)、《财政部 国家税务总局 发展改革委 工业和信息化部关于软件和集成电路产业企业所得税优惠政策有关问题的通知》(财税〔2016〕49 号)等规定,国家规划布局内的重点软件企业,如当年未享受免税优惠的,可减按 10% 税率征收企业所得税。本行填报本期《中华人民共和国企业所得税月(季)度预缴纳税申报表(A 类)》(A200000)第 9 行×15% 的金额。

⑰ 第 17 行"十七、符合条件的集成电路封装、测试企业定期减免企业所得税":根据《财政部 国家税务总局 发展改革委 工业和信息化部关于进一步鼓励集成电路产业发展企业所得税政策的通知》(财税〔2015〕6 号)规定,符合条件的集成电路封装、测试企业,在 2017 年(含 2017 年)前实现获利的,自获利年度起第一年至第二年免征企业所得税,第三年至第五年按照 25% 的法定税率减半征收企业所得税,并享受至期满为止;2017 年前未实现获利的,自 2017 年起计算优惠期,享受至期满为止。本行填报根据本期《中华人民共和国企业所得税月(季)度预缴纳税申报表(A 类)》(A200000)第 9 行计算的免征、减征企业所得税的本年累计金额。

⑱ 第 18 行"十八、符合条件的集成电路关键专用材料生产企业、集成电路专用设备生产企业定期减免企业所得税":根据《财政部 国家税务总局 发展改革委 工业和信息化部关于进一步鼓励集成电路产业发展企业所得税政策的通知》(财税〔2015〕6 号)规定,符合条件的集成电路关键专用材料生产企业、集成电路专用设备生产企业,在 2017 年(含 2017 年)前实现获利的,自获利年度起第一年至第二年免征企业所得税,第三年至第五年按照 25% 的法定税率减半征收企业所得税,并享受至期满为止;2017 年前未实现获利的,自 2017 年起计算优惠期,享受至期满为止。本行填报根据本期《中华人民共和国企业所得税月(季)度预缴纳税申报表(A 类)》(A200000)第 9 行计算的免征、减征企业所得税的本年累计金额。

⑲ 第 19 行"十九、经营性文化事业单位转制为企业的免征企业所得税":根据《财政部 国家

税务总局 中宣部关于继续实施文化体制改革中经营性文化事业单位转制为企业若干税收政策的通知》（财税〔2014〕84 号）等规定，从事新闻出版、广播影视和文化艺术的经营性文化事业单位转制为企业的，自转制注册之日起免征企业所得税。本行填报本期《中华人民共和国企业所得税月（季）度预缴纳税申报表（A 类）》（A200000）第 9 行×25%的金额。

㉑ 第 20 行"二十、符合条件的生产和装配伤残人员专门用品企业免征企业所得税"：根据《财政部 国家税务总局 民政部关于生产和装配伤残人员专门用品企业免征企业所得税的通知》（财税〔2016〕111 号）等规定，符合条件的生产和装配伤残人员专门用品的企业免征企业所得税。本行填报本期《中华人民共和国企业所得税月（季）度预缴纳税申报表（A 类）》（A200000）第 9 行×25%的金额。

㉑ 第 21 行"二十一、技术先进型服务企业减按 15%的税率征收企业所得税"：根据《财政部 国家税务总局 商务部 科技部 国家发展改革委关于完善技术先进型服务企业有关企业所得税政策问题的通知》（财税〔2014〕59 号）、《财政部 国家税务总局 商务部 科技部 国家发展改革委关于新增中国服务外包示范城市适用技术先进型服务企业所得税政策的通知》（财税〔2016〕108 号）、《财政部 税务总局 商务部 科技部 国家发展改革委关于将技术先进型服务企业所得税政策推广至全国实施的通知》（财税〔2017〕79 号）等规定，对经认定的技术先进型服务企业，减按 15%的税率征收企业所得税。本行填报本期《中华人民共和国企业所得税月（季）度预缴纳税申报表（A 类）》（A200000）第 9 行×10%的金额。

㉒ 第 22 行"服务贸易类技术先进型服务企业减按 15%的税率征收企业所得税"：根据相关政策规定，经认定的技术先进型服务企业（服务贸易类）减按 15%的税率征收企业所得税。本行填报本期《中华人民共和国企业所得税月（季）度预缴纳税申报表（A 类）》（A200000）第 9 行×10%的金额。

㉓ 第 23 行"二十三、设在西部地区的鼓励类产业企业减按 15%的税率征收企业所得税"：根据《财政部 海关总署 国家税务总局关于深入实施西部大开发战略有关税收政策问题的通知》（财税〔2011〕58 号）、《国家税务总局关于深入实施西部大开发战略有关企业所得税问题的公告》（国家税务总局公告 2012 年第 12 号）、《财政部 海关总署 国家税务总局关于赣州市执行西部大开发税收政策问题的通知》（财税〔2013〕4 号）、《西部地区鼓励类产业目录》（中华人民共和国国家发展和改革委员会令第 15 号）、《国家税务总局关于执行〈西部地区鼓励类产业目录〉有关企业所得税问题的公告》（国家税务总局公告 2015 年第 14 号）等规定，对设在西部地区的鼓励类产业企业减按 15%的税率征收企业所得税；对设在赣州市的鼓励类产业的内资和外商投资企业减按 15%税率征收企业所得税。本行填报根据本期《中华人民共和国企业所得税月（季）度预缴纳税申报表（A 类）》（A200000）第 9 行计算的减征企业所得税的本年累计金额。

跨地区经营汇总纳税企业总机构和分支机构因享受该项优惠政策适用不同税率的，本行填报按照《国家税务总局关于印发〈跨地区经营汇总纳税企业所得税征收管理办法〉的公告》（国家税务总局公告 2012 年第 57 号）第十八条规定计算的减免税额。

㉔ 第 24 行"二十四、新疆困难地区新办企业定期减免企业所得税"：根据《财政部 国家税务总局关于新疆困难地区新办企业所得税优惠政策的通知》（财税〔2011〕53 号）、《财政部 国家税务总局 国家发展改革委 工业和信息化部关于完善新疆困难地区重点鼓励发展产业企业所得税优惠目录的通知》（财税〔2016〕85 号）等规定，对在新疆困难地区新办的属于《新疆困难地区重点鼓励发展产业企业所得税优惠目录》范围内的企业，自取得第一笔生产经营收入所属纳税年度起，第一

年至第二年免征企业所得税，第三年至第五年减半征收企业所得税。本行填报根据本期《中华人民共和国企业所得税月（季）度预缴纳税申报表（A 类）》（A200000）第 9 行计算的免征、减征企业所得税的本年累计金额。

㉕ 第 25 行"二十五、新疆喀什、霍尔果斯特殊经济开发区新办企业定期免征企业所得税"：根据《财政部 国家税务总局关于新疆喀什 霍尔果斯两个特殊经济开发区企业所得税优惠政策的通知》（财税〔2011〕112 号）、《财政部 国家税务总局 国家发展改革委 工业和信息化部关于完善新疆困难地区重点鼓励发展产业企业所得税优惠目录的通知》（财税〔2016〕85 号）等规定，对在新疆喀什、霍尔果斯两个特殊经济开发区内新办的属于《新疆困难地区重点鼓励发展产业企业所得税优惠目录》范围内的企业，自取得第一笔生产经营收入所属纳税年度起，五年内免征企业所得税。本行填报根据本期《中华人民共和国企业所得税月（季）度预缴纳税申报表（A 类）》（A200000）第 9 行计算的免征企业所得税的本年累计金额。

㉖ 第 26 行"二十六、广东横琴、福建平潭、深圳前海等地区的鼓励类产业企业减按 15%税率征收企业所得税"：根据《财政部 国家税务总局关于广东横琴新区、福建平潭综合实验区、深圳前海深港现代化服务业合作区企业所得税优惠政策及优惠目录的通知》（财税〔2014〕26 号）、《财政部 税务总局关于平潭综合实验区企业所得税优惠目录增列有关旅游产业项目的通知》（财税〔2017〕75 号）等规定，对设在广东横琴新区、福建平潭综合实验区和深圳前海深港现代服务业合作区的鼓励类产业企业减按 15%的税率征收企业所得税。本行填报根据本期《中华人民共和国企业所得税月（季）度预缴纳税申报表（A 类）》（A200000）第 9 行计算的减征企业所得税的本年累计金额。

㉗ 第 27 行"二十七、北京冬奥组委、北京冬奥会测试赛赛事组委会免征企业所得税"：根据《财政部 税务总局 海关总署关于北京 2022 年冬奥会和冬残奥会税收政策的通知》（财税〔2017〕60 号）等规定，为支持发展奥林匹克运动，确保北京 2022 年冬奥会和冬残奥会顺利举办，对北京冬奥组委免征应缴纳的企业所得税，北京冬奥会测试赛赛事组委会取得的收入及发生的涉税支出比照执行北京冬奥组委的税收政策。本行填报本期《中华人民共和国企业所得税月（季）度预缴纳税申报表（A 类）》（A200000）第 9 行×25%的金额。

㉘ 第 28 行"二十八、其他"：填报纳税人享受的本表未列明的减免企业所得税优惠的优惠事项名称、减免税代码及免征、减征企业所得税的本年累计金额。

㉙ 第 29 行"二十九、民族自治地方的自治机关对本民族自治地方的企业应缴纳的企业所得税中属于地方分享的部分免征或减征（ 免征 减征：减征幅度____%）"：根据《中华人民共和国企业所得税法》《财政部 国家税务总局关于贯彻落实国务院关于实施企业所得税过渡优惠政策有关问题的通知》（财税〔2008〕21 号）、《中华人民共和国民族区域自治法》等规定，实行民族区域自治的自治区、自治州、自治县的自治机关对本民族自治地方的企业应缴纳的企业所得税中属于地方分享的部分，可以决定免征或减征，自治州、自治县决定减征或者免征的，须报省、自治区、直辖市人民政府批准。

纳税人填报该行次时，根据享受政策的类型选择"免征"或"减征"，二者必选其一。选择"免征"是指免征企业所得税税收地方分享部分；选择"减征：减征幅度____%"是指减征企业所得税税收地方分享部分。此时需填写"减征幅度"，减征幅度填写范围为 1 至 100，表示企业所得税税收地方分享部分的减征比例。通常情况下，本行填报 [《中华人民共和国企业所得税月（季）度预缴纳税申报表（A 类）》（A200000）第 11 行"应纳所得税额"-本表第 1 行至第 28 行合计金额] ×40%×减征幅度。例如：地方分享部分减半征收，则选择"减征"，并在"减征幅度"后填写"50 %"。

㉚ 第 30 行"合计"：根据相关行次计算结果填报。本行=第 1 行+第 2 行+第 3 行+第 4 行+第 5 行+…+第 29 行。

2. 表内、表间关系

（1）表内关系

第 30 行=第 1 行+第 2 行+第 3 行+第 4 行+第 5 行+…+第 29 行。

（2）表间关系

第 30 行=表 A200000 第 12 行。

企业所得税汇总纳税分支机构所得税分配表（见表 6-6），填报说明如下。

表 6-6　　　　　　A202000　　企业所得税汇总纳税分支机构所得税分配表

税款所属期间：年　月　日至　年　月　日

总机构名称（盖章）：

总机构统一社会信用代码（纳税人识别号）：　　　　　　　　　　　　金额单位：元（列至角分）

| 应纳所得税额 | 总机构分摊所得税额 | 总机构财政集中分配所得税额 | | | 分支机构分摊所得税额 | |
|---|---|---|---|---|---|---|
| 分支机构统一社会信用代码（纳税人识别号） | 分支机构名称 | 三项因素 | | | 分配比例 | 分配所得税额 |
| | | 营业收入 | 职工薪酬 | 资产总额 | | |
| 分支机构情况 | | | | | | |
| | | | | | | |
| | | | | | | |
| | | | | | | |
| | | | | | | |
| | | | | | | |
| | | | | | | |
| | | | | | | |
| | | | | | | |
| | | | | | | |
| | 合计 | | | | | |

1. 适用范围及报送要求

本表为《中华人民共和国企业所得税月（季）度预缴纳税申报表（A 类）》（A200000）附表，适用于跨地区经营汇总纳税企业的总机构填报。纳税人应根据《财政部 国家税务总局 中国人民银行关于印发〈跨省市总分机构企业所得税分配及预算管理办法〉的通知》（财预〔2012〕40 号）、《国家税务总局关于印发〈跨地区经营汇总纳税企业所得税征收管理办法〉的公告》（国家税务总局公告2012 年第 57 号）规定，计算总分机构每一预缴期应纳的企业所得税税额、总机构和分支机构应分摊的企业所得税税额。对于仅在同一省（自治区、直辖市和计划单列市）内设立不具有法人资格分支机构的企业，本省（自治区、直辖市和计划单列市）参照上述文件规定制定企业所得税分配管理办法的，按照其规定填报本表。

本表与《国家税务总局关于发布〈中华人民共和国企业所得税年度纳税申报表（A 类，2017 年版）〉的公告》（国家税务总局公告 2017 年第 54 号）中的《企业所得税汇总纳税分支机构所得税分配表》（A109010）表单样式一致。年度终了后五个月内，《企业所得税汇总纳税分支机构所得税分配表》（A109010）由实行汇总纳税的企业总机构填报。

2. 具体项目填报说明

（1）"税款所属时期"：填报税款所属期月（季）度第一日至税款所属期月（季）度最后一日。如：按季度预缴纳税申报的纳税人，第二季度申报时"税款所属期间"填报"××年4月1日至××年6月30日"。

（2）"总机构名称""分支机构名称"：填报营业执照、税务登记证等证件载明的纳税人名称。

（3）"总机构统一社会信用代码（纳税人识别号）""分支机构统一社会信用代码（纳税人识别号）"：填报有关部门核发的纳税人统一社会信用代码。未取得统一社会信用代码的，填报税务机关核发的纳税人识别号。

（4）"应纳所得税额"：填报本税款所属期企业汇总计算的本期应补（退）的所得税额。

（5）"总机构分摊所得税额"：对于跨省（自治区、直辖市和计划单列市）经营汇总纳税企业，填报本期《中华人民共和国企业所得税月（季）度预缴纳税申报表（A类）》（A200000）第15行×25%的金额；对于同一省（自治区、直辖市、计划单列市）内跨地区经营汇总纳税企业，填报本期《中华人民共和国企业所得税月（季）度预缴纳税申报表（A类）》（A200000）第15行×各省（自治区、直辖市和计划单列市）确定的总机构分摊比例的金额。

（6）"总机构财政集中分配所得税额"：对于跨省（自治区、直辖市和计划单列市）经营汇总纳税企业，填报本期《中华人民共和国企业所得税月（季）度预缴纳税申报表（A类）》（A200000）第15行×25%的金额；对于同一省（自治区、直辖市、计划单列市）内跨地区经营汇总纳税企业，填报本期《中华人民共和国企业所得税月（季）度预缴纳税申报表（A类）》（A200000）第15行×各省（自治区、直辖市和计划单列市）确定的财政集中分配比例的金额。

（7）"分支机构分摊所得税额"：对于跨省（自治区、直辖市和计划单列市）经营汇总纳税企业，填报本期《中华人民共和国企业所得税月（季）度预缴纳税申报表（A类）》（A200000）第15行×50%的金额；对于同一省（自治区、直辖市、计划单列市）内跨地区经营汇总纳税企业，填报本期《中华人民共和国企业所得税月（季）度预缴纳税申报表（A类）》（A200000）第15行×各省（自治区、直辖市和计划单列市）确定的全部分支机构分摊比例的金额。

（8）"营业收入"：填报上一年度各分支机构销售商品、提供劳务、让渡资产使用权等日常经营活动实现的全部收入的合计额。

（9）"职工薪酬"：填报上一年度各分支机构为获得职工提供的服务而给予各种形式的报酬以及其他相关支出的合计额。

（10）"资产总额"：填报上一年度各分支机构在经营活动中实际使用的应归属于该分支机构的资产合计额。

（11）"分配比例"：填报经总机构所在地主管税务机关审核确认的各分支机构分配比例，分配比例应保留小数点后十位。

（12）"分配所得税额"：填报分支机构按照分支机构分摊所得税额乘以相应的分配比例的金额。

（13）"合计"：填报上一年度各分支机构的营业收入总额、职工薪酬总额和资产总额三项因素的合计金额及本年各分支机构分配比例和分配税额的合计金额。

3. 表间关系

（1）"应纳所得税额"栏次=表A200000第15行。

（2）"总机构分摊所得税额"栏次=表A200000第17行。

（3）"总机构财政集中分配所得税额"栏次=表A200000第18行。

（4）"分支机构情况"中对应总机构独立生产经营部门行次的"分配所得税额"栏次=表 A200000 第 19 行。

## 三、企业所得税月（季）度预缴纳税申报模拟实训

**【例6-1】**天津市众合科技有限公司2018年7月1日至2018年9月30日销售软件收取23414.34元，为天津云成教育咨询有限公司安装考试系统取得132 433.65元；2018年1月1日至2018年9月30日取得销售产品金额为53 230元，安装软件收取220 370.10元；2018年全年营业成本为110 189.65元；发生销售费用32 430.54元；发生管理费用为63 520.77元；发生财务费用金额为-798.25元；税金及附加3 423.76元。

根据题目给出资料，计算本公司2018年第三季度所得税，并填列月（季）度预缴纳税申报表。

**【解析】**

（1）1月至9月累计营业收入=（53 230÷1.16）+（220 370.10÷1.10）=246 224.37（元）

（2）1月至9月利润总额=246 224.37-110 189.65-3 423.76-（32 430.54+63 520.77-798.25）

　　　　　　　　=67 457.90（元）

（3）全年应纳所得税=67 457.90×25%=16 864.48（元）

（4）减免所得税额=67 457.90×15%=10 118.69（元）

（5）实际应纳所得税额=16 864.48-10 118.69=6 745.79（元）

该公司企业所得税月（季）度预缴纳税申报表及减免所得税优惠明细表的填制如表6-7、6-8所示。

表 6-7　　A200000　　中华人民共和国企业所得税月（季）度预缴纳税申报表（A类）

税款所属期间：　2018　年 07 月 01 日 至 2018 年 09 月 30 日

纳税人识别号（统一社会信用代码）：91120104884298498U

纳税人名称：天津市众合科技有限公司　　　　　　　　　　　　　　　　　金额单位：人民币元（列至角分）

| 预缴方式 | □ 按照实际利润额预缴 | □ 按照上一纳税年度应纳税所得额平均额预缴 | □ 按照税务机关确定的其他方法预缴 |
|---|---|---|---|
| 企业类型 | □ 一般企业 | □ 跨地区经营汇总纳税企业总机构 | □ 跨地区经营汇总纳税企业分支机构 |

| | 预缴税款计算 | | |
|---|---|---|---|
| 行次 | 项目 | | 本年累计金额 |
| 1 | 营业收入 | | 246 224.37 |
| 2 | 营业成本 | | 110 189.65 |
| 3 | 利润总额 | | 67 457.90 |
| 4 | 加：特定业务计算的应纳税所得额 | | |
| 5 | 减：不征税收入 | | |
| 6 | 减：免税收入、减计收入、所得减免等优惠金额（填写 A201010） | | |
| 7 | 减：固定资产加速折旧（扣除）调减额（填写 A201020） | | |
| 8 | 减：弥补以前年度亏损 | | |
| 9 | 实际利润额（3+4-5-6-7-8）\按照上一纳税年度应纳税所得额平均额确定的应纳税所得额 | | 67 457.90 |
| 10 | 税率（25%） | | 25% |
| 11 | 应纳所得税额（9×10） | | 16 864.48 |
| 12 | 减：减免所得税额（填写 A201030） | | 10 118.69 |

续表

| 行次 | 项目 | 本年累计金额 |
|---|---|---|
| 13 | 减：实际已缴纳所得税额 | 6 745.79 |
| 14 | 减：特定业务预缴（征）所得税额 | |
| 15 | 本期应补（退）所得税额（11-12-13-14）\ 税务机关确定的本期应纳所得税额 | |
| | 汇总纳税企业总分机构税款计算 | |
| 16 | 总机构填报 总机构本期分摊应补（退）所得税额（17+18+19） | |
| 17 | 其中：总机构分摊应补（退）所得税额（15×总机构分摊比例＿％） | |
| 18 | 财政集中分配应补（退）所得税额（15×财政集中分配比例＿％） | |
| 19 | 总机构具有主体生产经营职能的部门分摊所得税额（15×全部分支机构分摊比例＿％×总机构具有主体生产经营职能部门分摊比例＿％） | |
| 20 | 分支机构填报 分支机构本期分摊比例 | |
| 21 | 分支机构本期分摊应补（退）所得税额 | |

附报信息

| 小型微利企业 | □ 是 □ 否 | 科技型中小企业 | □ 是 □ 否 |
|---|---|---|---|
| 高新技术企业 | □ 是 □ 否 | 技术入股递延纳税事项 | □ 是 □ 否 |
| 期末从业人数 | 9 | | |

谨声明：此纳税申报表是根据《中华人民共和国企业所得税法》《中华人民共和国企业所得税法实施条例》以及有关税收政策和国家统一会计制度的规定填报的，是真实的、可靠的、完整的。

法定代表人（签章）：　　　　　年 月 日

| 纳税人公章：<br>会计主管：<br><br>填表日期：　年 月 日 | 代理申报中介机构公章：<br>经办人：<br>经办人执业证件号码：<br>代理申报日期：　年 月 日 | 主管税务机关受理专用章：<br>受理人：<br><br>受理日期：　年 月 日 |
|---|---|---|

**表 6-8**　　　　　　　A201030　减免所得税优惠明细表　　　　　金额单位：人民币元（列至角分）

| 行次 | 项目 | 本年累计金额 |
|---|---|---|
| 1 | 一、符合条件的小型微利企业减免企业所得税 | 10 118.69 |
| 2 | 二、国家需要重点扶持的高新技术企业减按15%的税率征收企业所得税 | |
| 3 | 三、经济特区和上海浦东新区新设立的高新技术企业在区内取得的所得定期减免企业所得税 | |
| 4 | 四、受灾地区农村信用社免征企业所得税 | |
| 5 | 五、动漫企业自主开发、生产动漫产品定期减免企业所得税 | |
| 6 | 六、线宽小于0.8微米（含）的集成电路生产企业减免企业所得税 | |
| 7 | 七、线宽小于0.25微米的集成电路生产企业减按15%税率征收企业所得税 | |
| 8 | 八、投资额超过80亿元的集成电路生产企业减按15%税率征收企业所得税 | |
| 9 | 九、线宽小于0.25微米的集成电路生产企业减免企业所得税 | |
| 10 | 十、投资额超过80亿元的集成电路生产企业减免企业所得税 | |
| 11 | 十一、线宽小于130纳米的集成电路生产企业减免企业所得税 | |
| 12 | 十二、线宽小于65纳米或投资额超过150亿元的集成电路生产企业减免企业所得税 | |
| 13 | 十三、新办集成电路设计企业减免企业所得税 | |
| 14 | 十四、国家规划布局内集成电路设计企业可减按10%的税率征收企业所得税 | |
| 15 | 十五、符合条件的软件企业减免企业所得税 | |
| 16 | 十六、国家规划布局内重点软件企业可减按10%的税率征收企业所得税 | |
| 17 | 十七、符合条件的集成电路封装、测试企业定期减免企业所得税 | |

| 行次 | 项目 | 本年累计金额 |
|---|---|---|
| 18 | 十八、符合条件的集成电路关键专用材料生产企业、集成电路专用设备生产企业定期减免企业所得税 | |
| 19 | 十九、经营性文化事业单位转制为企业的免征企业所得税 | |
| 20 | 二十、符合条件的生产和装配伤残人员专门用品企业免征企业所得税 | |
| 21 | 二十一、技术先进型服务企业减按15%的税率征收企业所得税 | |
| 22 | 二十二、服务贸易类技术先进型服务企业减按15%的税率征收企业所得税 | |
| 23 | 二十三、设在西部地区的鼓励类产业企业减按15%的税率征收企业所得税 | |
| 24 | 二十四、新疆困难地区新办企业定期减免企业所得税 | |
| 25 | 二十五、新疆喀什、霍尔果斯特殊经济开发区新办企业定期免征企业所得税 | |
| 26 | 二十六、广东横琴、福建平潭、深圳前海等地区的鼓励类产业企业减按15%税率征收企业所得税 | |
| 27 | 二十七、北京冬奥组委、北京冬奥会测试赛事组委会免征企业所得税 | |
| 28 | 二十八、其他 | |
| 29 | 二十九、民族自治地方的自治机关对本民族自治地方的企业应缴纳的企业所得税中属于地方分享的部分减征或免征（ □ 免征　　□ 减征：减征幅度____% ） | |
| 30 | 合计（1+2+3+4+5+6+…+29） | |

# 第三节 企业所得税清缴纳税申报实训

　　企业所得税汇算清缴，是指纳税人自纳税年度终了之日起 5 个月内或实际经营终止之日起 60 日内，依照税收法律、法规、规章及其他有关企业所得税的规定，自行计算本纳税年度应纳税所得额和应纳所得税额，根据月度或季度预缴企业所得税的数额，确定该纳税年度应补或者应退税额，并填写企业所得税年度纳税申报表，向主管税务机关办理企业所得税年度纳税申报、提供税务机关要求提供的有关资料、结清全年企业所得税税款的行为。

## 一、企业所得税年度纳税申报表（A类）的填制

　　企业所得税年度纳税申报表（A 类，2017 版）适用于查账征收企业，由 37 张表单组成，其中必填表 2 张，选填表 35 张。从表单（见表 6-9）的结构看，全套申报表分为基础信息表（见表 6-10）、主表（见表 6-11）以及明细、二级明细表和三级明细，表单数据触及汇总。从填表内容看，全套申报表由反应纳税人整体情况（2 张）、会计核算（6 张）、纳税调整（13 张）、弥补亏损（1 张）、税收优惠（9 张）、境外税收（4 张）、汇总纳税（2 张）等明细情况的表单组成。

　　企业实际使用时，除基础信息表、主表必须填写外，《一般企业收入明细表》（见表 6-12）、《一般企业成本支出明细表》（见表 6-13）、《期间费用明细表》（见表 6-14）、《纳税调整项目明细表》（见表 6-15）、《职工薪酬支出及纳税调整明细表》（见表 6-16）、《减免所得税优惠明细表》（见表 6-17）等为常用表单；特殊情况下，企业还需填报《广告费和业务宣传费跨年度纳税调整明细表》（见表 6-18）、《资产折旧、摊销及纳税调整明细表》（见表 6-19）、《企业所得税弥补亏损明细表》（见表 6-20）、

《免税、减计收入及加计扣除优惠明细表》(见表 6-21)、《研发费用加计扣除优惠明细表》(见表 6-22)、《高新技术企业优惠情况及明细表》(见表 6-23),其他附表不再一一赘述。

**(一)企业所得税年度纳税申报表填报表单及其填报说明**

企业所得税年度纳税申报表填报表单如表 6-9 所示。

本表列示申报表全部表单名称及编号。纳税人在填报申报表之前,请仔细阅读这些表单,并根据企业的涉税业务,选择"填报"或"不填报"。选择"填报"的,需完成该表格相关内容的填报;选择"不填报"的,可以不填报该表格。对选择"不填报"的表格,可以不向税务机关报送。

表 6-9　　　　　　　　　　企业所得税年度纳税申报表填报表单

| 表单编号 | 表单名称 | 选择填报情况 | |
|---|---|---|---|
| | | 填报 | 不填报 |
| A000000 | 企业基础信息表 | √ | × |
| A100000 | 中华人民共和国企业所得税年度纳税申报表（A 类） | √ | × |
| A101010 | 一般企业收入明细表 | □ | □ |
| A101020 | 金融企业收入明细表 | □ | □ |
| A102010 | 一般企业成本支出明细表 | □ | □ |
| A102020 | 金融企业支出明细表 | □ | □ |
| A103000 | 事业单位、民间非营利组织收入、支出明细表 | □ | □ |
| A104000 | 期间费用明细表 | □ | □ |
| A105000 | 纳税调整项目明细表 | □ | □ |
| A105010 | 视同销售和房地产开发企业特定业务纳税调整明细表 | □ | □ |
| A105020 | 未按权责发生制确认收入纳税调整明细表 | □ | □ |
| A105030 | 投资收益纳税调整明细表 | □ | □ |
| A105040 | 专项用途财政性资金纳税调整明细表 | □ | □ |
| A105050 | 职工薪酬支出及纳税调整明细表 | □ | □ |
| A105060 | 广告费和业务宣传费跨年度纳税调整明细表 | □ | □ |
| A105070 | 捐赠支出及纳税调整明细表 | □ | □ |
| A105080 | 资产折旧、摊销及纳税调整明细表 | □ | □ |
| A105090 | 资产损失税前扣除及纳税调整明细表 | □ | □ |
| A105100 | 企业重组及递延纳税事项纳税调整明细表 | □ | □ |
| A105110 | 政策性搬迁纳税调整明细表 | □ | □ |
| A105120 | 特殊行业准备金及纳税调整明细表 | □ | □ |
| A106000 | 企业所得税弥补亏损明细表 | □ | □ |
| A107010 | 免税、减计收入及加计扣除优惠明细表 | □ | □ |
| A107011 | 符合条件的居民企业之间的股息、红利等权益性投资收益优惠明细表 | □ | □ |
| A107012 | 研发费用加计扣除优惠明细表 | □ | □ |
| A107020 | 所得减免优惠明细表 | □ | □ |
| A107030 | 抵扣应纳税所得额明细表 | □ | □ |
| A107040 | 减免所得税优惠明细表 | □ | □ |
| A107041 | 高新技术企业优惠情况及明细表 | □ | □ |
| A107042 | 软件、集成电路企业优惠情况及明细表 | □ | □ |
| A107050 | 税额抵免优惠明细表 | □ | □ |
| A108000 | 境外所得税收抵免明细表 | □ | □ |
| A108010 | 境外所得纳税调整后所得明细表 | □ | □ |
| A108020 | 境外分支机构弥补亏损明细表 | □ | □ |

续表

| 表单编号 | 表单名称 | 选择填报情况 | |
|---|---|---|---|
| | | 填报 | 不填报 |
| A108030 | 跨年度结转抵免境外所得税明细表 | ☐ | ☐ |
| A109000 | 跨地区经营汇总纳税企业年度分摊企业所得税明细表 | ☐ | ☐ |
| A109010 | 企业所得税汇总纳税分支机构所得税分配表 | ☐ | ☐ |

说明：企业应当根据实际情况选择需要填报的表单。

企业所得税年度纳税申报表填报表单填报说明如下。

1.《企业基础信息表》（A000000）

本表为必填表。主要反映纳税人的基本信息，包括纳税人基本信息、重组事项、企业主要股东及分红情况等。纳税人填报申报表时，首先填报此表，为后续申报提供指引。

2.《中华人民共和国企业所得税年度纳税申报表（A类）》（A100000）

本表为必填表。是纳税人计算申报缴纳企业所得税的主表。

3.《一般企业收入明细表》（A101010）

本表适用于除金融企业、事业单位和民间非营利组织外的纳税人填报，反映一般企业按照国家统一会计制度规定取得收入情况。

4.《金融企业收入明细表》（A101020）

本表仅适用于金融企业（包括银行、信用社、保险公司、证券公司等金融企业）填报，反映金融企业按照企业会计准则规定取得收入情况。

5.《一般企业成本支出明细表》（A102010）

本表适用于除金融企业、事业单位和民间非营利组织外的纳税人填报，反映一般企业按照国家统一会计制度的规定发生成本支出情况。

6.《金融企业支出明细表》（A102020）

本表仅适用于金融企业（包括银行、信用社、保险公司、证券公司等金融企业）填报，反映金融企业按照企业会计准则规定发生支出情况。

7.《事业单位、民间非营利组织收入、支出明细表》（A103000）

本表适用于事业单位和民间非营利组织填报，反映事业单位、社会团体、民办非企业单位、非营利性组织等按照有关会计制度规定取得收入，发生支出、费用情况。

8.《期间费用明细表》（A104000）

本表适用于除事业单位和民间非营利组织外的纳税人填报。纳税人根据国家统一会计制度规定，填报期间费用明细项目。

9.《纳税调整项目明细表》（A105000）

本表填报纳税人财务、会计处理办法（以下简称"会计处理"）与税收法律、行政法规的规定（以下简称"税收规定"）不一致，需要进行纳税调整的项目和金额。

10.《视同销售和房地产开发企业特定业务纳税调整明细表》（A105010）

本表填报纳税人发生视同销售行为、房地产开发企业销售未完工产品、未完工产品转完工产品，会计处理与税收规定不一致，需要进行纳税调整的项目和金额。

11.《未按权责发生制确认收入纳税调整明细表》（A105020）

本表填报纳税人会计处理按照权责发生制确认收入，而税收规定不按照权责发生制确认收入，需要进行纳税调整的项目和金额。

12.《投资收益纳税调整明细表》(A105030)

本表填报纳税人发生投资收益,由于会计处理与税收规定不一致,需要进行纳税调整的项目和金额。

13.《专项用途财政性资金纳税调整明细表》(A105040)

本表填报纳税人取得符合不征税收入条件的专项用途财政性资金,由于会计处理与税收规定不一致,需要进行纳税调整的金额。

14.《职工薪酬支出及纳税调整明细表》(A105050)

本表填报纳税人发生的职工薪酬(包括工资薪金、职工福利费、职工教育经费、工会经费、各类基本社会保障性缴款、住房公积金、补充养老保险、补充医疗保险等支出)情况,以及由于会计处理与税收规定不一致,需要进行纳税调整的项目和金额。纳税人只要发生职工薪酬支出,均需填报本表。

15.《广告费和业务宣传费跨年度纳税调整明细表》(A105060)

本表填报纳税人发生的广告费和业务宣传费支出,会计处理与税收规定不一致,需要进行纳税调整的金额。纳税人发生以前年度广告费和业务宣传费未扣除完毕的,也应填报以前年度累计结转情况。

16.《捐赠支出及纳税调整明细表》(A105070)

本表填报纳税人发生捐赠支出的情况,以及由于会计处理与税收规定不一致,需要进行纳税调整的项目和金额。纳税人发生以前年度捐赠支出未扣除完毕的,也应填报以前年度累计结转情况。

17.《资产折旧、摊销及纳税调整明细表》(A105080)

本表填报纳税人资产折旧、摊销情况,以及由于会计处理与税收规定不一致,需要进行纳税调整的项目和金额。

18.《资产损失税前扣除及纳税调整明细表》(A105090)

本表填报纳税人发生的资产损失的项目及金额,以及由于会计处理与税收规定不一致,需要进行纳税调整的项目和金额。

19.《企业重组及递延纳税事项纳税调整明细表》(A105100)

本表填报纳税人发生企业重组、非货币性资产对外投资、技术入股等业务所涉及的所得或损失情况,以及由于会计处理与税收规定不一致,需要进行纳税调整的项目和金额。

20.《政策性搬迁纳税调整明细表》(A105110)

本表填报纳税人发生政策性搬迁所涉及的所得或损失,由于会计处理与税收规定不一致,需要进行纳税调整的项目和金额。

21.《特殊行业准备金及纳税调整明细表》(A105120)

本表填报保险、证券、期货、金融、担保、小额贷款公司等特殊行业纳税人发生特殊行业准备金情况,以及由于会计处理与税收规定不一致,需要进行纳税调整的项目和金额。

22.《企业所得税弥补亏损明细表》(A106000)

本表填报纳税人以前年度发生的亏损需要在本年度结转弥补的金额,本年度可弥补的金额以及可继续结转以后年度弥补的亏损额。

23.《免税、减计收入及加计扣除优惠明细表》(A107010)

本表填报纳税人本年度所享受免税收入、减计收入、加计扣除等优惠的项目和金额。

24.《符合条件的居民企业之间的股息、红利等权益性投资收益优惠明细表》(A107011)

本表填报纳税人本年度享受居民企业之间的股息、红利等权益性投资收益免税优惠的项目和金额。

25.《研发费用加计扣除优惠明细表》(A107012)

本表填报纳税人享受研发费用加计扣除优惠的情况和金额。纳税人以前年度有销售研发活动直接形成产品（包括组成部分）对应材料部分未扣减完毕的，也应填报以前年度未扣减情况。

26.《所得减免优惠明细表》(A107020)

本表填报纳税人本年度享受减免所得额（包括农、林、牧、渔项目和国家重点扶持的公共基础设施项目、环境保护、节能节水项目以及符合条件的技术转让项目等）优惠的项目和金额。

27.《抵扣应纳税所得额明细表》(A107030)

本表填报纳税人本年度享受创业投资企业抵扣应纳税所得额优惠的情况和金额。纳税人有以前年度结转的尚未抵扣的股权投资余额的，也应填报以前年度累计结转情况。

28.《减免所得税优惠明细表》(A107040)

本表填报纳税人本年度享受减免所得税（包括小型微利企业、高新技术企业、民族自治地方企业、其他专项优惠等）的项目和金额。

29.《高新技术企业优惠情况及明细表》(A107041)

本表为高新技术企业资格在有效期内纳税人的必填表，填报高新技术企业本年度有关情况和优惠金额。

30.《软件、集成电路企业优惠情况及明细表》(A107042)

本表填报纳税人本年度享受软件、集成电路企业优惠的有关情况和优惠金额。

31.《税额抵免优惠明细表》(A107050)

本表填报纳税人享受购买专用设备投资额抵免税额情况和金额。纳税人有以前年度结转的尚未抵免的专用设备投资额的，也应填报以前年度已抵免情况。

32.《境外所得税收抵免明细表》(A108000)

本表填报纳税人本年度来源于或发生于不同国家、地区的所得，按照我国税收规定计算应缴纳和应抵免的企业所得税额。

33.《境外所得纳税调整后所得明细表》(A108010)

本表填报纳税人本年度来源于或发生于不同国家、地区的所得，按照我国税收规定计算调整后的所得。

34.《境外分支机构弥补亏损明细表》(A108020)

本表填报纳税人境外分支机构本年度及以前年度发生的税前尚未弥补的非实际亏损额和实际亏损额、结转以后年度弥补的非实际亏损额和实际亏损额。

35.《跨年度结转抵免境外所得税明细表》(A108030)

本表填报纳税人本年度发生的来源于不同国家或地区的境外所得按照我国税收法律、法规的规定可以抵免的所得税额。

36.《跨地区经营汇总纳税企业年度分摊企业所得税明细表》(A109000)

本表由跨地区经营汇总纳税企业的总机构按照规定计算的总机构、分支机构本年度应缴的企业所得税，以及总机构、分支机构应分摊的企业所得税。

37.《企业所得税汇总纳税分支机构所得税分配表》(A109010)

本表填报总机构本年度实际应纳所得税额以及所属分支机构本年度应分摊的所得税额。

## (二)企业基础信息表及其填报说明

企业基础信息表如表 6-10 所示。

表 6-10　　　　　　　　　　A000000　　企业基础信息表

<table>
<tr><td colspan="6" align="center">100 基本信息</td></tr>
<tr>
<td rowspan="6">101 汇总纳税企业</td>
<td colspan="5">□总机构(跨省)——适用《跨地区经营汇总纳税企业所得税征收管理办法》</td>
</tr>
<tr><td colspan="5">□总机构(跨省)——不适用《跨地区经营汇总纳税企业所得税征收管理办法》</td></tr>
<tr><td colspan="5">□总机构(省内)</td></tr>
<tr><td colspan="5">□分支机构(须进行完整年度纳税申报且按比例纳税)——就地缴纳比例=　　%</td></tr>
<tr><td colspan="5">□分支机构(须进行完整年度纳税申报但不就地缴纳)</td></tr>
<tr><td colspan="5">□否</td></tr>
<tr>
<td>102 所属行业明细代码</td>
<td></td>
<td colspan="3">103 资产总额(万元)</td>
<td></td>
</tr>
<tr>
<td>104 从业人数</td>
<td></td>
<td colspan="3">105 国家限制或禁止行业</td>
<td>□是　□否</td>
</tr>
<tr>
<td>106 非营利组织</td>
<td>□是　　□否</td>
<td colspan="3">107 存在境外关联交易</td>
<td>□是　□否</td>
</tr>
<tr>
<td>108 上市公司</td>
<td>是(□境内 □境外)□否</td>
<td colspan="3">109 从事股权投资业务</td>
<td>□是　□否</td>
</tr>
<tr>
<td rowspan="8">110 适用的会计准则或会计制度</td>
<td colspan="5">企业会计准则( □一般企业□银行□证券□保险□担保 )</td>
</tr>
<tr><td colspan="5">□小企业会计准则</td></tr>
<tr><td colspan="5">□企业会计制度</td></tr>
<tr><td colspan="5">事业单位会计准则( □事业单位会计制度　□科学事业单位会计制度　□医院会计制度</td></tr>
<tr><td colspan="5">　　　　　　　　□高等学校会计制度　□中小学校会计制度　□彩票机构会计制度 )</td></tr>
<tr><td colspan="5">□民间非营利组织会计制度</td></tr>
<tr><td colspan="5">□村集体经济组织会计制度</td></tr>
<tr><td colspan="5">□农民专业合作社财务会计制度(试行)<br>□其他</td></tr>
<tr><td colspan="6" align="center">200 企业重组及递延纳税事项</td></tr>
<tr>
<td colspan="2">201 发生资产(股权)划转特殊性税务处理事项</td>
<td colspan="2" align="center">□是</td>
<td colspan="2" align="center">□否</td>
</tr>
<tr>
<td colspan="2">202 发生非货币性资产投资递延纳税事项</td>
<td colspan="2" align="center">□是</td>
<td colspan="2" align="center">□否</td>
</tr>
<tr>
<td colspan="2">203 发生技术入股递延纳税事项</td>
<td colspan="2" align="center">□是</td>
<td colspan="2" align="center">□否</td>
</tr>
<tr>
<td colspan="2">204 发生企业重组事项</td>
<td colspan="4">是(□一般性税务处理　□特殊性税务处理)　□否</td>
</tr>
<tr>
<td colspan="2">204-1 重组开始时间</td>
<td>年　　月　　日</td>
<td colspan="2">204-2 重组完成时间</td>
<td>年　　月　　日</td>
</tr>
<tr>
<td colspan="2">204-3 重组交易类型</td>
<td>□法律形式改变<br>□债务重组</td>
<td>□股权收购</td>
<td>□资产收购</td>
<td>□合并　　　□分立</td>
</tr>
<tr>
<td colspan="2">204-4 企业在重组业务中所属当事方类型</td>
<td>*<br>□债务人<br>□债权人</td>
<td>□收购方<br>□转让方<br>□被收购企业</td>
<td>□收购方<br>□转让方</td>
<td>□合并企业<br>□被合并企业<br>□被合并企业股东 　 □分立企业<br>□被分立企业<br>□被分立企业股东</td>
</tr>
<tr><td colspan="6" align="center">300 企业主要股东及分红情况</td></tr>
<tr>
<td>股东名称</td>
<td>证件种类</td>
<td>证件号码</td>
<td>投资比例</td>
<td>当年(决议日)分配的股息、红利等权益性投资收益金额</td>
<td>国籍(注册地址)</td>
</tr>
<tr><td></td><td></td><td></td><td></td><td></td><td></td></tr>
<tr><td></td><td></td><td></td><td></td><td></td><td></td></tr>
<tr><td></td><td></td><td></td><td></td><td></td><td></td></tr>
<tr><td></td><td></td><td></td><td></td><td></td><td></td></tr>
<tr><td></td><td></td><td></td><td></td><td></td><td></td></tr>
<tr>
<td>其余股东合计</td>
<td>—</td>
<td>—</td>
<td></td>
<td></td>
<td>—</td>
</tr>
</table>

　　纳税人在填报申报表前，首先填报基础信息表，为后续申报提供指引。基础信息表主要内容包括基本信息、重组事项、企业主要股东及分红情况等部分。有关项目填报说明如下。

　　（1）"101 汇总纳税企业"：纳税人根据情况选择。纳税人为《国家税务总局关于印发〈跨地区经营汇总纳税企业所得税征收管理办法〉的公告》（国家税务总局公告 2012 第 57 号）规定的跨省、自治区、直辖市和计划单列市设立不具有法人资格分支机构的跨地区经营汇总纳税企业总机构，选择"总机构（跨省）——适用《跨地区经营汇总纳税企业所得税征收管理办法》"；

　　纳税人为《国家税务总局关于印发〈跨地区经营汇总纳税企业所得税征收管理办法〉的公告》（国家税务总局公告 2012 第 57 号）第二条规定的不适用该公告的总机构，选择"总机构（跨省）——不适用《跨地区经营汇总纳税企业所得税征收管理办法》"；

　　纳税人为仅在同一省、自治区、直辖市和计划单列市（以下称同一地区）内设立不具有法人资格分支机构的跨地区经营汇总纳税企业总机构，选择"总机构（省内）"；

　　纳税人根据相关政策规定为须进行完整年度申报并按比例纳税的分支机构，选择"分支机构（须进行完整年度申报并按比例纳税）"，并填写就地缴纳比例；

　　纳税人根据相关政策规定为须进行完整年度申报但不就地缴纳所得税的分支机构，选择"分支机构（须进行完整年度申报但不就地缴纳）"；

　　不是汇总纳税企业的纳税人选择"否"。

　　（2）"102 所属行业明细代码"：根据《国民经济行业分类》标准填报纳税人的行业代码。工业企业所属行业代码为 06** 至 4690，不包括建筑业。所属行业代码为 7010 的房地产开发经营企业，可以填报表 A105010 中第 21 行至第 29 行。

　　（3）"103 资产总额（万元）"：填报纳税人全年资产总额季度平均数，单位为万元，保留小数点后 2 位。资产总额季度平均数，具体计算公式如下：

$$季度平均值=（季初值+季末值）÷2$$
$$全年季度平均值=全年各季度平均值之和÷4$$

年度中间开业或者终止经营活动的，以其实际经营期作为一个纳税年度确定上述相关指标。

　　（4）"104 从业人数"：填报纳税人全年平均从业人数，从业人数是指与企业建立劳动关系的职工人数和企业接受的劳务派遣用工人数之和，依据和计算方法同"资产总额"口径。

　　（5）"105 国家限制或禁止行业"：纳税人从事国家限制和禁止行业，选择"是"，其他选择"否"。

　　（6）"106 非营利组织"：非营利组织选择"是"，其余企业选择"否"。

　　（7）"107 存在境外关联交易"：纳税人存在境外关联交易，选择"是"，不存在选择"否"。

　　（8）"108 上市公司"：纳税人根据情况，在境内上市的选择"境内"；在境外（含香港）上市的选择"境外"；其他选择"否"。

　　（9）"109 从事股权投资业务"：从事股权投资业务的企业（包括集团公司总部、创业投资企业等），选择"是"，其余企业选择"否"。

　　（10）"110 适用的会计准则或会计制度"：纳税人根据采用的会计准则或会计制度选择。

　　（11）"201 发生资产（股权）划转特殊性税务处理事项"：企业根据情况，发生资产（股权）划转特殊性税务处理事项，选择"是"，并填报表 A105100；未发生选择"否"。

　　（12）"202 发生非货币性资产投资递延纳税事项"：企业根据情况，发生非货币性资产投资递延纳税事项，选择"是"，并填报表 A105100；未发生选择"否"。

　　（13）"203 发生技术入股递延纳税事项"：企业发生技术入股递延纳税事项，选择"是"，并填报表 A105100；未发生选择"否"。

（14）"204 发生企业重组事项"：企业发生重组事项，根据情况选择税务处理方式，并填报 204-1 至 204-4 及表 A105100；未发生选择"否"。

（15）"204-1 重组开始时间"：填报企业本次重组交易开始时间。

（16）"204-2 重组完成时间"：填报企业本次重组完成时间或预计完成时间。

（17）"204-3 重组交易类型"：企业根据重组交易类型，选择填报"法律形式改变""债务重组""股权收购""资产收购""合并""分立"。

（18）"204-4 企业在重组业务中所属当事方类型"：企业选择填报在重组业务中所属当事方类型。"交易类型"选择"债务重组"的，选择填报"债务人"或"债权人"；"交易类型"选择"股权收购"的，选择填报"收购方""转让方"或"被收购企业"；"交易类型"选择"资产收购"的，选择填报"收购方"或"转让方"；"交易类型"选择"合并"的，选择填报"合并企业""被合并企业"或"被合并企业股东"；"交易类型"选择"分立"的，选择填报"分立企业""被分立企业"或"被分立企业股东"。

（19）"300 企业主要股东及分红情况"，填报本企业投资比例前 10 位的股东情况。包括股东名称，证件种类（营业执照、税务登记证、组织机构代码证、身份证、护照等），证件号码（统一社会信用代码、纳税人识别号、组织机构代码号、身份证号、护照号等），投资比例，当年（决议日）分配的股息、红利等权益性投资收益金额，国籍（注册地址）。超过十位的其余股东，有关数据合计后填在"其余股东合计"行。

企业主要股东为国外非居民企业的，证件种类和证件号码可不填写。

### （三）中华人民共和国企业所得税年度纳税申报表（A 类）及其填报说明

中华人民共和国企业所得税年度纳税申报表（A 类）如表 6-11 所示。

表 6-11　　　　　A100000　　　中华人民共和国企业所得税年度纳税申报表（A 类）

| 行次 | 类别 | 项目 | 金额 |
|---|---|---|---|
| 1 | 利润总额计算 | 一、营业收入（填写 A101010\101020\103000） | 122 864 250.53 |
| 2 | | 减：营业成本（填写 A102010\102020\103000） | 84 437 372.19 |
| 3 | | 减：税金及附加 | 747 325.15 |
| 4 | | 减：销售费用（填写 A104000） | 3 570 400.84 |
| 5 | | 减：管理费用（填写 A104000） | 17 560 589.94 |
| 6 | | 减：财务费用（填写 A104000） | 2 242 821.52 |
| 7 | | 减：资产减值损失 | 674 616.27 |
| 8 | | 加：公允价值变动收益 | 0.00 |
| 9 | | 加：投资收益 | 0.00 |
| 10 | | 二、营业利润（1-2-3-4-5-6-7+8+9） | 13 631 124.62 |
| 11 | | 加：营业外收入（填写 A101010\101020\103000） | 2 032 460.00 |
| 12 | | 减：营业外支出（填写 A102010\102020\103000） | 825.62 |
| 13 | | 三、利润总额（10+11-12） | 15 662 759.00 |
| 14 | 应纳税所得额计算 | 减：境外所得（填写 A108010） | 0.00 |
| 15 | | 加：纳税调整增加额（填写 A105000） | 1 417 314.56 |
| 16 | | 减：纳税调整减少额（填写 A105000） | 0.00 |
| 17 | | 减：免税、减计收入及加计扣除（填写 A107010） | 4 088 137.01 |
| 18 | | 加：境外应税所得抵减境内亏损（填写 A108000） | 0.00 |

续表

| 行次 | 类别 | 项目 | 金额 |
|---|---|---|---|
| 19 | 应纳税所得额计算 | 四、纳税调整后所得（13-14+15-16-17+18） | 12 991 936.55 |
| 20 | | 减：所得减免（填写 A107020） | 0.00 |
| 21 | | 减：弥补以前年度亏损（填写 A106000） | 0.00 |
| 22 | | 减：抵扣应纳税所得额（填写 A107030） | 0.00 |
| 23 | | 五、应纳税所得额（19-20-21-22） | 12 991 936.55 |
| 24 | 应纳税额计算 | 税率（25%） | 0.25 |
| 25 | | 六、应纳所得税额（23×24） | 3 247 984.14 |
| 26 | | 减：减免所得税额（填写 A107040） | 1 299 193.66 |
| 27 | | 减：抵免所得税额（填写 A107050） | 0.00 |
| 28 | | 七、应纳税额（25-26-27） | 1 948 790.48 |
| 29 | | 加：境外所得应纳所得税额（填写 A108000） | 0.00 |
| 30 | | 减：境外所得抵免所得税额（填写 A108000） | 0.00 |
| 31 | | 八、实际应纳所得税额（28+29-30） | 1 948 790.48 |
| 32 | | 减：本年累计实际已缴纳的所得税额 | 1 028 509.86 |
| 33 | | 九、本年应补（退）所得税额（31-32） | 920 280.62 |
| 34 | | 其中：总机构分摊本年应补（退）所得税额（填写 A109000） | 0.00 |
| 35 | | 财政集中分配本年应补（退）所得税额（填写 A109000） | 0.00 |
| 36 | | 总机构主体生产经营部门分摊本年应补（退）所得税额（填写 A109000） | 0.00 |

中华人民共和国企业所得税年度纳税申报表（A 类）填报说明如下。

本表为企业所得税年度纳税申报表主表，企业应该根据《中华人民共和国企业所得税法》及其实施条例（以下简称税法）、相关税收政策，以及国家统一会计制度（企业会计准则、小企业会计准则、企业会计制度、事业单位会计准则和民间非营利组织会计制度等）的规定，计算填报纳税人利润总额、应纳税所得额和应纳税额等有关项目。

企业在计算应纳税所得额及应纳所得税时，企业会计处理与税收规定不一致的，应当按照税收规定计算。税收规定不明确的，在没有明确规定之前，暂按国家统一会计制度计算。

1. 有关项目填报说明

（1）表体项目

本表是在纳税人会计利润总额的基础上，加减纳税调整等金额后计算出"纳税调整后所得"。会计与税法的差异（包括收入类、扣除类、资产类等差异）通过《纳税调整项目明细表》（A105000）集中填报。

本表包括利润总额计算、应纳税所得额计算、应纳税额计算三个部分。

① "利润总额计算"中的项目，按照国家统一会计制度规定计算填报。实行企业会计准则、小企业会计准则、企业会计制度、分行业会计制度纳税人其数据直接取自利润表；实行事业单位会计准则的纳税人其数据取自收入支出表；实行民间非营利组织会计制度纳税人其数据取自业务活动表；实行其他国家统一会计制度的纳税人，根据本表项目进行分析填报。

② "应纳税所得额计算"和"应纳税额计算"中的项目，除根据主表逻辑关系计算的外，通过附表相应栏次填报。

（2）行次说明

第 1 行-第 13 行参照国家统一会计制度规定填写。

① 第 1 行"营业收入"：填报纳税人主要经营业务和其他经营业务取得的收入总额。本行根据

"主营业务收入"和"其他业务收入"的数额填报。一般企业纳税人根据《一般企业收入明细表》（A101010）填报；金融企业纳税人根据《金融企业收入明细表》（A101020）填报；事业单位、社会团体、民办非企业单位、非营利组织等纳税人根据《事业单位、民间非营利组织收入、支出明细表》（A103000）填报。

② 第2行"营业成本"项目：填报纳税人主要经营业务和其他经营业务发生的成本总额。本行根据"主营业务成本"和"其他业务成本"的数额填报。一般企业纳税人根据《一般企业成本支出明细表》（A102010）填报；金融企业纳税人根据《金融企业支出明细表》（A102020）填报；事业单位、社会团体、民办非企业单位、非营利组织等纳税人，根据《事业单位、民间非营利组织收入、支出明细表》（A103000）填报。

③ 第3行"税金及附加"：填报纳税人经营活动发生的消费税、城市维护建设税、资源税、土地增值税和教育费附加等相关税费。本行根据纳税人相关会计科目填报。纳税人在其他会计科目核算的税金不得重复填报。

④ 第4行"销售费用"：填报纳税人在销售商品和材料、提供劳务的过程中发生的各种费用。本行根据《期间费用明细表》（A104000）中对应的"销售费用"填报。

⑤ 第5行"管理费用"：填报纳税人为组织和管理企业生产经营发生的管理费用。本行根据《期间费用明细表》（A104000）中对应的"管理费用"填报。

⑥ 第6行"财务费用"：填报纳税人为筹集生产经营所需资金等发生的筹资费用。本行根据《期间费用明细表》（A104000）中对应的"财务费用"填报。

⑦ 第7行"资产减值损失"：填报纳税人计提各项资产准备发生的减值损失。本行根据企业"资产减值损失"科目上的数额填报。实行其他会计制度的比照填报。

⑧ 第8行"公允价值变动收益"：填报纳税人在初始确认时划分为以公允价值计量且其变动计入当期损益的金融资产或金融负债（包括交易性金融资产或负债，直接指定为以公允价值计量且其变动计入当期损益的金融资产或金融负债），以及采用公允价值模式计量的投资性房地产、衍生工具和套期业务中公允价值变动形成的应计入当期损益的利得或损失。本行根据企业"公允价值变动损益"科目的数额填报，损失以"-"号填列。

⑨ 第9行"投资收益"：填报纳税人以各种方式对外投资确认所取得的收益或发生的损失。根据企业"投资收益"科目的数额计算填报，实行事业单位会计准则的纳税人根据"其他收入"科目中的投资收益金额分析填报，损失以"-"号填列。实行其他会计制度的纳税人比照填报。

⑩ 第10行"营业利润"：填报纳税人当期的营业利润。根据上述项目计算填列。

⑪ 第11行"营业外收入"：填报纳税人取得的与其经营活动无直接关系的各项收入的金额。一般企业纳税人根据《一般企业收入明细表》（A101010）填报；金融企业纳税人根据《金融企业收入明细表》（A101020）填报；实行事业单位会计准则或民间非营利组织会计制度的纳税人根据《事业单位、民间非营利组织收入、支出明细表》（A103000）填报。

⑫ 第12行"营业外支出"：填报纳税人发生的与其经营活动无直接关系的各项支出的金额。一般企业纳税人根据《一般企业成本支出明细表》（A102010）填报；金融企业纳税人根据《金融企业支出明细表》（A102020）填报；实行事业单位会计准则或民间非营利组织会计制度的纳税人根据《事业单位、民间非营利组织收入、支出明细表》（A103000）填报。

⑬ 第13行"利润总额"：填报纳税人当期的利润总额。根据上述项目计算填列。

⑭ 第14行"境外所得"：填报纳税人取得的境外所得且已计入利润总额的金额。本行根据《境

外所得纳税调整后所得明细表》（A108010）填报。

⑮ 第 15 行"纳税调整增加额"：填报纳税人会计处理与税收规定不一致，进行纳税调整增加的金额。本行根据《纳税调整项目明细表》（A105000）"调增金额"列填报。

⑯ 第 16 行"纳税调整减少额"：填报纳税人会计处理与税收规定不一致，进行纳税调整减少的金额。本行根据《纳税调整项目明细表》（A105000）"调减金额"列填报。

⑰ 第 17 行"免税、减计收入及加计扣除"：填报属于税收规定免税收入、减计收入、加计扣除金额。本行根据《免税、减计收入及加计扣除优惠明细表》（A107010）填报。

⑱ 第 18 行"境外应税所得抵减境内亏损"：当纳税人选择不用境外所得抵减境内亏损时，填报0；当纳税人选择用境外所得抵减境内亏损时，填报境外所得抵减当年度境内亏损的金额，用境外所得弥补以前年度境内亏损的，填报《境外所得税收抵免明细表》（A108000）。

⑲ 第 19 行"纳税调整后所得"：填报纳税人经过纳税调整、税收优惠、境外所得计算后的所得额。

⑳ 第 20 行"所得减免"：填报属于税收规定所得减免金额。本行根据《所得减免优惠明细表》（A107020）填报。

㉑ 第 21 行"弥补以前年度亏损"：填报纳税人按照税收规定可在税前弥补的以前年度亏损数额，本行根据《企业所得税弥补亏损明细表》（A106000）填报。

㉒ 第 22 行"抵扣应纳税所得额"：填报根据税收规定应抵扣的应纳税所得额。本行根据《抵扣应纳税所得额明细表》（A107030）填报。

㉓ 第 23 行"应纳税所得额"：金额等于本表第 19 行-第 20 行-第 21 行-第 22 行计算结果。本行不得为负数。按照上述次序顺序计算结果本行为负数，本行金额填零。

㉔ 第 24 行"税率"：填报税收规定的税率25%。

㉕ 第 25 行"应纳所得税额"：金额等于本表第 23 行×第 24 行。

㉖ 第 26 行"减免所得税额"：填报纳税人按税收规定实际减免的企业所得税额。本行根据《减免所得税优惠明细表》（A107040）填报。

㉗ 第 27 行"抵免所得税额"：填报企业当年的应纳所得税额中抵免的金额。本行根据《税额抵免优惠明细表》（A107050）填报。

㉘ 第 28 行"应纳税额"：金额等于本表第 25 行-第 26 行-第 27 行。

㉙ 第 29 行"境外所得应纳所得税额"：填报纳税人来源于中国境外的所得，按照我国税收规定计算的应纳所得税额。本行根据《境外所得税收抵免明细表》（A108000）填报。

㉚ 第 30 行"境外所得抵免所得税额"：填报纳税人来源于中国境外所得依照中国境外税收法律以及相关规定应缴纳并实际缴纳（包括视同已实际缴纳）的企业所得税性质的税款（准予抵免税款）。本行根据《境外所得税收抵免明细表》（A108000）填报。

㉛ 第 31 行"实际应纳所得税额"：填报纳税人当期的实际应纳所得税额。金额等于本表第 28 行+第 29 行-第 30 行。

㉜ 第 32 行"本年累计实际已缴纳的所得税额"：填报纳税人按照税收规定本纳税年度已在月（季）度累计预缴的所得税额，包括按照税收规定的特定业务已预缴（征）的所得税额，建筑企业总机构直接管理的跨地区设立的项目部按规定向项目所在地主管税务机关预缴的所得税额。

㉝ 第 33 行"本年应补（退）的所得税额"：填报纳税人当期应补（退）的所得税额。金额等于本表第 31 行-第 32 行。

㉞ 第 34 行"总机构分摊本年应补（退）所得税额"：填报汇总纳税的总机构按照税收规定在总机构所在地分摊本年应补（退）所得税额。本行根据《跨地区经营汇总纳税企业年度分摊企业所得税明细表》（A109000）填报。

㉟ 第 35 行"财政集中分配本年应补（退）所得税额"：填报汇总纳税的总机构按照税收规定财政集中分配本年应补（退）所得税款。本行根据《跨地区经营汇总纳税企业年度分摊企业所得税明细表》（A109000）填报。

㊱ 第 36 行"总机构主体生产经营部门分摊本年应补（退）所得税额"：填报汇总纳税的总机构所属的具有主体生产经营职能的部门按照税收规定应分摊的本年应补（退）所得税额。本行根据《跨地区经营汇总纳税企业年度分摊企业所得税明细表》（A109000）填报。

2. 表内、表间关系

（1）表内关系

① 第 10 行=第 1 行-第 2 行-第 3 行-第 4 行-第 5 行-第 6 行-第 7 行+第 8 行+第 9 行。

② 第 13 行=第 10 行+第 11 行-第 12 行。

③ 第 19 行=第 13 行-第 14 行+第 15 行-第 16 行-第 17 行+第 18 行。

④ 第 23 行=第 19 行-第 20 行-第 21 行-第 22 行。

⑤ 第 25 行=第 23 行×第 24 行。

⑥ 第 28 行=第 25 行-第 26 行-第 27 行。

⑦ 第 31 行=第 28 行+第 29 行-第 30 行。

⑧ 第 33 行=第 31 行-第 32 行。

（2）表间关系

① 第 1 行=表 A101010 第 1 行或表 A101020 第 1 行或表 A103000 第 2+3+4+5+6 行或表 A103000 第 11 行+第 12 行+第 13 行+第 14 行+第 15 行。

② 第 2 行=表 A102010 第 1 行或表 A102020 第 1 行或表 A103000 第 19+20+21+22 行或表 A103000 第 25 行+第 26 行+第 27 行。

③ 第 4 行=表 A104000 第 26 行第 1 列。

④ 第 5 行=表 A104000 第 26 行第 3 列。

⑤ 第 6 行=表 A104000 第 26 行第 5 列。

⑥ 第 9 行=表 A103000 第 8 行或者第 16 行（仅限于填报表 A103000 的纳税人，其他纳税人根据财务核算情况自行填写）。

⑦ 第 11 行=表 A101010 第 16 行或表 A101020 第 35 行或表 A103000 第 9 行或第 17 行。

⑧ 第 12 行=表 A102010 第 16 行或表 A102020 第 33 行或表 A103000 第 23 行或第 28 行。

⑨ 第 14 行=表 A108010 第 14 列合计-第 11 列合计。

⑩ 第 15 行=表 A105000 第 45 行第 3 列。

⑪ 第 16 行=表 A105000 第 45 行第 4 列。

⑫ 第 17 行=表 A107010 第 31 行。

⑬ 第 18 行：

• 当 A100000 第 13 行-第 14 行+第 15 行-第 16 行-第 17 行≥0，第 18 行=0；

• 当 A100000 第 13 行-第 14 行+第 15 行-第 16 行-第 17 行<0 且表 A108000 第 5 列合计行≥0，表 A108000 第 6 列合计行>0 时，第 18 行=表 A108000 第 5 列合计行与表 A100000 第 13 行-第 14 行

+第 15 行-第 16 行-第 17 行绝对值的孰小值；

● 当 A100000 第 13 行-第 14 行+第 15 行-第 16 行-第 17 行<0 且表 A108000 第 5 列合计行≥0，表 A108000 第 6 列合计行=0 时，第 18 行=0。

⑭ 第 19 行=表 A100000 第 13 行-第 14 行+第 15 行-第 16 行-第 17 行+第 18 行。

⑮ 第 20 行：

当第 19 行≤0 时，本行填报 0；

当第 19 行>0 时，

● A107020 表合计行第 11 列≤表 A100000 第 19 行，本行=表 A107020 合计行第 11 列；

● A107020 表合计行第 11 列>表 A100000 第 19 行，本行=表 A100000 第 19 行。

⑯ 第 21 行=表 A106000 第 6 行第 10 列。

⑰ 第 22 行=表 A107030 第 15 行第 1 列。

⑱ 第 26 行=表 A107040 第 32 行。

⑲ 第 27 行=表 A107050 第 7 行第 11 列。

⑳ 第 29 行=表 A108000 第 9 列合计。

㉑ 第 30 行=表 A108000 第 19 列合计。

㉒ 第 34 行=表 A109000 第 12 行+第 16 行。

㉓ 第 35 行=表 A109000 第 13 行。

㉔ 第 36 行=表 A109000 第 15 行。

## （四）一般企业收入明细表及其填报说明

一般企业收入明细表如表 6-12 所示。

表 6-12 　　　　　　　　　　A101010 　　一般企业收入明细表

| 行次 | 项目 | 金额 |
|---|---|---|
| 1 | 一、营业收入（2+9） | 122 864 250.53 |
| 2 | （一）主营业务收入（3+5+6+7+8） | 112 000 970.15 |
| 3 | 1. 销售商品收入 | 112 000 970.15 |
| 4 | 其中：非货币性资产交换收入 | 0.00 |
| 5 | 2. 提供劳务收入 | 0.00 |
| 6 | 3. 建造合同收入 | 0.00 |
| 7 | 4. 让渡资产使用权收入 | 0.00 |
| 8 | 5. 其他 | 0.00 |
| 9 | （二）其他业务收入（10+12+13+14+15） | 10 863 280.38 |
| 10 | 1. 销售材料收入 | 10 863 280.38 |
| 11 | 其中：非货币性资产交换收入 | 0.00 |
| 12 | 2. 出租固定资产收入 | 0.00 |
| 13 | 3. 出租无形资产收入 | 0.00 |
| 14 | 4. 出租包装物和商品收入 | 0.00 |
| 15 | 5. 其他 | 0.00 |
| 16 | 二、营业外收入（17+18+19+20+21+22+23+24+25+26） | 2 032 460.00 |
| 17 | （一）非流动资产处置利得 | 0.00 |
| 18 | （二）非货币性资产交换利得 | 0.00 |
| 19 | （三）债务重组利得 | 0.00 |
| 20 | （四）政府补助利得 | 2 032 460.00 |
| 21 | （五）盘盈利得 | 0.00 |

| 行次 | 项目 | 金额 |
|---|---|---|
| 22 | （六）捐赠利得 | 0.00 |
| 23 | （七）罚没利得 | 0.00 |
| 24 | （八）确实无法偿付的应付款项 | 0.00 |
| 25 | （九）汇兑收益 | 0.00 |
| 26 | （十）其他 | 0.00 |

一般企业收入明细表填报说明如下。

本表适用于除金融企业、事业单位和民间非营利组织外的企业填报。纳税人应根据国家统一会计制度的规定，填报"主营业务收入""其他业务收入"和"营业外收入"。

1. 有关项目填报说明

（1）第1行"营业收入"：根据主营业务收入、其他业务收入的数额计算填报。

（2）第2行"主营业务收入"：根据不同行业的业务性质分别填报纳税人核算的主营业务收入。

（3）第3行"销售商品收入"：填报纳税人从事工业制造、商品流通、农业生产以及其他商品销售活动取得的主营业务收入。房地产开发企业销售开发产品（销售未完工开发产品除外）取得的收入也在此行填报。

（4）第4行"其中：非货币性资产交换收入"：填报纳税人发生的非货币性资产交换按照国家统一会计制度应确认的销售商品收入。

（5）第5行"提供劳务收入"：填报纳税人从事建筑安装、修理修配、交通运输、仓储租赁、邮电通信、咨询经纪、文化体育、科学研究、技术服务、教育培训、餐饮住宿、中介代理、卫生保健、社区服务、旅游、娱乐、加工以及其他劳务活动取得的主营业务收入。

（6）第6行"建造合同收入"：填报纳税人建造房屋、道路、桥梁、水坝等建筑物，以及生产船舶、飞机、大型机械设备等取得的主营业务收入。

（7）第7行"让渡资产使用权收入"：填报纳税人在主营业务收入核算的，让渡无形资产使用权而取得的使用费收入以及出租固定资产、无形资产、投资性房地产取得的租金收入。

（8）第8行"其他"：填报纳税人按照国家统一会计制度核算、上述未列举的其他主营业务收入。

（9）第9行"其他业务收入"：填报根据不同行业的业务性质分别填报纳税人核算的其他业务收入。

（10）第10行"销售材料收入"：填报纳税人销售材料、下脚料、废料、废旧物资等取得的收入。

（11）第11行"其中：非货币性资产交换收入"：填报纳税人发生的非货币性资产交换按照国家统一会计制度应确认的材料销售收入。

（12）第12行"出租固定资产收入"：填报纳税人将固定资产使用权让与承租人获取的其他业务收入。

（13）第13行"出租无形资产收入"：填报纳税人让渡无形资产使用权取得的其他业务收入。

（14）第14行"出租包装物和商品收入"：填报纳税人出租、出借包装物和商品取得的其他业务收入。

（15）第15行"其他"：填报纳税人按照国家统一会计制度核算，上述未列举的其他业务收入。

（16）第16行"营业外收入"：填报纳税人计入本科目核算的与生产经营无直接关系的各项收入。

（17）第17行"非流动资产处置利得"：填报纳税人处置固定资产、无形资产等取得的净收益。

（18）第18行"非货币性资产交换利得"：填报纳税人发生非货币性资产交换应确认的净收益。

（19）第 19 行"债务重组利得"：填报纳税人发生的债务重组业务确认的净收益。

（20）第 20 行"政府补助利得"：填报纳税人从政府无偿取得货币性资产或非货币性资产应确认的净收益。

（21）第 21 行"盘盈利得"：填报纳税人在清查财产过程中查明的各种财产盘盈应确认的净收益。

（22）第 22 行"捐赠利得"：填报纳税人接受的来自企业、组织或个人无偿给予的货币性资产、非货币性资产捐赠应确认的净收益。

（23）第 23 行"罚没利得"：填报纳税人在日常经营管理活动中取得的罚款、没收收入应确认的净收益。

（24）第 24 行"确实无法偿付的应付款项"：填报纳税人因确实无法偿付的应付款项而确认的收入。

（25）第 25 行"汇兑收益"：填报纳税人取得企业外币货币性项目因汇率变动形成的收益应确认的收入。（该项目为执行小企业会计准则企业填报）

（26）第 26 行"其他"：填报纳税人取得的上述项目未列举的其他营业外收入，包括执行企业会计准则纳税人按权益法核算长期股权投资对初始投资成本调整确认的收益，执行小企业会计准则纳税人取得的出租包装物和商品的租金收入、逾期未退包装物押金收益等。

2. 表内、表间关系

（1）表内关系

① 第 1 行=第 2 行+第 9 行。

② 第 2 行=第 3 行+第 5 行+第 6 行+第 7 行+第 8 行。

③ 第 9 行=第 10 行+第 12 行+第 13 行+第 14 行+第 15 行。

④ 第 16 行=第 17 行+第 18 行+第 19 行+第 20 行+第 21 行+第 22 行+第 23 行+第 24 行+第 25 行+第 26 行。

（2）表间关系

① 第 1 行=表 A100000 第 1 行。

② 第 16 行=表 A100000 第 11 行。

### （五）一般企业成本支出明细表及其填报说明

一般企业成本支出明细表如表 6-13 所示。

表 6-13　　　　　　　　A102010　　　一般企业成本支出明细表

| 行次 | 项目 | 金额 |
|---|---|---|
| 1 | 一、营业成本（2+9） | 84 437 372.19 |
| 2 | （一）主营业务成本（3+5+6+7+8） | 76 592 317.16 |
| 3 | 1. 销售商品成本 | 76 592 317.16 |
| 4 | 其中：非货币性资产交换成本 | 0.00 |
| 5 | 2. 提供劳务成本 | 0.00 |
| 6 | 3. 建造合同成本 | 0.00 |
| 7 | 4. 让渡资产使用权成本 | 0.00 |
| 8 | 5. 其他 | 0.00 |
| 9 | （二）其他业务成本（10+12+13+14+15） | 7 845 055.03 |
| 10 | 1. 销售材料成本 | 7 845 055.03 |
| 11 | 其中：非货币性资产交换成本 | 0.00 |

| 行次 | 项目 | 金额 |
|---|---|---|
| 12 | 2. 出租固定资产成本 | 0.00 |
| 13 | 3. 出租无形资产成本 | 0.00 |
| 14 | 4. 包装物出租成本 | 0.00 |
| 15 | 5. 其他 | 0.00 |
| 16 | 二、营业外支出（17+18+19+20+21+22+23+24+25+26） | 825.62 |
| 17 | （一）非流动资产处置损失 | 0.00 |
| 18 | （二）非货币性资产交换损失 | 0.00 |
| 19 | （三）债务重组损失 | 0.00 |
| 20 | （四）非常损失 | 0.00 |
| 21 | （五）捐赠支出 | 0.00 |
| 22 | （六）赞助支出 | 0.00 |
| 23 | （七）罚没支出 | 825.62 |
| 24 | （八）坏账损失 | 0.00 |
| 25 | （九）无法收回的债券股权投资损失 | 0.00 |
| 26 | （十）其他 | 0.00 |

一般企业成本支出明细表填报说明如下。

本表适用于除金融企业、事业单位和民间非营利组织外的企业填报。纳税人应根据国家统一会计制度的规定，填报"主营业务成本""其他业务成本"和"营业外支出"。

1. 有关项目填报说明

（1）第1行"营业成本"：填报纳税人主要经营业务和其他经营业务发生的成本总额。本行根据"主营业务成本"和"其他业务成本"的数额计算填报。

（2）第2行"主营业务成本"：根据不同行业的业务性质分别填报纳税人核算的主营业务成本。

（3）第3行"销售商品成本"：填报纳税人从事工业制造、商品流通、农业生产以及其他商品销售活动发生的主营业务成本。房地产开发企业销售开发产品（销售未完工开发产品除外）发生的成本也在此行填报。

（4）第4行"其中：非货币性资产交换成本"：填报纳税人发生的非货币性资产交换按照国家统一会计制度应确认的销售商品成本。

（5）第5行"提供劳务成本"：填报纳税人从事建筑安装、修理修配、交通运输、仓储租赁、邮电通信、咨询经纪、文化体育、科学研究、技术服务、教育培训、餐饮住宿、中介代理、卫生保健、社区服务、旅游、娱乐、加工以及其他劳务活动发生的主营业务成本。

（6）第6行"建造合同成本"：填报纳税人建造房屋、道路、桥梁、水坝等建筑物，以及生产船舶、飞机、大型机械设备等发生的主营业务成本。

（7）第7行"让渡资产使用权成本"：填报纳税人在主营业务成本核算的，让渡无形资产使用权而发生的使用费成本以及出租固定资产、无形资产、投资性房地产发生的租金成本。

（8）第8行"其他"：填报纳税人按照国家统一会计制度核算、上述未列举的其他主营业务成本。

（9）第9行"其他业务成本"：根据不同行业的业务性质分别填报纳税人按照国家统一会计制度核算的其他业务成本。

（10）第10行"销售材料成本"：填报纳税人销售材料、下脚料、废料、废旧物资等发生的成本。

（11）第11行"其中：非货币性资产交换成本"：填报纳税人发生的非货币性资产交换按照国家

统一会计制度应确认的材料销售成本。

（12）第12行"出租固定资产成本"：填报纳税人将固定资产使用权让与承租人形成的出租固定资产成本。

（13）第13行"出租无形资产成本"：填报纳税人让渡无形资产使用权形成的出租无形资产成本。

（14）第14行"包装物出租成本"：填报纳税人出租、出借包装物形成的包装物出租成本。

（15）第15行"其他"：填报纳税人按照国家统一会计制度核算，上述未列举的其他业务成本。

（16）第16行"营业外支出"：填报纳税人计入本科目核算的与生产经营无直接关系的各项支出。

（17）第17行"非流动资产处置损失"：填报纳税人处置非流动资产形成的净损失。

（18）第18行"非货币性资产交换损失"：填报纳税人发生非货币性资产交换应确认的净损失。

（19）第19行"债务重组损失"：填报纳税人进行债务重组应确认的净损失。

（20）第20行"非常损失"：填报纳税人在营业外支出中核算的各项非正常的财产损失。

（21）第21行"捐赠支出"：填报纳税人无偿给予其他企业、组织或个人的货币性资产、非货币性资产的捐赠支出。

（22）第22行"赞助支出"：填报纳税人发生的货币性资产、非货币性资产赞助支出。

（23）第23行"罚没支出"：填报纳税人在日常经营管理活动中对外支付的各项罚款、没收收入的支出。

（24）第24行"坏账损失"：填报纳税人发生的各项坏账损失。（该项目为使用小企业会计准则企业填报）

（25）第25行"无法收回的债券股权投资损失"：填报纳税人各项无法收回的债券股权投资损失。（该项目为使用小企业会计准则企业填报）

（26）第26行"其他"：填报纳税人本期实际发生的在营业外支出核算的其他损失及支出。

2. 表内、表间关系

（1）表内关系

① 第1行=第2行+第9行。

② 第2行=第3行+第5行+第6行+第7行+第8行。

③ 第9行=第10行+第12行+第13行+第14行+第15行。

④ 第16行=第17行+第18行+…+第26行。

（2）表间关系

① 第1行=表A100000第2行。

② 第16行=表A100000第12行。

（六）期间费用明细表及其填报说明

期间费用明细表如表6-14所示。

表6-14　　　　　　　　　　A104000　　期间费用明细表

| 行次 | 项目 | 销售费用 | 其中：境外支付 | 管理费用 | 其中：境外支付 | 财务费用 | 其中：境外支付 |
|---|---|---|---|---|---|---|---|
| | | 1 | 2 | 3 | 4 | 5 | 6 |
| 1 | 一、职工薪酬 | 515 478.23 | * | 1 446 490.34 | * | * | * |
| 2 | 二、劳务费 | 0.00 | 0.00 | 0.00 | 0.00 | * | * |
| 3 | 三、咨询顾问费 | 0.00 | 0.00 | 5 427 488.66 | 0.00 | * | * |

续表

| 行次 | 项目 | 销售费用 | 其中：境外支付 | 管理费用 | 其中：境外支付 | 财务费用 | 其中：境外支付 |
|---|---|---|---|---|---|---|---|
| | | 1 | 2 | 3 | 4 | 5 | 6 |
| 4 | 四、业务招待费 | 0.00 | * | 691 450.55 | * | * | * |
| 5 | 五、广告费和业务宣传费 | 1 204 994.46 | * | 0.00 | * | * | * |
| 6 | 六、佣金和手续费 | 0.00 | 0.00 | 0.00 | 0.00 | 104 392.91 | 0.00 |
| 7 | 七、资产折旧摊销费 | 0.00 | * | 816 685.08 | * | * | * |
| 8 | 八、财产损耗、盘亏及毁损损失 | 0.00 | * | 0.00 | * | * | * |
| 9 | 九、办公费 | 18 146.23 | * | 1 094 465.75 | * | * | * |
| 10 | 十、董事会费 | 0.00 | * | 0.00 | * | * | * |
| 11 | 十一、租赁费 | 0.00 | 0.00 | 0.00 | 0.00 | * | * |
| 12 | 十二、诉讼费 | 0.00 | * | 0.00 | * | * | * |
| 13 | 十三、差旅费 | 0.00 | * | 790 662.24 | * | * | * |
| 14 | 十四、保险费 | 780.00 | * | 203 998.90 | * | * | * |
| 15 | 十五、运输、仓储费 | 1 595 587.99 | 0.00 | 1 011 536.51 | 0.00 | * | * |
| 16 | 十六、修理费 | 0.00 | 0.00 | 555 577.26 | 0.00 | * | * |
| 17 | 十七、包装费 | 235 413.93 | * | 0.00 | * | * | * |
| 18 | 十八、技术转让费 | 0.00 | 0.00 | 0.00 | 0.00 | * | * |
| 19 | 十九、研究费用 | 0.00 | 0.00 | 5 450 849.34 | 0.00 | * | * |
| 20 | 二十、各项税费 | 0.00 | * | 71 385.31 | * | * | * |
| 21 | 二十一、利息收支 | * | * | * | * | 2 138 427.51 | 0.00 |
| 22 | 二十二、汇兑差额 | * | * | * | * | 1.10 | 0.00 |
| 23 | 二十三、现金折扣 | * | * | * | * | 0.00 | * |
| 24 | 二十四、党组织工作经费 | * | * | 0.00 | * | * | * |
| 25 | 二十五、其他 | 0.00 | 0.00 | 0.00 | 0.00 | 0.00 | 0.00 |
| 26 | 合计（1+2+3+…25） | 3 570 400.84 | 0.00 | 17 560 589.94 | 0.00 | 2 242 821.52 | 0.00 |

期间费用明细表填报说明如下。

本表适用于执行企业会计准则、小企业会计准则、企业会计制度、分行业会计制度的查账征收居民纳税人填报。纳税人应根据企业会计准则、小企业会计准则、企业会计、分行业会计制度规定，填报"销售费用""管理费用"和"财务费用"等项目。

1. 有关项目填报说明

（1）第1列"销售费用"：填报在销售费用科目进行核算的相关明细项目的金额，其中金融企业填报在业务及管理费科目进行核算的相关明细项目的金额。

（2）第2列"其中：境外支付"：填报在销售费用科目进行核算的向境外支付的相关明细项目的金额，其中金融企业填报在业务及管理费科目进行核算的相关明细项目的金额。

（3）第3列"管理费用"：填报在管理费用科目进行核算的相关明细项目的金额。

（4）第4列"其中：境外支付"：填报在管理费用科目进行核算的向境外支付的相关明细项目的金额。

（5）第5列"财务费用"：填报在财务费用科目进行核算的有关明细项目的金额。

（6）第6列"其中：境外支付"：填报在财务费用科目进行核算的向境外支付的有关明细项目的金额。

（7）第1行至第25行：根据费用科目核算的具体项目金额进行填报，如果贷方发生额大于借方发生额，应填报负数。

（8）第 26 行第 1 列：填报第 1 行至第 25 行第 1 列的合计金额。

（9）第 26 行第 2 列：填报第 1 行至第 25 行第 2 列的合计金额。

（10）第 26 行第 3 列：填报第 1 行至第 25 行第 3 列的合计金额。

（11）第 26 行第 4 列：填报第 1 行至第 25 行第 4 列的合计金额。

（12）第 26 行第 5 列：填报第 1 行至第 25 行第 5 列的合计金额。

（13）第 26 行第 6 列：填报第 1 行至第 25 行第 6 列的合计金额。

2．表内、表间关系

（1）表内关系

① 第 26 行第 1 列=第 1 列第 1 行+第 2 行+…+第 20 行+第 25 行。

② 第 26 行第 2 列=第 2 列第 2 行+第 3 行+第 6 行+第 11 行+第 15 行+第 16 行+第 18 行+第 19 行+第 25 行。

③ 第 26 行第 3 列=第 3 列第 1 行+第 2 行+…+第 20 行+第 24 行+第 25 行。

④ 第 26 行第 4 列=第 4 列第 2 行+第 3 行+第 6 行+第 11 行+第 15 行+第 16 行+第 18 行+第 19 行+第 25 行。

⑤ 第 26 行第 5 列=第 5 列第 6 行+第 21 行+第 22 行+第 23 行+第 25 行。

⑥ 第 26 行第 6 列=第 6 列第 6 行+第 21 行+第 22 行+第 25 行。

（2）表间关系

① 第 26 行第 1 列=表 A100000 第 4 行。

② 第 26 行第 3 列=表 A100000 第 5 行。

③ 第 26 行第 5 列=表 A100000 第 6 行。

## （七）纳税调整项目明细表及其填报说明

纳税调整项目明细表如表 6-15 所示。

表 6-15　　　　　　　　A105000　　纳税调整项目明细表

| 行次 | 项目 | 账载金额<br>1 | 税收金额<br>2 | 调增金额<br>3 | 调减金额<br>4 |
|---|---|---|---|---|---|
| 1 | 一、收入类调整项目（2+3+…+8+10+11） | * | * | 0.00 | 0.00 |
| 2 | （一）视同销售收入（填写 A105010） | * | 0.00 | 0.00 | * |
| 3 | （二）未按权责发生制原则确认的收入（填写 A105020） | 0.00 | 0.00 | 0.00 | 0.00 |
| 4 | （三）投资收益（填写 A105030） | 0.00 | 0.00 | 0.00 | 0.00 |
| 5 | （四）按权益法核算长期股权投资对初始投资成本调整确认收益 | * | * | * | 0.00 |
| 6 | （五）交易性金融资产初始投资调整 | * | * | 0.00 | * |
| 7 | （六）公允价值变动净损益 | 0.00 | * | 0.00 | 0.00 |
| 8 | （七）不征税收入 | * | * | 0.00 | 0.00 |
| 9 | 其中：专项用途财政性资金（填写 A105040） | * | * | 0.00 | 0.00 |
| 10 | （八）销售折扣、折让和退回 | 0.00 | 0.00 | 0.00 | 0.00 |
| 11 | （九）其他 | 0.00 | 0.00 | 0.00 | 0.00 |
| 12 | 二、扣除类调整项目（13+14+…+24+26+27+28+29+30） | * | * | 742 698.29 | 0.00 |
| 13 | （一）视同销售成本（填写 A105010） | * | 0.00 | | 0.00 |

续表

| 行次 | 项目 | 账载金额 | 税收金额 | 调增金额 | 调减金额 |
|---|---|---|---|---|---|
| | | 1 | 2 | 3 | 4 |
| 14 | （二）职工薪酬（填写 A105050） | 8 086 360.39 | 7 621 067.94 | 465 292.45 | 0.00 |
| 15 | （三）业务招待费支出 | 691 450.55 | 414 870.33 | 276 580.22 | * |
| 16 | （四）广告费和业务宣传费支出（填写 A105060） | * | * | 0.00 | 0.00 |
| 17 | （五）捐赠支出（填写 A105070） | 0.00 | 0.00 | 0.00 | * |
| 18 | （六）利息支出 | 0.00 | 0.00 | 0.00 | 0.00 |
| 19 | （七）罚金、罚款和被没收财物的损失 | 0.00 | * | 0.00 | * |
| 20 | （八）税收滞纳金、加收利息 | 825.62 | * | 825.62 | * |
| 21 | （九）赞助支出 | 0.00 | * | 0.00 | * |
| 22 | （十）与未实现融资收益相关在当期确认的财务费用 | 0.00 | 0.00 | 0.00 | 0.00 |
| 23 | （十一）佣金和手续费支出 | 0.00 | 0.00 | 0.00 | * |
| 24 | （十二）不征税收入用于支出所形成的费用 | * | * | 0.00 | * |
| 25 | 其中：专项用途财政性资金用于支出所形成的费用（填写 A105040） | * | * | 0.00 | * |
| 26 | （十三）跨期扣除项目 | 0.00 | 0.00 | 0.00 | 0.00 |
| 27 | （十四）与取得收入无关的支出 | 0.00 | * | 0.00 | * |
| 28 | （十五）境外所得分摊的共同支出 | * | * | 0.00 | * |
| 29 | （十六）党组织工作经费 | 0.00 | 0.00 | 0.00 | 0.00 |
| 30 | （十七）其他 | 0.00 | 0.00 | 0.00 | 0.00 |
| 31 | 三、资产类调整项目（32+33+34+35） | * | * | 674 616.27 | 0.00 |
| 32 | （一）资产折旧、摊销（填写 A105080） | 2 318 398.57 | 2 318 398.57 | 0.00 | 0.00 |
| 33 | （二）资产减值准备金 | 674 616.27 | * | 674 616.27 | 0.00 |
| 34 | （三）资产损失（填写 A105090） | 0.00 | 0.00 | 0.00 | 0.00 |
| 35 | （四）其他 | 0.00 | 0.00 | 0.00 | 0.00 |
| 36 | 四、特殊事项调整项目（37+38+…+42） | * | * | 0.00 | 0.00 |
| 37 | （一）企业重组及递延纳税事项（填写 A105100） | 0.00 | 0.00 | 0.00 | 0.00 |
| 38 | （二）政策性搬迁（填写 A105110） | * | * | 0.00 | 0.00 |
| 39 | （三）特殊行业准备金（填写 A105120） | 0.00 | 0.00 | 0.00 | 0.00 |
| 40 | （四）房地产开发企业特定业务计算的纳税调整额（填写 A105010） | * | | 0.00 | 0.00 |
| 41 | （五）有限合伙企业法人合伙方应分得的应纳税所得额 | 0.00 | 0.00 | 0.00 | 0.00 |
| 42 | （六）其他 | * | * | 0.00 | 0.00 |
| 43 | 五、特别纳税调整应税所得 | * | * | 0.00 | 0.00 |
| 44 | 六、其他 | * | * | 0.00 | 0.00 |
| 45 | 合计（1+12+31+36+43+44） | * | * | 1 417 314.56 | 0.00 |

纳税调整项目明细表填报说明如下。

本表由纳税人根据税法、相关税收规定以及国家统一会计制度的规定，填报企业所得税涉税事项的会计处理、税务处理以及纳税调整情况。

1. 有关项目填报说明

本表纳税调整项目按照"收入类调整项目""扣除类调整项目""资产类调整项目""特殊事项调整项目""特别纳税调整应税所得""其他"六大项分类填报汇总，并计算出纳税"调增金额"和"调减金额"的合计金额。

数据栏分别设置"账载金额""税收金额""调增金额""调减金额"四个栏次。"账载金额"是指纳税人按照国家统一会计制度规定核算的项目金额。"税收金额"是指纳税人按照税收规定计算的项目金额。

对需填报下级明细表的纳税调整项目，其"账载金额""税收金额""调增金额""调减金额"根据相应附表进行计算填报。

（1）收入类调整项目。

① 第 1 行"一、收入类调整项目"：根据第 2 行至第 11 行（不含第 9 行）进行填报。

② 第 2 行"（一）视同销售收入"：填报会计处理不确认为销售收入，税收规定确认应税收入的收入。根据《视同销售和房地产开发企业特定业务纳税调整明细表》（A105010）填报。第 2 列"税收金额"为表 A105010 第 1 行第 1 列金额。第 3 列"调增金额"为表 A105010 第 1 行第 2 列金额。

③ 第 3 行"（二）未按权责发生制原则确认的收入"：根据《未按权责发生制确认收入纳税调整明细表》（A105020）填报。第 1 列"账载金额"为表 A105020 第 14 行第 2 列金额。第 2 列"税收金额"为表 A105020 第 14 行第 4 列金额。表 A105020 第 14 行第 6 列，若金额≥0，填入本行第 3 列"调增金额"；若金额<0，将绝对值填入本行第 4 列"调减金额"。

④ 第 4 行"（三）投资收益"：根据《投资收益纳税调整明细表》（A105030）填报。第 1 列"账载金额"为表 A105030 第 10 行第 1 列+第 8 列的合计金额。第 2 列"税收金额"为表 A105030 第 10 行第 2 列+第 9 列的合计金额。表 A105030 第 10 行第 11 列，若金额≥0，填入本行第 3 列"调增金额"；若<0，将绝对值填入本行第 4 列"调减金额"。

⑤ 第 5 行"（四）按权益法核算长期股权投资对初始投资成本调整确认收益"：第 4 列"调减金额"填报纳税人采取权益法核算，初始投资成本小于取得投资时应享有被投资单位可辨认净资产公允价值份额的差额计入取得投资当期的营业外收入的金额。

⑥ 第 6 行"（五）交易性金融资产初始投资调整"：第 3 列"调增金额"填报纳税人根据税收规定确认交易性金融资产初始投资金额与会计核算的交易性金融资产初始投资账面价值的差额。

⑦ 第 7 行"（六）公允价值变动净损益"：第 1 列"账载金额"填报纳税人会计核算的以公允价值计量的金融资产、金融负债以及投资性房地产类项目，计入当期损益的公允价值变动金额；第 1 列≤0，将绝对值填入第 3 列"调增金额"；若第 1 列>0，填入第 4 列"调减金额"。

⑧ 第 8 行"（七）不征税收入"：填报纳税人计入收入总额但属于税收规定不征税的财政拨款、依法收取并纳入财政管理的行政事业性收费以及政府性基金和国务院规定的其他不征税收入。第 3 列"调增金额"填报纳税人以前年度取得财政性资金且已作为不征税收入处理，在 5 年（60 个月）内未发生支出且未缴回财政部门或其他拨付资金的政府部门，应计入应税收入额的金额。第 4 列"调减金额"填报符合税收规定不征税收入条件并作为不征税收入处理，且已计入当期损益的金额。

⑨ 第 9 行"其中：专项用途财政性资金"：根据《专项用途财政性资金纳税调整明细表》（A105040）填报。第 3 列"调增金额"为表 A105040 第 7 行第 14 列金额。第 4 列"调减金额"为表 A105040 第 7 行第 4 列金额。

⑩ 第 10 行"（八）销售折扣、折让和退回"：填报不符合税收规定的销售折扣和折让应进行纳税调整的金额，和发生的销售退回因会计处理与税收规定有差异需纳税调整的金额。第 1 列"账载金额"填报纳税人会计核算的销售折扣和折让金额及销货退回的追溯处理的净调整额。第 2 列"税收金额"填报根据税收规定可以税前扣除的折扣和折让的金额及销货退回业务影响当期损益的金额。第 1 列减第 2 列，若余额≥0，填入第 3 列"调增金额"；若余额<0，将绝对值填入第 4 列"调减金

额",第4列仅为销货退回影响损益的跨期时间性差异。

⑪ 第11行"(九)其他":填报其他因会计处理与税收规定有差异需纳税调整的收入类项目金额。若第2列≥第1列,将第2列-第1列的余额填入第3列"调增金额";若第2列<第1列,将第2列-第1列余额的绝对值填入第4列"调减金额"。

(2)扣除类调整项目。

① 第12行"二、扣除类调整项目":根据第13行至第30行(不含第25行)填报。

② 第13行"(一)视同销售成本":填报会计处理不作为销售核算,税收规定作为应税收入对应的销售成本金额。根据《视同销售和房地产开发企业特定业务纳税调整明细表》(A105010)填报。第2列"税收金额"为表A105010第11行第1列金额。第4列"调减金额"为表A105010第11行第2列金额的绝对值。

③ 第14行"(二)职工薪酬":根据《职工薪酬支出及纳税调整明细表》(A105050)填报。第1列"账载金额"为表A105050第13行第1列金额。第2列"税收金额"为表A105050第13行第5列金额。表A105050第13行第6列,若≥0,填入本行第3列"调增金额";若<0,将绝对值填入本行第4列"调减金额"。

④ 第15行"(三)业务招待费支出":第1列"账载金额"填报纳税人会计核算计入当期损益的业务招待费金额。第2列"税收金额"填报按照税收规定允许税前扣除的业务招待费支出的金额。第3列"调增金额"为第1列-第2列金额。

⑤ 第16行"(四)广告费和业务宣传费支出":根据《广告费和业务宣传费跨年度纳税调整明细表》(A105060)填报。表A105060第12行,若≥0,填入第3列"调增金额";若<0,将绝对值填入第4列"调减金额"。

⑥ 第17行"(五)捐赠支出":根据《捐赠支出及纳税调整明细表》(A105070)填报。第1列"账载金额"为表A105070第8行第1列金额。第2列"税收金额"为表A105070第8行第4列金额。第3列"调增金额"为表A105070第8行第5列金额。第4列"调减金额"为表A105070第8行第6列金额。

⑦ 第18行"(六)利息支出":第1列"账载金额"填报纳税人向非金融企业借款,会计核算计入当期损益的利息支出的金额。第2列"税收金额"填报按照税收规定允许税前扣除的利息支出的金额。若第1列≥第2列,将第1列减第2列余额填入第3列"调增金额";若第1列<第2列,将第1列减第2列余额的绝对值填入第4列"调减金额"。

⑧ 第19行"(七)罚金、罚款和被没收财物的损失":第1列"账载金额"填报纳税人会计核算计入当期损益的罚金、罚款和被罚没财物的损失,不包括纳税人按照经济合同规定支付的违约金(包括银行罚息)、罚款和诉讼费。第3列"调增金额"等于第1列金额。

⑨ 第20行"(八)税收滞纳金、加收利息":第1列"账载金额"填报纳税人会计核算计入当期损益的税收滞纳金、加收利息。第3列"调增金额"等于第1列金额。

⑩ 第21行"(九)赞助支出":第1列"账载金额"填报纳税人会计核算计入当期损益的不符合税收规定的公益性捐赠的赞助支出的金额,包括直接向受赠人的捐赠、赞助支出等(不含广告性的赞助支出,广告性的赞助支出在表A105060中调整)。第3列"调增金额"等于第1列金额。

⑪ 第22行"(十)与未实现融资收益相关在当期确认的财务费用":第1列"账载金额"填报纳税人会计核算的与未实现融资收益相关并在当期确认的财务费用的金额。第2列"税收金额"填报按照税收规定允许税前扣除的金额。若第1列≥第2列,将第1列-第2列余额填入第3列"调增

金额"；若第 1 列＜第 2 列，将第 1 列–第 2 列余额的绝对值填入第 4 列"调减金额"。

⑫ 第 23 行"（十一）佣金和手续费支出"：第 1 列"账载金额"填报纳税人会计核算计入当期损益的佣金和手续费金额。第 2 列"税收金额"填报按照税收规定允许税前扣除的佣金和手续费支出金额。第 3 列"调增金额"为第 1 列–第 2 列的余额。

⑬ 第 24 行"（十二）不征税收入用于支出所形成的费用"：第 3 列"调增金额"填报符合条件的不征税收入用于支出所形成的计入当期损益的费用化支出金额。

⑭ 第 25 行"其中：专项用途财政性资金用于支出所形成的费用"：根据《专项用途财政性资金纳税调整明细表》（A105040）填报。第 3 列"调增金额"为表 A105040 第 7 行第 11 列金额。

⑮ 第 26 行"（十三）跨期扣除项目"：填报维简费、安全生产费用、预提费用、预计负债等跨期扣除项目调整情况。第 1 列"账载金额"填报纳税人会计核算计入当期损益的跨期扣除项目金额。第 2 列"税收金额"填报按照税收规定允许税前扣除的金额。若第 1 列≥第 2 列，将第 1 列–第 2 列余额填入第 3 列"调增金额"；若第 1 列＜第 2 列，将第 1 列–第 2 列余额的绝对值填入第 4 列"调减金额"。

⑯ 第 27 行"（十四）与取得收入无关的支出"：第 1 列"账载金额"填报纳税人会计核算计入当期损益的与取得收入无关的支出的金额。第 3 列"调增金额"等于第 1 列金额。

⑰ 第 28 行"（十五）境外所得分摊的共同支出"：第 3 列"调增金额"为《境外所得纳税调整后所得明细表》（A108010）第 10 行第 16 列+第 17 列的合计金额。

⑱ 第 29 行"（十六）党组织工作经费"：填报纳税人根据有关文件规定，为创新基层党建工作、建立稳定的经费保障制度发生的党组织工作经费及纳税调整情况。

⑲ 第 30 行"（十七）其他"：填报其他因会计处理与税收规定有差异需纳税调整的扣除类项目金额。若第 1 列≥第 2 列，将第 1 列–第 2 列余额填入第 3 列"调增金额"；若第 1 列＜第 2 列，将第 1 列–第 2 列余额的绝对值填入第 4 列"调减金额"。

（3）资产类调整项目。

① 第 31 行"三、资产类调整项目"：填报资产类调整项目第 32 行至第 35 行的合计金额。

② 第 32 行"（一）资产折旧、摊销"：根据《资产折旧、摊销及纳税调整明细表》（A105080）填报。第 1 列"账载金额"为表 A105080 第 39 行第 2 列金额。第 2 列"税收金额"为表 A105080 第 39 行第 5 列金额。表 A105080 第 39 行第 9 列，若≥0，填入本行第 3 列"调增金额"；若＜0，将绝对值填入本行第 4 列"调减金额"。

③ 第 33 行"（二）资产减值准备金"：填报坏账准备、存货跌价准备、理赔费用准备金等不允许税前扣除的各类资产减值准备金纳税调整情况。第 1 列"账载金额"填报纳税人会计核算计入当期损益的资产减值准备金金额（因价值恢复等原因转回的资产减值准备金应予以冲回）。第 1 列，若≥0，填入第 3 列"调增金额"；若＜0，将绝对值填入第 4 列"调减金额"。

④ 第 34 行"（三）资产损失"：根据《资产损失税前扣除及纳税调整明细表》（A105090）填报。第 1 列"账载金额"为表 A105090 第 14 行第 1 列金额。第 2 列"税收金额"为表 A105090 第 14 行第 5 列金额。表 A105090 第 14 行第 6 列，若≥0，填入本行第 3 列"调增金额"；若＜0，将绝对值填入本行第 4 列"调减金额"。

⑤ 第 35 行"（四）其他"：填报其他因会计处理与税收规定有差异需纳税调整的资产类项目金额。若第 1 列≥第 2 列，将第 1 列–第 2 列余额填入第 3 列"调增金额"；若第 1 列＜第 2 列，将第 1 列–第 2 列余额的绝对值填入第 4 列"调减金额"。

（4）特殊事项调整项目。

① 第 36 行"四、特殊事项调整项目"：填报特殊事项调整项目第 37 行至第 42 行的合计金额。

② 第 37 行"（一）企业重组及递延纳税事项"：根据《企业重组及递延纳税事项纳税调整明细表》（A105100）填报。第 1 列"账载金额"为表 A105100 第 16 行第 1 行+第 4 列金额。第 2 列"税收金额"为表 A105100 第 16 行第 2 列+第 5 列金额。表 A105100 第 16 行第 7 列，若≥0，填入本行第 3 列"调增金额"；若<0，将绝对值填入本行第 4 列"调减金额"。

③ 第 38 行"（二）政策性搬迁"：根据《政策性搬迁纳税调整明细表》（A105110）填报。表 A105110 第 24 行，若≥0，填入本行第 3 列"调增金额"；若<0，将绝对值填入本行第 4 列"调减金额"。

④ 第 39 行"（三）特殊行业准备金"：根据《特殊行业准备金及纳税调整明细表》（A105120）填报。第 1 列"账载金额"为表 A105120 第 43 行第 1 列金额。第 2 列"税收金额"为表 A105120 第 43 行第 2 列金额。表 A105120 第 43 行第 3 列，若金额大于等于 0，填入本行第 3 列"调增金额"；若金额小于 0，将绝对值填入本行第 4 列"调减金额"。

⑤ 第 40 行"（四）房地产开发企业特定业务计算的纳税调整额"：根据《视同销售和房地产开发企业特定业务纳税调整明细表》（A105010）填报。第 2 列"税收金额"为表 A105010 第 21 行第 1 列金额。表 A105010 第 21 行第 2 列，若金额大于等于 0，填入本行第 3 列"调增金额"；若金额小于 0，将绝对值填入本行第 4 列"调减金额"。

⑥ 第 41 行"（五）有限合伙企业法人合伙方分得的应纳税所得额"：第 1 列"账载金额"填报有限合伙企业法人合伙方本年会计核算上确认的对有限合伙企业的投资所得；第 2 列"税收金额"填报纳税人按照"先分后税"原则和《财政部 国家税务总局关于合伙企业合伙人所得税问题的通知》（财税〔2008〕159 号）文件第四条规定计算的从合伙企业分得的法人合伙方应纳税所得额；若第 1 列≤第 2 列，将第 2 列-第 1 列余额填入第 3 列"调增金额"，若第 1 列>第 2 列，将第 2 列-第 1 列余额的绝对值填入第 4 列"调减金额"。

⑦ 第 42 行"（六）其他"：填报其他因会计处理与税收规定有差异需纳税调整的特殊事项金额。

（5）特殊纳税调整所得项目。

第 43 行"五、特别纳税调整应税所得"：第 3 列"调增金额"填报纳税人按特别纳税调整规定自行调增的当年应税所得。第 4 列"调减金额"填报纳税人依据双边预约定价安排或者转让定价相应调整磋商结果的通知，需要调减的当年应税所得。

（6）其他。

① 第 44 行"六、其他"：其他会计处理与税收规定存在差异需纳税调整的项目金额。

② 第 45 行"合计"：填报第 1 行+第 12 行+第 31 行+第 36 行+第 43 行+第 44 行的合计金额。

2．表内、表间关系

（1）表内关系。

① 第 1 行=第 2 行+第 3 行+第 4 行+第 5 行+第 6 行+第 7 行+第 8 行+第 10 行+第 11 行。

② 第 12 行=第 13 行+第 14 行+…第 23 行+第 24 行+第 26 行+第 27 行+第 28 行+第 29 行+第 30 行。

③ 第 31 行=第 32 行+第 33 行+第 34 行+第 35 行。

④ 第 36 行=第 37 行+第 38 行+第 39 行+第 40 行+第 41 行+第 42 行。

⑤ 第 45 行=第 1 行+第 12 行+第 31 行+第 36 行+第 43 行+第 44 行。

（2）表间关系。

① 第 2 行第 2 列=表 A105010 第 1 行第 1 列；第 2 行第 3 列=表 A105010 第 1 行第 2 列。

② 第 3 行第 1 列=表 A105020 第 14 行第 2 列；第 3 行第 2 列=表 A105020 第 14 行第 4 列；若表 A105020 第 14 行第 6 列≥0，第 3 行第 3 列=表 A105020 第 14 行第 6 列；若表 A105020 第 14 行第 6 列<0，第 3 行第 3 列=表 A105020 第 14 行第 6 列的绝对值。

③ 第 4 行第 1 列=表 A105030 第 10 行第 1+8 列；第 4 行第 2 列=表 A105030 第 10 行第 2 列+第 9 列；若表 A105030 第 10 行第 11 列≥0，第 4 行第 3 列=表 A105030 第 10 行第 11 列；若表 A105030 第 10 行第 11 列<0，第 4 行第 4 列=表 A105030 第 10 行第 11 列的绝对值。

④ 第 9 行第 3 列=表 A105040 第 7 行第 14 列；第 9 行第 4 列=表 A105040 第 7 行第 4 列。

⑤ 第 13 行第 2 列=表 A105010 第 11 行第 1 列；第 13 行第 4 列=表 A105010 第 11 行第 2 列的绝对值。

⑥ 第 14 行第 1 列=表 A105050 第 13 行第 1 列；第 14 行第 2 列=表 A105050 第 13 行第 5 列；若表 A105050 第 13 行第 6 列≥0，第 14 行第 3 列=表 A105050 第 13 行第 6 列；若表 A105050 第 13 行第 6 列<0，第 14 行第 4 列=表 A105050 第 13 行第 6 列的绝对值。

⑦ 若表 A105060 第 12 行≥0，第 16 行第 3 列=表 A105060 第 12 行，若表 A105060 第 12 行<0，第 16 行第 4 列=表 A105060 第 12 行的绝对值。

⑧ 第 17 行第 1 列=表 A105070 第 8 行第 1 列；第 17 行第 2 列=表 A105070 第 8 行第 4 列；第 17 行第 3 列=表 A105070 第 8 行第 5 列；第 17 行第 4 列=表 A105070 第 8 行第 6 列。

⑨ 第 25 行第 3 列=表 A105040 第 7 行第 11 列。

⑩ 第 28 行第 3 列=表 A108010 第 10 行第 16 列+第 17 列。

⑪ 第 32 行第 1 列=表 A105080 第 39 行第 2 列；第 32 行第 2 列=表 A105080 第 39 行第 5 列；若表 A105080 第 39 行第 9 列≥0，第 32 行第 3 列=表 A105080 第 39 行第 9 列，若表 A105080 第 39 行第 9 列<0，第 32 行第 4 列=表 A105080 第 39 行第 9 列的绝对值。

⑫ 第 34 行第 1 列=表 A105090 第 14 行第 1 列；第 34 行第 2 列=表 A105090 第 14 行第 5 列；若表 A105090 第 14 行第 6 列≥0，第 34 行第 3 列=表 A105090 第 14 行第 6 列，若表 A105090 第 14 行第 6 列<0，第 34 行第 4 列=表 A105090 第 14 行第 6 列的绝对值。

⑬ 第 37 行第 1 列=表 A105100 第 16 行第 1+4 列；第 37 行第 2 列=表 A105100 第 16 行第 2+5 列；若表 A105100 第 16 行第 7 列≥0，第 37 行第 3 列=表 A105100 第 16 行第 7 列，若表 A105100 第 16 行第 7 列<0，第 37 行第 4 列=表 A105100 第 16 行第 7 列的绝对值。

⑭ 若表 A105110 第 24 行≥0，第 38 行第 3 列=表 A105110 第 24 行，若表 A105110 第 24 行<0，第 38 行第 4 列=表 A105110 第 24 行的绝对值。

⑮ 第 39 行第 1 列=表 A105120 第 43 行第 1 列；第 39 行第 2 列=表 A105120 第 43 行第 2 列；若表 A105120 第 43 行第 3 列≥0，第 39 行第 3 列=表 A105120 第 43 行第 3 列，若表 A105120 第 43 行第 3 列<0，第 39 行第 4 列=表 A105120 第 43 行第 3 列的绝对值。

⑯ 第 40 行第 2 列=表 A105010 第 21 行第 1 列；若表 A105010 第 21 行第 2 列≥0，第 40 行第 3 列=表 A105010 第 21 行第 1 列，若表 A105010 第 21 行第 2 列<0，第 40 行第 4 列=表 A105010 第 21 行第 1 列的绝对值。

⑰ 第 45 行第 3 列=表 A100000 第 15 行；第 45 行第 4 列=表 A100000 第 16 行。

### （八）职工薪酬支出及纳税调整明细表及其填报说明

职工薪酬支出及纳税调整明细表如表 6-16 所示。

表 6-16　　　　　　　A105050　　　　职工薪酬支出及纳税调整明细表

| 行次 | 项目 | 账载金额 | 实际发生额 | 税收规定扣除率 | 以前年度累计结转扣除额 | 税收金额 | 纳税调整金额 | 累计结转以后年度扣除额 |
|---|---|---|---|---|---|---|---|---|
| | | 1 | 2 | 3 | 4 | 5 | 6（1-5） | 7（1+4-5） |
| 1 | 一、工资薪金支出 | 5 435 691.71 | 5 435 691.71 | * | * | 5 435 691.71 | 0.00 | * |
| 2 | 其中：股权激励 | 0.00 | 0.00 | * | * | 0.00 | 0.00 | * |
| 3 | 二、职工福利费支出 | 1 226 289.29 | 1 226 289.29 | 0.14 | | 760 996.84 | 465 292.45 | * |
| 4 | 三、职工教育经费支出 | 0.00 | 0.00 | * | 0.00 | 0.00 | 0.00 | 0.00 |
| 5 | 其中：按税收规定比例扣除的职工教育经费 | 0.00 | 0.00 | 0.025 | | 0.00 | 0.00 | 0.00 |
| 6 | 按税收规定全额扣除的职工培训费用 | 0.00 | 0.00 | 1.000 | * | 0.00 | 0.00 | * |
| 7 | 四、工会经费支出 | 32 289.96 | 32 289.96 | 0.02 | * | 32 289.96 | 0.00 | * |
| 8 | 五、各类基本社会保障性缴款 | 1 138 917.43 | 1 138 917.43 | * | * | 1 138 917.43 | 0.00 | * |
| 9 | 六、住房公积金 | 253 172.00 | 253 172.00 | * | * | 253 172.00 | 0.00 | * |
| 10 | 七、补充养老保险 | 0.00 | 0.00 | 0.05 | * | 0.00 | 0.00 | * |
| 11 | 八、补充医疗保险 | 0.00 | 0.00 | 0.05 | * | 0.00 | 0.00 | * |
| 12 | 九、其他 | 0.00 | 0.00 | * | * | 0.00 | 0.00 | * |
| 13 | 合计（1+3+4+7+8+9+10+11+12） | 8 086 360.39 | 8 086 360.39 | * | 0.00 | 7 621 067.94 | 465 292.45 | 0.00 |

职工薪酬支出及纳税调整明细填报说明如下。

纳税人根据税法、《国家税务总局关于企业工资薪金及职工福利费扣除问题的通知》（国税函〔2009〕3 号）、《财政部 国家税务总局关于扶持动漫产业发展有关税收政策问题的通知》（财税〔2009〕65 号）、《财政部 国家税务总局关于进一步鼓励软件产业和集成电路产业发展企业所得税政策的通知》（财税〔2012〕27 号）、《国家税务总局关于我国居民企业实行股权激励计划有关企业所得税处理问题的公告》（国家税务总局公告 2012 年第 18 号）、《财政部 国家税务总局 商务部 科技部国家发展改革委关于完善技术先进型服务企业有关企业所得税政策问题的通知》（财税〔2014〕59 号）、《国家税务总局关于企业工资薪金和职工福利费等支出税前扣除问题的公告》（国家税务总局公告 2015 年第 34 号）、《财政部 国家税务总局关于高新技术企业职工教育经费税前扣除政策的通知》（财税〔2015〕63 号）等相关规定，以及国家统一企业会计制度，填报纳税人职工薪酬会计处理、税收规定，以及纳税调整情况。纳税人只要发生相关支出，不论是否纳税调整，均需填报。

**1. 有关项目填报说明**

（1）第 1 行"一、工资薪金支出"：填报纳税人本年度支付给在本企业任职或者受雇的员工的所有现金形式或非现金形式的劳动报酬及其会计核算、纳税调整等金额，具体如下。

① 第 1 列"账载金额"：填报纳税人会计核算计入成本费用的职工工资、奖金、津贴和补贴金额。

② 第 2 列"实际发生额"：分析填报纳税人"应付职工薪酬"会计科目借方发生额（实际发放的工资薪金）。

③ 第 5 列"税收金额"：填报纳税人按照税收规定允许税前扣除的金额，按照第 1 列和第 2 列

分析填报。

④ 第 6 列"纳税调整金额"：填报第 1 列~第 5 列的余额。

（2）第 2 行"其中：股权激励"：本行由执行《上市公司股权激励管理办法》（中国证券监督管理委员会令第 126 号）的纳税人填报，具体如下。

① 第 1 列"账载金额"：填报纳税人按照国家有关规定建立职工股权激励计划，会计核算计入成本费用的金额。

② 第 2 列"实际发生额"：填报纳税人根据本年实际行权时股权的公允价格与激励对象实际行权支付价格的差额和数量计算确定的金额。

③ 第 5 列"税收金额"：填报行权时按照税收规定允许税前扣除的金额。按照第 1 列和第 2 列孰小值填报。

④ 第 6 列"纳税调整金额"：填报第 1 列~第 5 列的余额。

（3）第 3 行"二、职工福利费支出"：填报纳税人本年度发生的职工福利费及其会计核算、纳税调整等金额，具体如下。

① 第 1 列"账载金额"：填报纳税人会计核算计入成本费用的职工福利费的金额。

② 第 2 列"实际发生额"：分析填报纳税人"应付职工薪酬"会计科目下的职工福利费用实际发生额。

③ 第 3 列"税收规定扣除率"：填报税收规定的扣除比例（14%）。

④ 第 5 列"税收金额"：填报按照税收规定允许税前扣除的金额，按第 1 行第 5 列"工资薪金支出/税收金额"×14%、本表第 3 行第 1 列、本表第 3 行第 2 列三者孰小值填报。

⑤ 第 6 列"纳税调整金额"：填报第 1 列~第 5 列的余额。

（4）第 4 行"三、职工教育经费支出"：填报第 5 行或者第 5 行+第 6 行金额。

（5）第 5 行"其中：按税收规定比例扣除的职工教育经费"：适用于按照税收规定职工教育经费按比例税前扣除的纳税人填报，具体如下。

① 第 1 列"账载金额"填报纳税人会计核算计入成本费用的金额，不包括第 6 行可全额扣除的职工培训费用金额。

② 第 2 列"实际发生额"：分析填报纳税人"应付职工薪酬"会计科目下的职工教育经费实际发生额，不包括第 6 行可全额扣除的职工培训费用金额。

③ 第 3 列"税收规定扣除率"：填报税收规定的扣除比例。

④ 第 4 列"以前年度累计结转扣除额"：填报纳税人以前年度累计结转准予扣除的职工教育经费支出余额。

⑤ 第 5 列"税收金额"：填报纳税人按照税收规定允许税前扣除的金额（不包括第 6 行可全额扣除的职工培训费用金额），按第 1 行第 5 列"工资薪金支出—税收金额"×扣除比例与本行第 1 列+第 4 列之和的孰小值填报。

⑥ 第 6 列"纳税调整金额"：填报第 1 列-第 5 列的余额。

⑦ 第 7 列"累计结转以后年度扣除额"：填报第 1 列+第 4 列-第 5 列的金额。

（6）第 6 行"其中：按税收规定全额扣除的职工培训费用"：适用于按照税收规定职工培训费用允许全额税前扣除的纳税人填报，具体如下。

① 第 1 列"账载金额"：填报纳税人会计核算计入成本费用。

② 第 2 列"实际发生额"：分析填报纳税人"应付职工薪酬"会计科目下的职工教育经费本年

实际发生额（可全额扣除的职工培训费用金额）。

③ 第 3 列"税收规定扣除率"：填报税收规定的扣除比例（100%）。

④ 第 5 列"税收金额"：填报按照税收规定允许税前扣除的金额。

⑤ 第 6 列"纳税调整金额"：填报第 1 列～第 5 列的余额。

（7）第 7 行"四、工会经费支出"：填报纳税人本年度拨缴工会经费及其会计核算、纳税调整等金额，具体如下。

① 第 1 列"账载金额"：填报纳税人会计核算计入成本费用的工会经费支出金额。

② 第 2 列"实际发生额"：分析填报纳税人"应付职工薪酬"会计科目下的工会经费本年实际发生额。

③ 第 3 列"税收规定扣除率"：填报税收规定的扣除比例（2%）。

④ 第 5 列"税收金额"：填报按照税收规定允许税前扣除的金额，按第 1 行第 5 列"工资薪金支出/税收金额"×2%与本行第 1 列、本行第 2 列三者孰小值填报。

⑤ 第 6 列"纳税调整金额"：填报第 1 列～第 5 列的余额。

（8）第 8 行"五、各类基本社会保障性缴款"：填报纳税人依照国务院有关主管部门或者省级人民政府规定的范围和标准为职工缴纳的基本社会保险费及其会计核算、纳税调整金额，具体如下。

① 第 1 列"账载金额"：填报纳税人会计核算的各类基本社会保障性缴款的金额。

② 第 2 列"实际发生额"：分析填报纳税人"应付职工薪酬"会计科目下的各类基本社会保障性缴款本年实际发生额。

③ 第 5 列"税收金额"：填报按照税收规定允许税前扣除的各类基本社会保障性缴款的金额，按本行第 1 列、第 2 列以及税收规定允许税前扣除的各类基本社会保障性缴款的金额孰小值填报。

④ 第 6 列"纳税调整金额"：填报第 1 列～第 5 列的余额。

（9）第 9 行"六、住房公积金"：填报纳税人依照国务院有关主管部门或者省级人民政府规定的范围和标准为职工缴纳的住房公积金及其会计核算、纳税调整金额，具体如下。

① 第 1 列"账载金额"：填报纳税人会计核算的住房公积金金额。

② 第 2 列"实际发生额"：分析填报纳税人"应付职工薪酬"会计科目下的住房公积金本年实际发生额。

③ 第 5 列"税收金额"：填报按照税收规定允许税前扣除的住房公积金金额，按本行第 1 列、第 2 列以及税收规定允许税前扣除的住房公积金的金额孰小值填报。

④ 第 6 列"纳税调整金额"：填报第 1 列～第 5 列的余额。

（10）第 10 行"七、补充养老保险"：填报纳税人为投资者或者职工支付的补充养老保险费的会计核算、纳税调整金额，具体如下。

① 第 1 列"账载金额"：填报纳税人会计核算的补充养老保险金额。

② 第 2 列"实际发生额"：分析填报纳税人"应付职工薪酬"会计科目下的补充养老保险本年实际发生额。

③ 第 3 列"税收规定扣除率"：填报税收规定的扣除比例（5%）。

④ 第 5 列"税收金额"：填报按照税收规定允许税前扣除的补充养老保险的金额，按第 1 行第 5 列"工资薪金支出/税收金额"×5%、本行第 1 列、本行第 2 列的孰小值填报。

⑤ 第 6 列"纳税调整金额"：填报第 1 列～第 5 列的余额。

（11）第 11 行"八、补充医疗保险"：填报纳税人为投资者或者职工支付的补充医疗保险费的会计核算、纳税调整金额，具体如下。

① 第 1 列"账载金额"：填报纳税人会计核算的补充医疗保险金额。

② 第 2 列"实际发生额"：分析填报纳税人"应付职工薪酬"会计科目下的补充医疗保险本年实际发生额。

③ 第 3 列"税收规定扣除率"：填报税收规定的扣除比例（5%）。

④ 第 5 列"税收金额"：填报按照税收规定允许税前扣除的补充医疗保险的金额，按第 1 行第 5 列"工资薪金支出/税收金额"×5%、本行第 1 列、本行第 2 列的孰小值填报。

⑤ 第 6 列"纳税调整金额"：填报第 1 列～第 5 列的余额。

（12）第 12 行"九、其他"：填报其他职工薪酬的金额。

（13）第 13 行"合计"：填报第 1 行+第 3 行+第 4 行+第 7 行+第 8 行+第 9 行+第 10 行+第 11 行+第 12 行的合计金额。

2. 表内、表间关系

（1）表内关系。

① 第 4 行=第 5 行或第 5+6 行。

② 第 13 行=第 1 行+第 3 行+第 4 行+第 7 行+第 8 行+第 9 行+第 10 行+第 11 行+第 12 行。

③ 第 6 列=第 1 列-第 5 列。

④ 第 7 列=第 1 列+第 4 列-第 5 列。

（2）表间关系。

① 第 13 行第 1 列=表 A105000 第 14 行第 1 列。

② 第 13 行第 5 列=表 A105000 第 14 行第 2 列。

③ 若第 13 行第 6 列≥0，第 13 行第 6 列=表 A105000 第 14 行第 3 列；若第 13 行第 6 列＜0，第 13 行第 6 列的绝对值=表 A105000 第 14 行第 4 列。

### （九）减免所得税优惠明细表及其填报说明

减免所得税优惠明细表如表 6-17 所示。

表 6-17　　　　　　　　A107040　　减免所得税优惠明细表

| 行次 | 项目 | 金额 |
|---|---|---|
| 1 | 一、符合条件的小型微利企业减免企业所得税 | 0.00 |
| 2 | 二、国家需要重点扶持的高新技术企业减按 15%的税率征收企业所得税（填写 A107041） | 1 299 193.66 |
| 3 | 三、经济特区和上海浦东新区新设立的高新技术企业在区内取得的所得定期减免企业所得税（填写 A107041） | 0.00 |
| 4 | 四、受灾地区农村信用社免征企业所得税（4.1+4.2） | 0.00 |
| 4.1 | （一）芦山受灾地区农村信用社免征企业所得税 | 0.00 |
| 4.2 | （二）鲁甸受灾地区农村信用社免征企业所得税 | 0.00 |
| 5 | 五、动漫企业自主开发、生产动漫产品定期减免企业所得税 | 0.00 |
| 6 | 六、线宽小于 0.8 微米（含）的集成电路生产企业减免企业所得税（填写 A107042） | 0.00 |
| 7 | 七、线宽小于 0.25 微米的集成电路生产企业减按 15%税率征收企业所得税（填写 A107042） | 0.00 |
| 8 | 八、投资额超过 80 亿元的集成电路生产企业减按 15%税率征收企业所得税（填写 A107042） | 0.00 |
| 9 | 九、线宽小于 0.25 微米的集成电路生产企业减免企业所得税（填写 A107042） | 0.00 |
| 10 | 十、投资额超过 80 亿元的集成电路生产企业减免企业所得税（填写 A107042） | 0.00 |
| 11 | 十一、新办集成电路设计企业减免企业所得税（填写 A107042） | 0.00 |
| 12 | 十二、国家规划布局内集成电路设计企业可减按 10%的税率征收企业所得税（填写 A107042） | 0.00 |
| 13 | 十三、符合条件的软件企业减免企业所得税（填写 A107042） | 0.00 |

| 行次 | 项目 | 金额 |
|---|---|---|
| 14 | 十四、国家规划布局内重点软件企业可减按 10% 的税率征收企业所得税（填写 A107042） | 0.00 |
| 15 | 十五、符合条件的集成电路封装、测试企业定期减免企业所得税（填写 A107042） | 0.00 |
| 16 | 十六、符合条件的集成电路关键专用材料生产企业、集成电路专用设备生产企业定期减免企业所得税（填写 A107042） | 0.00 |
| 17 | 十七、经营性文化事业单位转制为企业的免征企业所得税 | 0.00 |
| 18 | 十八、符合条件的生产和装配伤残人员专门用品企业免征企业所得税 | 0.00 |
| 19 | 十九、技术先进型服务企业减按 15% 的税率征收企业所得税 | 0.00 |
| 20 | 二十、服务贸易创新发展试点地区符合条件的技术先进型服务企业减按 15% 的税率征收企业所得税 | 0.00 |
| 21 | 二十一、设在西部地区的鼓励类产业企业减按 15% 的税率征收企业所得税 | 0.00 |
| 22 | 二十二、新疆困难地区新办企业定期减免企业所得税 | 0.00 |
| 23 | 二十三、新疆喀什、霍尔果斯特殊经济开发区新办企业定期免征企业所得税 | 0.00 |
| 24 | 二十四、广东横琴、福建平潭、深圳前海等地区的鼓励类产业企业减按 15% 税率征收企业所得税 | 0.00 |
| 25 | 二十五、北京冬奥组委、北京冬奥会测试赛事组委会免征企业所得税 | 0.00 |
| 26 | 二十六、享受过渡期税收优惠定期减免企业所得税 | 0.00 |
| 27 | 二十七、其他 | 0.00 |
| 28 | 二十八、减：项目所得额按法定税率减半征收企业所得税叠加享受减免税优惠 | 0.00 |
| 29 | 二十九、支持和促进重点群体创业就业企业限额减征企业所得税（29.1+29.2） | 0.00 |
| 29.1 | （一）下岗失业人员再就业 | 0.00 |
| 29.2 | （二）高校毕业生就业 | 0.00 |
| 30 | 三十、扶持自主就业退役士兵创业就业企业限额减征企业所得税 | 0.00 |
| 31 | 三十一、民族自治地方的自治机关对本民族自治地方的企业应缴纳的企业所得税中属于地方分享的部分减征或免征（□免征 □减征；减征幅度____%） | 0.00 |
| 32 | 合计（1+2+…+26+27-28+29+30+31） | 0.00 |

减免所得税优惠明细表填报说明如下。

本表由享受减免所得税优惠的纳税人填报。纳税人根据税法和相关税收政策规定，填报本年享受减免所得税优惠情况。

1. 有关项目填报说明

（1）第 1 行"一、符合条件的小型微利企业减免所得税"：由享受小型微利企业所得税政策的纳税人填报。填报纳税人根据《财政部 国家税务总局关于扩大小型微利企业所得税优惠政策范围的通知》（财税〔2017〕43 号）、《国家税务总局关于贯彻落实扩大小型微利企业所得税优惠政策范围有关征管问题的公告》（国家税务总局公告 2017 年第 23 号）等相关税收政策规定的，从事国家非限制和禁止行业的企业，并符合工业企业，年度应纳税所得额不超过 50 万元，从业人数不超过 100 人，资产总额不超过 3000 万元；其他企业，年度应纳税所得额不超过 50 万元，从业人数不超过 80 人，资产总额不超过 1000 万元条件的，其所得减按 50% 计入应纳税所得额，按 20% 的税率缴纳企业所得税。本行填报《中华人民共和国企业所得税年度纳税申报表（A 类）》（A100000）第 23 行应纳税所得额×15% 的金额。

（2）第 2 行"二、国家需要重点扶持的高新技术企业减按 15% 的税率征收企业所得税"：国家需要重点扶持的高新技术企业享受 15% 税率优惠金额填报本行。同时须填报《高新技术企业优惠情况及明细表》（A107041）。

（3）第 3 行"三、经济特区和上海浦东新区新设立的高新技术企业在区内取得的所得定期减免企业所得税"：填报纳税人根据《国务院关于经济特区和上海浦东新区新设立高新技术企业实行过渡性税收优惠的通知》（国发〔2007〕40号）、《财政部 国家税务总局关于贯彻落实国务院关于实施企业所得税过渡优惠政策有关问题的通知》（财税〔2008〕21号）等规定，经济特区和上海浦东新区内，在2008年1月1日（含）之后完成登记注册的国家需要重点扶持的高新技术企业，在经济特区和上海浦东新区内取得的所得，自取得第一笔生产经营收入所属纳税年度起，第一年至第二年免征企业所得税，第三年至第五年按照25%法定税率减半征收企业所得税。对于跨经济特区和上海浦东新区的高新技术企业，其区内所得优惠填写本行，区外所得优惠填写本表第2行。经济特区和上海浦东新区新设立的高新技术企业定期减免税期满后，只享受15%税率优惠的，填写本表第2行。同时须填报《高新技术企业优惠情况及明细表》（A107041）。

（4）第4行"四、受灾地区农村信用社免征企业所得税"：填报受灾地区农村信用社免征企业所得税金额。本行为合计行，等于第4.1行+第4.2行。

《财政部 海关总署 国家税务总局关于支持芦山地震灾后恢复重建有关税收政策问题的通知》（财税〔2013〕58号）、《财政部 海关总署 国家税务总局关于支持鲁甸地震灾后恢复重建有关税收政策问题的通知》（财税〔2015〕27号）规定，对芦山、鲁甸受灾地区农村信用社，在规定期限内免征企业所得税。

芦山农村信用社在2017年12月31日前免征所得税，在4.1行填列；鲁甸农村信用社在2018年12月31日前免征所得税，在4.2行填列。免征所得税金额根据表A100000第23行应纳税所得额和法定税率计算。

（5）第5行"五、动漫企业自主开发、生产动漫产品定期减免企业所得税"：根据《财政部 国家税务总局关于扶持动漫产业发展有关税收政策问题的通知》（财税〔2009〕65号）、《文化部 财政部 国家税务总局关于印发〈动漫企业认定管理办法（试行）〉的通知》（文市发〔2008〕51号）、《文化部 财政部 国家税务总局关于实施〈动漫企业认定管理办法（试行）〉有关问题的通知》（文产发〔2009〕18号）等规定，经认定的动漫企业自主开发、生产动漫产品，享受软件企业所得税优惠政策。即在2017年12月31日前自获利年度起，第一年至第二年免征所得税，第三年至第五年按照25%的法定税率减半征收所得税，并享受至期满为止。本行填报根据表A100000第23行应纳税所得额计算的免征、减征企业所得税金额。

（6）第6行"六、线宽小于0.8微米（含）的集成电路生产企业减免企业所得税"：根据《财政部 国家税务总局关于进一步鼓励软件产业和集成电路产业发展企业所得税政策的通知》（财税〔2012〕27号）、《财政部 国家税务总局 发展改革委 工业和信息化部关于软件和集成电路产业企业所得税优惠政策有关问题的通知》（财税〔2016〕49号）等规定，集成电路线宽小于0.8微米（含）的集成电路生产企业，在2017年12月31日前自获利年度起计算优惠期，第一年至第二年免征企业所得税，第三年至第五年按照25%的法定税率减半征收企业所得税，并享受至期满为止。当表A107042"减免方式"选择第1行时，本行填报表A107042第32行的金额，否则不允许填报。

（7）第7行"七、线宽小于0.25微米的集成电路生产企业减按15%税率征收企业所得税"：根据《财政部 国家税务总局关于进一步鼓励软件产业和集成电路产业发展企业所得税政策的通知》（财税〔2012〕27号）、《财政部 国家税务总局 发展改革委 工业和信息化部关于软件和集成电路产业企业所得税优惠政策有关问题的通知》（财税〔2016〕49号）等规定，线宽小于0.25微米的集成电路生产企业，享受15%税率。当表A107042"减免方式"选择第2行的"15%税率"时，本行填报表A107042第32行的金额，否则不允许填报。

（8）第8行"八、投资额超过80亿元的集成电路生产企业减按15%税率征收企业所得税"：根据《财政部 国家税务总局关于进一步鼓励软件产业和集成电路产业发展企业所得税政策的通知》（财税〔2012〕27 号）、《财政部 国家税务总局 发展改革委 工业和信息化部关于软件和集成电路产业企业所得税优惠政策有关问题的通知》（财税〔2016〕49 号）等规定，投资额超过 80 亿元的集成电路生产企业，享受 15%税率。当表 A107042 "减免方式" 选择第 3 行的 "15%税率" 时，本行填报表 A107042 第 32 行的金额，否则不允许填报。

（9）第 9 行 "九、线宽小于 0.25 微米的集成电路生产企业减免企业所得税"：根据《财政部 国家税务总局关于进一步鼓励软件产业和集成电路产业发展企业所得税政策的通知》（财税〔2012〕27 号）、《财政部 国家税务总局 发展改革委 工业和信息化部关于软件和集成电路产业企业所得税优惠政策有关问题的通知》（财税〔2016〕49 号）等规定，线宽小于 0.25 微米的集成电路生产企业，经营期在 15 年以上的，在 2017 年 12 月 31 日前自获利年度起计算优惠期，第一年至第五年免征企业所得税，第六年至第十年按照 25%的法定税率减半征收企业所得税，并享受至期满为止。当表 A107042 "减免方式" 选择第 2 行的 "五免五减半" 时，本行填报表 A107042 第 32 行的金额，否则不允许填报。

（10）第 10 行："十、投资额超过 80 亿元的集成电路生产企业减免企业所得税"：根据《财政部 国家税务总局关于进一步鼓励软件产业和集成电路产业发展企业所得税政策的通知》（财税〔2012〕27 号）、《财政部 国家税务总局 发展改革委 工业和信息化部关于软件和集成电路产业企业所得税优惠政策有关问题的通知》（财税〔2016〕49 号）等规定，投资额超过 80 亿元的集成电路生产企业，经营期在 15 年以上的，在 2017 年 12 月 31 日前自获利年度起计算优惠期，第一年至第五年免征企业所得税，第六年至第十年按照 25%的法定税率减半征收企业所得税，并享受至期满为止。当表 A107042 "减免方式" 选择第 3 行的 "五免五减半" 时，本行填报表 A107042 第 32 行的金额，否则不允许填报。

（11）第 11 行 "十一、新办集成电路设计企业减免企业所得税"：根据《财政部 国家税务总局关于进一步鼓励软件产业和集成电路产业发展企业所得税政策的通知》（财税〔2012〕27 号）、《财政部 国家税务总局 发展改革委 工业和信息化部关于软件和集成电路产业企业所得税优惠政策有关问题的通知》（财税〔2016〕49 号）等规定，我国境内新办的集成电路设计企业，在 2017 年 12 月 31 日前自获利年度起计算优惠期，第一年至第二年免征企业所得税，第三年至第五年按照 25%的法定税率减半征收企业所得税，并享受至期满为止。当表 A107042 "减免方式" 选择第 4 行时，本行填报表 A107042 第 32 行的金额，否则不允许填报。

（12）第 12 行 "十二、国家规划布局内集成电路设计企业可减按 10%的税率征收企业所得税"：根据《财政部 国家税务总局关于进一步鼓励软件产业和集成电路产业发展企业所得税政策的通知》（财税〔2012〕27 号）、《财政部 国家税务总局 发展改革委 工业和信息化部关于软件和集成电路产业企业所得税优惠政策有关问题的通知》（财税〔2016〕49 号）等规定，国家规划布局内的重点集成电路设计企业，如当年未享受免税优惠的，可减按 10%税率征收企业所得税。当表 A107042 "减免方式" 选择第 5 行时，本行填报表 A107042 第 32 行的金额，否则不允许填报。

（13）第 13 行 "十三、符合条件的软件企业减免企业所得税"：根据《财政部 国家税务总局关于进一步鼓励软件产业和集成电路产业发展企业所得税政策的通知》（财税〔2012〕27 号）、《财政部 国家税务总局 发展改革委 工业和信息化部关于软件和集成电路产业企业所得税优惠政策有关问题的通知》（财税〔2016〕49 号）等规定，我国境内新办的符合条件的企业，在 2017 年 12 月 31 日前自获利年度起计算优惠期，第一年至第二年免征企业所得税，第三年至第五年按照 25%的法定税率减半征收企业所得税，并享受至期满为止。当表 A107042"减免方式"选择第 6 行时，本行填报表 A107042 第 32 行的金额，否则不允许填报。

（14）第 14 行"十四、国家规划布局内重点软件企业可减按 10%的税率征收企业所得税"：根据《财政部 国家税务总局关于进一步鼓励软件产业和集成电路产业发展企业所得税政策的通知》（财税〔2012〕27 号）、《财政部 国家税务总局 发展改革委 工业和信息化部关于软件和集成电路产业企业所得税优惠政策有关问题的通知》（财税〔2016〕49 号）等规定，国家规划布局内的重点软件企业，如当年未享受免税优惠的，可减按 10%税率征收企业所得税。当表 A107042"减免方式"选择第 7 行时，本行填报表 A107042 第 32 行的金额，否则不允许填报。

（15）第 15 行"十五、符合条件的集成电路封装、测试企业定期减免企业所得税"：根据《财政部 国家税务总局 发展改革委工业和信息化部关于进一步鼓励集成电路产业发展企业所得税政策的通知》（财税〔2015〕6 号）规定，符合条件的集成电路封装、测试企业，在 2017 年（含 2017 年）前实现获利的，自获利年度起第一年至第二年免征企业所得税，第三年至第五年按照 25%的法定税率减半征收企业所得税，并享受至期满为止；2017 年前未实现获利的，自 2017 年起计算优惠期，享受至期满为止。本行填报根据表 A100000 第 23 行应纳税所得额计算的免征、减征企业所得税金额。当表 A107042"减免方式"选择第 8 行时，本行填报表 A107042 第 32 行的金额，否则不允许填报。

（16）第 16 行"十六、符合条件的集成电路关键专用材料生产企业、集成电路专用设备生产企业定期减免企业所得税"：根据《财政部 国家税务总局 发展改革委工业和信息化部关于进一步鼓励集成电路产业发展企业所得税政策的通知》（财税〔2015〕6 号）规定，符合条件的集成电路关键专用材料生产企业、集成电路专用设备生产企业，在 2017 年（含 2017 年）前实现获利年度起第一年至第二年免征企业所得税，第三年至第五年按照 25%的法定税率减半征收企业所得税，并享受至期满为止；2017 年前未实现获利的，自 2017 年起计算优惠期，享受至期满为止。本行填报根据表 A100000 第 23 行应纳税所得额计算的免征、减征企业所得税金额。当表 A107042"减免方式"选择第 9 行时，本行填报表 A107042 第 32 行的金额，否则不允许填报。

（17）第 17 行"十七、经营性文化事业单位转制为企业的免征企业所得税"：根据《财政部 国家税务总局 中宣部关于继续实施文化体制改革中经营性文化事业单位转制为企业若干税收政策的通知》（财税〔2014〕84 号）等规定，从事新闻出版、广播影视和文化艺术的经营性文化事业单位转制为企业的，自转制注册之日起免征企业所得税。本行填报根据表 A100000 第 23 行应纳税所得额计算的免征企业所得税金额。

（18）第 18 行"十八、符合条件的生产和装配伤残人员专门用品企业免征企业所得税"：根据《财政部 国家税务总局 民政部关于生产和装配伤残人员专门用品企业免征企业所得税的通知》（财税〔2016〕111 号）等规定，符合条件的生产和装配伤残人员专门用品的企业免征企业所得税。本行填报根据 A100000 表第 23 行应纳税所得额计算的免征企业所得税金额。

（19）第 19 行"十九、技术先进型服务企业减按 15%的税率征收企业所得税"：根据《财政部 国家税务总局 商务部 科技部 国家发展改革委关于完善技术先进型服务企业有关企业所得税政策问题的通知》（财税〔2014〕59 号）和《财政部 国家税务总局 商务部 科学技术部 国家发展和改革委员会关于新增中国服务外包示范城市适用技术先进型服务企业所得税政策的通知》（财税〔2016〕108 号）《财政部 税务总局 商务部 科技部 国家发展改革委关于将技术先进型服务企业所得税政策推广至全国实施的通知》（财税〔2017〕79 号）等规定，对经认定的技术先进型服务企业，减按 15%

的税率征收企业所得税。本行填报根据表 A100000 第 23 行应纳税所得额计算的减征所得税金额。

（20）第 20 行"二十、服务贸易创新发展试点地区符合条件的技术先进型服务企业减按 15% 的税率征收企业所得税"：根据《财政部 国家税务总局 商务部 科技部 国家发展改革委关于在服务贸易创新发展试点地区推广技术先进型服务企业所得税优惠政策的通知》（财税〔2016〕122 号）等规定，在服务贸易创新发展试点地区，符合条件的技术先进型服务企业减按 15% 的税率征收企业所得税。本行填报根据表 A100000 第 23 行应纳税所得额计算的减征所得税金额。

（21）第 21 行"二十一、设在西部地区的鼓励类产业企业减按 15% 的税率征收企业所得税"：根据《财政部 海关总署 国家税务总局关于深入实施西部大开发战略有关税收政策问题的通知》（财税〔2011〕58 号）、《国家税务总局关于深入实施西部大开发战略有关企业所得税问题的公告》（国家税务总局公告 2012 年第 12 号）、《财政部 海关总署 国家税务总局关于赣州市执行西部大开发税收政策问题的通知》（财税〔2013〕4 号）、《西部地区鼓励类产业目录》（中华人民共和国国家发展和改革委员会令第 15 号）、《国家税务总局关于执行〈西部地区鼓励类产业目录〉有关企业所得税问题的公告》（国家税务总局公告 2015 年第 14 号）等规定，对设在西部地区的鼓励类产业企业减按 15% 的税率征收企业所得税；对设在赣州市的鼓励类产业的内资和外商投资企业减按 15% 税率征收企业所得税。本行填报根据表 A100000 第 23 行应纳税所得额计算的减征所得税金额。

（22）第 22 行"二十二、新疆困难地区新办企业定期减免企业所得税"：根据《财政部 国家税务总局关于新疆困难地区新办企业所得税优惠政策的通知》（财税〔2011〕53 号）、《财政部 国家税务总局 国家发展改革委 工业和信息化部关于完善新疆困难地区重点鼓励发展产业企业所得税优惠目录的通知》（财税〔2016〕85 号）等规定，对在新疆困难地区新办的属于《新疆困难地区重点鼓励发展产业企业所得税优惠目录》范围内的企业，自取得第一笔生产经营收入所属纳税年度起，第一年至第二年免征企业所得税，第三年至第五年减半征收企业所得税。本行填报根据 A100000 表第 23 行应纳税所得额计算的免征、减征企业所得税金额。

（23）第 23 行"二十三、新疆喀什、霍尔果斯特殊经济开发区新办企业定期免征企业所得税"：根据《财政部 国家税务总局关于新疆喀什 霍尔果斯两个特殊经济开发区企业所得税优惠政策的通知》（财税〔2011〕112 号）、《财政部 国家税务总局 国家发展改革委 工业和信息化部关于完善新疆困难地区重点鼓励发展产业企业所得税优惠目录的通知》（财税〔2016〕85 号）等规定，对在新疆喀什、霍尔果斯两个特殊经济开发区内新办的属于《新疆困难地区重点鼓励发展产业企业所得税优惠目录》范围内的企业，自取得第一笔生产经营收入所属纳税年度起，五年内免征企业所得税。本行填报根据 A100000 表第 23 行应纳税所得额计算的免征企业所得税金额。

（24）第 24 行"二十四、广东横琴、福建平潭、深圳前海等地区的鼓励类产业企业减按 15% 税率征收企业所得税"：根据《财政部 国家税务总局关于广东横琴新区、福建平潭综合实验区、深圳前海深港现代化服务业合作区企业所得税优惠政策及优惠目录的通知》（财税〔2014〕26 号）等规定，对设在广东横琴新区、福建平潭综合实验区和深圳前海深港现代服务业合作区的鼓励类产业企业减按 15% 的税率征收企业所得税。本行填报根据表 A100000 第 23 行应纳税所得额计算的减征所得税金额。

（25）第 25 行"二十五、北京冬奥组委、北京冬奥会测试赛赛事组委会免征企业所得税"：根据《财政部 税务总局 海关总署关于北京 2022 年冬奥会和冬残奥会税收政策的通知》（财税〔2017〕60 号）等规定，为支持发展奥林匹克运动，确保北京 2022 年冬奥会和冬残奥会顺利举办，对北京冬奥组委免征应缴纳的企业所得税，北京冬奥会测试赛赛事组委会取得的收入及发生的涉税支出比照执行北京冬奥组委的税收政策。本行填报北京冬奥组委、北京冬奥会测试赛赛事组委会根据表 A100000 第 23 行应纳税所得额计算的免征企业所得税金额。

（26）第 26 行"二十六、享受过渡期税收优惠定期减免企业所得税"：根据《国务院关于实施企业所得税过渡优惠政策的通知》（国发〔2007〕39 号）等规定，自 2008 年 1 月 1 日起，原享受企业所得税"五免五减半"等定期减免税优惠的企业，新税法施行后继续按原税收法律、行政法规及相关文件规定的优惠办法及年限享受至期满为止，但因未获利而尚未享受税收优惠的，其优惠期限从 2008 年度起计算。本行填报根据表 A100000 第 23 行应纳税所得额计算的免征、减征企业所得税金额。

（27）第 27 行"二十七、其他"：填报国务院根据税法授权制定的及本表未列明的其他税收优惠政策，需填报项目名称、减免税代码及免征、减征企业所得税金额。

（28）第 28 行"二十八、减：项目所得额按法定税率减半征收企业所得税叠加享受减免税优惠"：纳税人同时享受优惠税率和所得项目减半情形下，在填报本表低税率优惠时，所得项目按照优惠税率减半计算多享受优惠的部分。

企业从事农林牧渔业项目、国家重点扶持的公共基础设施项目、符合条件的环境保护、节能节水项目、符合条件的技术转让、其他专项优惠等所得额应按法定税率 25% 减半征收，同时享受小型微利企业、高新技术企业、技术先进型服务企业、集成电路线宽小于 0.25 微米或投资额超过 80 亿元人民币集成电路生产企业、国家规划布局内重点软件企业和集成电路设计企业等优惠税率政策，由于申报表填报顺序，按优惠税率减半叠加享受减免税优惠部分，应在本行对该部分金额进行调整。本行应大于等于 0 且小于等于第 1+2+…+20+22+…+27 行的值。

计算公式：本行=减半项目所得额×50%×（25%−优惠税率）。

（29）第 29 行"二十九、支持和促进重点群体创业就业企业限额减征企业所得税"：根据《财政部 税务总局 人力资源社会保障部关于继续实施支持和促进重点群体创业就业有关税收政策的通知》（财税〔2017〕49 号）等规定，商贸企业、服务型企业、劳动就业服务企业中的加工型企业和街道社区具有加工性质的小型企业实体，在新增加的岗位中，当年新招用在人力资源社会保障部门公共就业服务机构登记失业半年以上且持《就业创业证》或《就业失业登记证》（注明"企业吸纳税收政策"）人员，与其签订 1 年以上期限劳动合同并依法缴纳社会保险费的，在 3 年内按实际招用人数予以定额依次扣减增值税、城市维护建设税、教育费附加、地方教育附加和企业所得税优惠。定额标准为每人每年 4 000 元，最高可上浮 30%。本行填报企业纳税年度终了时实际减免的增值税、城市维护建设税、教育费附加和地方教育附加小于核定的减免税总额，在企业所得税汇算清缴时扣减的企业所得税，当年扣减不完的，不再结转以后年度扣减。本行为合计行，等于 29.1 行+29.2 行。

安置下岗失业人员再就业、高校毕业生就业扣减的企业所得税，分别填写本表 29.1 行、29.2 行。

（30）第 30 行"三十、扶持自主就业退役士兵创业就业企业限额减征企业所得税"：根据《财政部 税务总局 民政部关于继续实施扶持自主就业退役士兵创业就业有关税收政策的通知》（财税〔2017〕46 号）等规定，对商贸企业、服务型企业、劳动就业服务企业中的加工型企业和街道社区具有加工性质的小型企业实体，在新增加的岗位中，当年新招用自主就业退役士兵，与其签订 1 年以上期限劳动合同并依法缴纳社会保险费的，在 3 年内按实际招用人数予以定额依次扣减增值税、城市维护建设税、教育费附加、地方教育附加和企业所得税优惠。定额标准为每人每年 4 000 元，最高可上浮 50%。本行填报企业纳税年度终了时实际减免的增值税、城市维护建设税、教育费附加和地方教育附加小于核定的减免税总额，在企业所得税汇算清缴时扣减的企业所得税，当年扣减不完的，不再结转以后年度扣减。

（31）第 31 行"三十一、民族自治地方的自治机关对本民族自治地方的企业应缴纳的企业所得税中属于地方分享的部分减征或免征（□免征 □减征：减征幅度____%）"：根据税法、《财政部 国家税务总局关于贯彻落实国务院关于实施企业所得税过渡优惠政策有关问题的通知》（财税〔2008〕21 号）、《中华人民共和国民族区域自治法》的规定，实行民族区域自治的自治区、自治州、自治县的自治机关对本民族自治地方的企业应缴纳的企业所得税中属于地方分享的部分，可以决定减征或者免征，自治州、自治县决定减征或者免征的，须报省、自治区、直辖市人民政府批准。

纳税人填报该行次时，根据享受政策的类型选择"免征"或"减征"，二者必选其一。选择"免征"是指企业所得税款地方分成 40%部分全免；选择"减征：减征幅度____%"需填写"减征幅度"，减征幅度填写 1 至 100，表示企业所得税地方分成部分减征的百分比。优惠金额填报（应纳所得税额-本表以上行次优惠合计）×40%×减征幅度的金额，本表以上行次不包括第 4.1 行、第 4.2 行、第 29.1 行、第 29.2 行。如地方分享部分减半征收，则选择"减征"，并在"减征幅度"后填写"50%"。

（32）第 32 行"合计"：填报第 1 行+第 2 行+第 3 行+第 4 行+第 5 行+…+第 26 行+第 27 行-第 28 行+第 29 行+第 30 行+第 31 行的金额。

2．表内、表间关系

（1）表内关系。

① 第 4 行=第 4.1 行+第 4.2 行。

② 第 29 行=第 29.1 行+第 29.2 行。

③ 第 32 行=第 1 行+第 2 行+第 3 行+第 4 行+第 5 行+…+第 26 行+第 27 行-第 28 行+第 29 行+第 30 行+第 31 行。

（2）表间关系。

① 第 2 行=表 A107041 第 31 行。

② 第 3 行=表 A107041 第 32 行。

③ 第 6 行至第 16 行=A107042 第 32 行，根据以下规则判断填报：

若 A107042"减免方式"单选第 1 行，第 6 行=A107042 第 32 行；

若 A107042"减免方式"单选第 2 行"15%税率"，第 7 行=A107042 第 32 行；

若 A107042"减免方式"单选第 3 行"15%税率"，第 8 行=A107042 第 32 行；

若 A107042"减免方式"单选第 2 行"五免五减半"，第 9 行=A107042 第 32 行；

若 A107042"减免方式"单选第 3 行"五免五减半"，第 10 行=A107042 第 32 行；

若 A107042"减免方式"单选第 4 行，第 11 行=A107042 第 32 行；

若 A107042"减免方式"单选第 5 行，第 12 行=A107042 第 32 行；

若 A107042"减免方式"单选第 6 行，第 13 行=A107042 第 32 行；

若 A107042"减免方式"单选第 7 行，第 14 行=A107042 第 32 行；

若 A107042"减免方式"单选第 8 行，第 15 行=A107042 第 32 行；

若 A107042"减免方式"单选第 9 行，第 16 行=A107042 第 32 行。

④ 第 31 行=（表 A100000 第 25 行-本表第 1 行+第 2 行+第 3 行+第 4 行+第 5 行…+第 29 行+第 30 行）×40%×减征幅度。

⑤ 第 32 行=表 A100000 第 26 行。

**（十）广告费和业务宣传费跨年度纳税调整明细表及其填报说明**

广告费和业务宣传费跨年度纳税调整明细表如表 6-18 所示。

表 6-18　A105060　　　广告费和业务宣传费跨年度纳税调整明细表

| 行次 | 项目 | 金额 |
|---|---|---|
| 1 | 一、本年广告费和业务宣传费支出 | 1 204 994.46 |
| 2 | 减：不允许扣除的广告费和业务宣传费支出 | 0.00 |
| 3 | 二、本年符合条件的广告费和业务宣传费支出（1-2） | 1 204 994.46 |
| 4 | 三、本年计算广告费和业务宣传费扣除限额的销售（营业）收入 | 122 864 250.53 |
| 5 | 乘：税收规定扣除率 | 0.15 |
| 6 | 四、本企业计算的广告费和业务宣传费扣除限额（4×5） | 18 429 637.58 |
| 7 | 五、本年结转以后年度扣除额（3＞6，本行=3-6；3≤6，本行=0） | 0.00 |
| 8 | 加：以前年度累计结转扣除额 | 0.00 |
| 9 | 减：本年扣除的以前年度结转额[3＞6，本行=0；3≤6，本行=8 与（6-3）孰小值] | 0.00 |
| 10 | 六、按照分摊协议归集至其他关联方的广告费和业务宣传费（10≤3 与 6 孰小值） | 0.00 |
| 11 | 按照分摊协议从其他关联方归集至本企业的广告费和业务宣传费 | 0.00 |
| 12 | 七、本年广告费和业务宣传费支出纳税调整金额<br>（3＞6，本行=2+3-6+10-11；3≤6，本行=2+10-11-9） | 0.00 |
| 13 | 八、累计结转以后年度扣除额（7+8-9） | 0.00 |

广告费和业务宣传费跨年度纳税调整明细表填报说明如下。

本表适用于发生广告费和业务宣传费纳税调整项目（含广告费和业务宣传费结转）的纳税人填报。纳税人根据税法、《财政部　国家税务总局关于广告费和业务宣传费支出税前扣除政策的通知》（财税〔2012〕48 号）等相关规定，以及国家统一企业会计制度，填报广告费和业务宣传费会计处理、税收规定，以及跨年度纳税调整情况。

1. 有关项目填报说明

（1）第 1 行"一、本年广告费和业务宣传费支出"：填报纳税人会计核算计入本年损益的广告费和业务宣传费用金额。

（2）第 2 行"减：不允许扣除的广告费和业务宣传费支出"：填报税收规定不允许扣除的广告费和业务宣传费支出金额。

（3）第 3 行"二、本年符合条件的广告费和业务宣传费支出"：填报第 1 行-第 2 行的余额。

（4）第 4 行"三、本年计算广告费和业务宣传费扣除限额的销售（营业）收入"：填报按照税收规定计算广告费和业务宣传费扣除限额的当年销售（营业）收入。

（5）第 5 行"税收规定扣除率"：填报税收规定的扣除比例。

（6）第 6 行"四、本企业计算的广告费和业务宣传费扣除限额"：填报第 4 行×第 5 行的金额。

（7）第 7 行"五、本年结转以后年度扣除额"：若第 3 行＞第 6 行，填报第 3 行-第 6 行的余额；若第 3 行≤第 6 行，填报 0。

（8）第 8 行"加：以前年度累计结转扣除额"：填报以前年度允许税前扣除但超过扣除限额未扣除、结转扣除的广告费和业务宣传费的金额。

（9）第 9 行"减：本年扣除的以前年度结转额"：若第 3 行＞第 6 行，填 0；若第 3 行≤第 6 行，填报第 6 行-第 3 行与第 8 行的孰小值。

（10）第 10 行"六、按照分摊协议归集至其他关联方的广告费和业务宣传费"：填报签订广告费和业务宣传费分摊协议（以下简称分摊协议）的关联企业的一方，按照分摊协议，将其发生的不超过当年销售（营业）收入税前扣除限额比例内的广告费和业务宣传费支出归集至其他关联方扣除的广告费和业务宣传费，本行应≤第 3 行与第 6 行的孰小值。

（11）第 11 行"按照分摊协议从其他关联方归集至本企业的广告费和业务宣传费"：填报签订广告费和业务宣传费分摊协议（以下简称分摊协议）的关联企业的一方，按照分摊协议，从其他关联方归集至本企业的广告费和业务宣传费。

（12）第 12 行"七、本年广告费和业务宣传费支出纳税调整金额"：若第 3 行＞第 6 行，填报第 2 行+第 3 行-第 6 行+第 10 行-第 11 行的金额；若第 3 行≤第 6 行，填报第 2 行+第 10 行-第 11 行-第 9 行的金额。

（13）第 13 行"八、累计结转以后年度扣除额"：填报第 7 行+第 8 行-第 9 行的金额。

2. 表内、表间关系

（1）表内关系。

① 第 3 行=第 1 行-第 2 行。

② 第 6 行=第 4 行×第 5 行。

③ 若第 3＞6 行，第 7 行=第 3 行-第 6 行；若第 3 行≤第 6 行，第 7 行=0。

④ 若第 3＞6 行，第 9 行=0；若第 3 行≤第 6 行，第 9 行=第 8 行与第 6 行-第 3 行的孰小值。

⑤ 若第 3＞6 行，第 12 行=第 2 行+第 3 行-第 6 行+第 10 行-第 11 行；若第 3 行≤第 6 行，第 12 行=第 2 行-第 9 行+第 10 行-第 11 行。

⑥ 第 13 行=第 7 行+第 8 行-第 9 行。

（2）表间关系。

若第 12 行≥0，第 12 行=表 A105000 第 16 行第 3 列；若第 12 行＜0，第 12 行的绝对值=表 A105000 第 16 行第 3 列。

### （十一）资产折旧、摊销及纳税调整明细表及其填报说明

资产折旧、摊销及纳税调整明细表如表 6-19 所示。

资产折旧、摊销及纳税调整明细表填报说明如下。

本表适用于发生资产折旧、摊销的纳税人，无论是否纳税调整，均须填报。纳税人根据税法、《国家税务总局关于企业固定资产加速折旧所得税处理有关问题的通知》（国税发〔2009〕81 号）、《国家税务总局关于融资性售后回租业务中承租方出售资产行为有关税收问题的公告》（国家税务总局公告 2010 年第 13 号）、《国家税务总局关于企业所得税若干问题的公告》（国家税务总局公告 2011 年第 34 号）、《国家税务总局关于发布〈企业所得税政策性搬迁所得税管理办法〉的公告》（国家税务总局公告 2012 年第 40 号）、《财政部 国家税务总局关于进一步鼓励软件产业和集成电路产业发展企业所得税政策的通知》（财税〔2012〕27 号）、《国家税务总局关于企业所得税应纳税所得额若干问题的公告》（国家税务总局公告 2014 年第 29 号）、《财政部 国家税务总局关于完善固定资产加速折旧税收政策有关问题的通知》（财税〔2014〕75 号）、《财政部 国家税务总局关于进一步完善固定资产加速折旧企业所得税政策的通知》（财税〔2015〕106 号）、《国家税务总局关于全民所有制企业公司制改制企业所得税处理问题的公告》（国家税务总局公告 2017 年第 34 号）等相关规定，以及国家统一企业会计制度，填报资产折旧、摊销的会计处理、税收规定，以及纳税调整情况。

1. 有关项目填报说明

（1）列次填报。

① 第 1 列"资产原值"：填报纳税人会计处理计提折旧、摊销的资产原值（或历史成本）的金额。

② 第 2 列"本年折旧、摊销额"：填报纳税人会计核算的本年资产折旧、摊销额。

③ 第 3 列"累计折旧、摊销额"：填报纳税人会计核算的累计（含本年）资产折旧、摊销额。

表 6-19　A105080　资产折旧、摊销及纳税调整明细表

| 行次 | 项目 | 账载金额 | | | 税收金额 | | | | | 纳税调整金额 |
|---|---|---|---|---|---|---|---|---|---|---|
| | | 资产原值 | 本年折旧、摊销额 | 累计折旧、摊销额 | 资产计税基础 | 税收折旧额 | 享受加速折旧政策的资产按税收一般规定计算的折旧、摊销额 | 加速折旧统计额 | 累计折旧、摊销额 | 9 (2-5) |
| | | 1 | 2 | 3 | 4 | 5 | 6 | 7=5-6 | 8 | |
| 1 | 一、固定资产 (2+3+4+5+6+7) | 28 121 311.19 | 1 830 487.97 | 10 389 475.85 | 28 121 311.19 | 1 830 487.97 | * | * | 10 389 475.85 | 0.00 |
| 2 | （一）房屋、建筑物 | 12 321 290.80 | 700 913.04 | 3 125 909.30 | 12 321 290.80 | 700 913.04 | * | * | 3 125 909.30 | 0.00 |
| 3 | （二）飞机、火车、轮船、机器、机械和其他生产设备 | 13 545 182.42 | 854 190.79 | 6 108 838.74 | 13 545 182.42 | 854 190.79 | * | * | 6 108 838.74 | 0.00 |
| 4 | （三）与生产经营活动有关的器具、工具、家具等 | 0.00 | 0.00 | 0.00 | 0.00 | 0.00 | * | * | 0.00 | 0.00 |
| 5 | （四）飞机、火车、轮船以外的运输工具 | 1 454 674.36 | 91 374.45 | 571 713.96 | 1 454 674.36 | 91 374.45 | * | * | 571 713.96 | 0.00 |
| 6 | （五）电子设备 | 800 163.61 | 184 009.69 | 583 013.85 | 800 163.61 | 184 009.69 | * | * | 583 013.85 | 0.00 |
| 7 | （六）其他 | 0.00 | 0.00 | 0.00 | 0.00 | 0.00 | * | * | 0.00 | * |
| 8 | 其中:享受固定资产加速折旧及一次性扣除政策的资产折旧额大于一般折旧额的部分　（一）重要行业固定资产加速折旧（不含一次性扣除） | 0.00 | 0.00 | 0.00 | 0.00 | 0.00 | 0.00 | 0.00 | 0.00 | * |
| 9 | （二）其他行业研发设备加速折旧 | 0.00 | 0.00 | 0.00 | 0.00 | 0.00 | 0.00 | 0.00 | 0.00 | * |
| 10 | （三）允许一次性扣除的固定资产 (11+12+13) | 0.00 | 0.00 | 0.00 | 0.00 | 0.00 | 0.00 | 0.00 | 0.00 | * |
| 11 | 1.单价不超过100万元专用研发设备 | 0.00 | 0.00 | 0.00 | 0.00 | 0.00 | 0.00 | 0.00 | 0.00 | * |
| 12 | 2.重要行业小型微利企业生产生用设备 | 0.00 | 0.00 | 0.00 | 0.00 | 0.00 | 0.00 | 0.00 | 0.00 | * |
| 13 | 3.5000 元以下固定资产 | 0.00 | 0.00 | 0.00 | 0.00 | 0.00 | 0.00 | 0.00 | 0.00 | * |
| 14 | （四）技术进步、更新换代固定资产 | 0.00 | 0.00 | 0.00 | 0.00 | 0.00 | 0.00 | 0.00 | 0.00 | * |
| 15 | （五）常年强震动、高腐蚀固定资产 | 0.00 | 0.00 | 0.00 | 0.00 | 0.00 | 0.00 | 0.00 | 0.00 | * |
| 16 | （六）外购软件折旧 | 0.00 | 0.00 | 0.00 | 0.00 | 0.00 | 0.00 | 0.00 | 0.00 | * |
| 17 | （七）集成电路企业生产设备 | 0.00 | 0.00 | 0.00 | 0.00 | 0.00 | 0.00 | 0.00 | 0.00 | * |

税务会计实训教程

续表

| 行次 | 项目 | 账载金额 | | | 资产计税基础 | 税收金额 | | | 累计折旧、摊销额 | 纳税调整金额 |
|---|---|---|---|---|---|---|---|---|---|---|
| | | 资产原值 | 本年折旧、摊销额 | 累计折旧、摊销额 | | 税收折旧额 | 享受加速折旧政策的资产按税收一般规定计算的折旧、摊销额 | 加速折旧统计额 | | |
| | | 1 | 2 | 3 | 4 | 5 | 6 | 7=5-6 | 8 | 9 (2-5) |
| 18 | 二、生产性生物资产 (19+20) | 0.00 | 0.00 | 0.00 | 0.00 | 0.00 | * | * | 0.00 | 0.00 |
| 19 | (一)林木类 | 0.00 | 0.00 | 0.00 | 0.00 | 0.00 | * | * | 0.00 | 0.00 |
| 20 | (二)畜类 | 0.00 | 0.00 | 0.00 | 0.00 | 0.00 | * | * | 0.00 | 0.00 |
| 21 | 三、无形资产 (22+23+24+25+26+27+28+30) | 1 394 770.07 | 103 338.93 | 271 337.85 | 1 394 773.07 | 103 338.93 | * | * | 271 337.85 | 0.00 |
| 22 | (一)专利权 | 0.00 | 0.00 | 0.00 | 0.00 | 0.00 | * | * | 0.00 | 0.00 |
| 23 | (二)商标权 | 0.00 | 0.00 | 0.00 | 0.00 | 0.00 | * | * | 0.00 | 0.00 |
| 24 | (三)著作权 | 0.00 | 0.00 | 0.00 | 0.00 | 0.00 | * | * | 0.00 | 0.00 |
| 25 | (四)土地使用权 | 1 199 998.80 | 98 000.84 | 265 999.76 | 1 199 998.80 | 98 000.84 | * | * | 265 999.76 | 0.00 |
| 26 | (五)非专利技术 | 0.00 | 0.00 | 0.00 | 0.00 | 0.00 | * | * | 0.00 | 0.00 |
| 27 | (六)特许权使用费 | 0.00 | 0.00 | 0.00 | 0.00 | 0.00 | * | * | 0.00 | 0.00 |
| 28 | (七)软件 | 194 771.27 | 5 338.09 | 5 338.09 | 194 774.27 | 5 338.09 | * | * | 5 338.09 | 0.00 |
| 29 | 其中:享受企业外购软件加速摊销政策 | 0.00 | 0.00 | 0.00 | 0.00 | 0.00 | * | * | 0.00 | * |
| 30 | (八)其他 | 0.00 | 0.00 | 0.00 | 0.00 | 0.00 | * | * | 0.00 | 0.00 |
| 31 | 四、长期待摊费用 (32+33+34+35+36) | 1 897 951.29 | 384 571.67 | 384 571.67 | 1 897 951.29 | 384 571.67 | * | * | 384 571.67 | 0.00 |
| 32 | (一)已足额提取折旧的固定资产的改建支出 | 0.00 | 0.00 | 0.00 | 0.00 | 0.00 | * | * | 0.00 | 0.00 |
| 33 | (二)租入固定资产的改建支出 | 0.00 | 0.00 | 0.00 | 0.00 | 0.00 | * | * | 0.00 | 0.00 |
| 34 | (三)固定资产的大修理支出 | 0.00 | 0.00 | 0.00 | 0.00 | 0.00 | * | * | 0.00 | 0.00 |
| 35 | (四)开办费 | 0.00 | 0.00 | 0.00 | 0.00 | 0.00 | * | * | 0.00 | 0.00 |
| 36 | (五)其他 | 1 897 951.29 | 384 571.67 | 384 571.67 | 1 897 951.29 | 384 571.67 | * | * | 384 571.67 | 0.00 |
| 37 | 五、油气勘探投资 | 0.00 | 0.00 | 0.00 | 0.00 | 0.00 | * | * | 0.00 | 0.00 |
| 38 | 六、油气开发投资 | 0.00 | 0.00 | 0.00 | 0.00 | 0.00 | * | * | 0.00 | 0.00 |
| 39 | 合计 (1+18+21+31+37+38) | 31 414 032.55 | 2 318 398.57 | 11 045 385.37 | 31 414 035.55 | 2 318 398.57 | * | 0.00 | 11 045 385.37 | 0.00 |
| 附列资料 | 全民所有制改制资产评估增值政策资产 | 0.00 | | | 0.00 | | | | | 0.00 |

④ 第 4 列 "资产计税基础": 填报纳税人按照税收规定据以计算折旧、摊销的资产原值(或历史成本)的金额。

⑤ 第 5 列 "税收折旧额": 填报纳税人按照税收规定计算的允许税前扣除的本年资产折旧、摊销额。

对于不征税收入形成的资产,其折旧、摊销额不得税前扣除。第 4 列至第 8 列税收金额不包含不征税收入所形成资产的折旧、摊销额。

对于第 8 行至第 17 行、第 29 行对应的 "税收折旧额",填报享受各种加速折旧政策的资产,当年享受加速折旧后的税法折旧额合计。本列仅填报加速后的税法折旧额大于一般折旧额月份的金额合计。即对于本年度某些月份,享受加速折旧政策的固定资产,其加速后的税法折旧额大于一般折旧额、某些月份税法折旧额小于一般折旧额的,仅填报税法折旧额大于一般折旧额月份的税法折旧额合计。

⑥ 第 6 列 "享受加速折旧政策的资产按税收一般规定计算的折旧、摊销额": 仅适用于第 8 行至第 17 行、第 29 行,填报纳税人享受加速折旧政策的资产按照税法一般规定计算的允许税前扣除的本年资产折旧、摊销额。按照税法一般规定计算的折旧额,是指该资产在不享受加速折旧情况下,按照税收规定的最低折旧年限以直线法计算的折旧额。本列仅填报加速后的税法折旧额大于按照税法一般规定计算折旧额对应月份的金额。

⑦ 第 7 列 "加速折旧统计额": 用于统计纳税人享受各类固定资产加速折旧政策的优惠金额。

⑧ 第 8 列 "累计折旧、摊销额": 填报纳税人按照税收规定计算的累计(含本年)资产折旧、摊销额。

⑨ 第 9 列 "纳税调整金额": 填报第 2 列~第 5 列的余额。

(2)行次填报。

① 第 2 行至第 7 行、第 19 行至第 20 行、第 22 行至第 28 行、第 30 行、第 32 行至第 38 行,根据资产类别填报对应的行次。

② 第 8 行至第 17 行、第 29 行: 用于填报享受各类固定资产加速折旧政策的资产加速折旧情况,分类填报各项固定资产加速折旧政策优惠情况。

第 8 行 "(一)重要行业固定资产加速折旧": 填报按照财税〔2014〕75 号和财税〔2015〕106 号文件规定,生物药品制造业,专用设备制造业,铁路、船舶、航空航天和其他运输设备制造业,计算机、通信和其他电子设备制造业,仪器仪表制造业,信息传输、软件和信息技术服务业 6 个行业,以及轻工、纺织、机械、汽车四大领域 18 个行业的纳税人(简称 "重要行业"),对于新购进固定资产在税收上采取加速折旧的情况。该行次不填报重要行业纳税人按照以上两个文件规定,享受一次性扣除政策的资产。

第 9 行 "(二)其他行业研发设备加速折旧": 由重要行业以外的其他企业填报。填写单位价值超过 100 万元以上专用研发设备采取缩短折旧年限或加速折旧方法的纳税调减或者加速折旧优惠统计情况。

第 10 行 "(三)允许一次性扣除的固定资产": 填报新购进单位价值不超过 100 万元研发设备和单位价值不超过 5 000 元固定资产,按照税收规定一次性在当期扣除金额。本行=第 11 行+第 12 行+第 13 行。

第 11 行 "1. 单价不超过 100 万元专用研发设备": 填报 "重要行业" 中的非小型微利企业和 "重要行业" 以外的企业,对新购进专门用于研发活动的仪器、设备,单位价值不超过 100 万元的,享受一次性扣除政策的有关情况。

第 12 行"2.重要行业小型微利企业单价不超过 100 万元研发生产共用设备":填报"重要行业"中的小型微利企业,对其新购进研发和生产经营共用的仪器、设备,单位价值不超过 100 万元的,享受一次性扣除政策的有关情况。

第 13 行"3.500 0 元以下固定资产":填写纳税人单位价值不超过 5 000 元的固定资产,按照政策规定一次性在当期税前扣除的有关情况。

第 14 行"(四)技术进步、更新换代固定资产":填写企业固定资产因技术进步,产品更新换代较快,按税收规定享受固定资产加速折旧的有关情况。

第 15 行"(五)常年强震动、高腐蚀固定资产":填写常年处于强震动、高腐蚀状态的固定资产,按税收规定享受固定资产加速折旧有关情况。

第 16 行"(六)外购软件折旧":填写企业外购软件作为固定资产处理,按财税〔2012〕27 号文件规定享受加速折旧的有关情况。

第 17 行"(七)集成电路企业生产设备":填报集成电路生产企业的生产设备,按照财税〔2012〕27 号文件规定享受加速折旧政策的有关情况。

第 29 行"其中:享受企业外购软件加速摊销政策":填写企业外购软件作无形资产处理,按财税〔2012〕27 号文件规定享受加速摊销的有关情况。

附列资料"享受全民所有制改制资产评估增值政策资产":填写企业按照国家税务总局公告 2017 年第 34 号文件规定,执行"改制中资产评估增值不计入应纳税所得额;资产的计税基础按其原有计税基础确定;资产增值部分的折旧或者摊销不得在税前扣除"政策的情况。本行不参与计算,仅用于列示享受全民所有制改制资产评估增值政策资产的有关情况,相关资产折旧(摊销)及调整情况在本表第 1 行至第 39 行按规定填报。

2. 表内、表间关系

(1)表内关系。

① 第 1 行=第 2 行+第 3 行+…+第 7 行。

② 第 10 行=第 11 行+第 12 行+第 13 行。

③ 第 18 行=第 19 行+第 20 行。

④ 第 21 行=第 22 行+第 23 行+第 24 行+第 25 行+第 26 行+第 27 行+第 28 行+第 30 行。

⑤ 第 31 行=第 32 行+第 33 行+第 34 行+第 35 行+第 36 行。

⑥ 第 39 行=第 1 行+第 18 行+第 21 行+第 31 行+第 37 行+第 38 行。(其中第 39 行第 6 列=第 8 行+第 9 行+第 10 行+第 14 行+第 15 行+第 16 行+第 17 行+第 29 行第 6 列;第 39 行第 7 列=第 8 行+第 9 行+第 10 行+第 14 行+第 15 行+第 16 行+第 17 行+第 29 行第 7 列)

⑦ 第 7 列=第 5 列-第 6 列。

⑧ 第 9 列=第 2 列-第 5 列。

(2)表间关系。

① 第 39 行第 2 列=表 A105000 第 32 行第 1 列。

② 第 39 行第 5 列=表 A105000 第 32 行第 2 列。

③ 若第 39 行第 9 列≥0,第 39 行第 9 列=表 A105000 第 32 行第 3 列;若第 39 行第 9 列<0,第 39 行第 9 列的绝对值=表 A105000 第 32 行第 4 列。

(十二)企业所得税弥补亏损明细表及其填报说明

企业所得税弥补亏损明细表如表 6-20 所示。

表 6-20　　　　　　　　　　A106000　企业所得税弥补亏损明细表

| 行次 | 项目 | 年度 | 可弥补亏损所得 | 合并、分立转入(转出)可弥补的亏损额 | 当年可弥补的亏损额 | 以前年度亏损已弥补额 | | | | | 本年度实际弥补的以前年度亏损额 | 可结转以后年度弥补的亏损额 |
|---|---|---|---|---|---|---|---|---|---|---|---|---|
| | | | | | | 前四年度 | 前三年度 | 前二年度 | 前一年度 | 合计 | | |
| | | 1 | 2 | 3 | 4 | 5 | 6 | 7 | 8 | 9 | 10 | 11 |
| 1 | 前五年度 | | 0.00 | 0.00 | 0.00 | 0.00 | 0.00 | 0.00 | 0.00 | 0.00 | 0.00 | * |
| 2 | 前四年度 | | 0.00 | 0.00 | 0.00 | * | 0.00 | 0.00 | 0.00 | 0.00 | 0.00 | 0.00 |
| 3 | 前三年度 | | 0.00 | 0.00 | 0.00 | * | * | 0.00 | 0.00 | 0.00 | 0.00 | 0.00 |
| 4 | 前二年度 | | 0.00 | 0.00 | 0.00 | * | * | * | 0.00 | 0.00 | 0.00 | 0.00 |
| 5 | 前一年度 | | 0.00 | 0.00 | 0.00 | * | * | * | * | 0.00 | 0.00 | 0.00 |
| 6 | 本年度 | | 12 991 936.55 | 0.00 | 0 | * | * | * | * | * | 0 | 0 |
| 7 | 可结转以后年度弥补的亏损额合计 | | | | | | | | | | | 0 |

企业所得税弥补亏损明细表填报说明如下。

本表填报纳税人根据税法，在本纳税年度及本纳税年度前 5 个可弥补亏损年度的可弥补亏损所得、合并、分立转入（转出）可弥补的亏损额、当年可弥补的亏损额、以前年度亏损已弥补额、本年度实际弥补的以前年度亏损额、可结转以后年度弥补的亏损额。

1. 有关项目填报说明

（1）第 1 列"年度"：填报公历年度。纳税人应首先填报第 6 行本年度，再依次从第 5 行往第 1 行倒推填报以前年度。纳税人发生政策性搬迁事项，如停止生产经营活动年度可以从法定亏损结转弥补年限中减除，则按可弥补亏损年度进行填报。

（2）第 2 列"可弥补亏损所得"：第 6 行填报表 A100000 第 19 行"纳税调整后所得"减去第 20 行"所得减免"后的值。

第 1 行至第 5 行填报以前年度主表第 23 行（2013 纳税年度前）或以前年度表 A106000 第 2 列第 6 行的金额（亏损额以"-"号表示）。发生查补以前年度应纳税所得额、追补以前年度未能税前扣除的实际资产损失等情况的，该行需按修改后的"纳税调整后所得"金额进行填报。

（3）第 3 列"合并、分立转入（转出）可弥补亏损额"：填报按照企业重组特殊性税务处理规定因企业被合并、分立而允许转入可弥补亏损额，以及因企业分立转出的可弥补亏损额（转入亏损以"-"号表示，转出亏损以正数表示）。合并、分立转入（转出）可弥补亏损额按亏损所属年度填报。

（4）第 4 列"当年可弥补的亏损额"：当第 2 列小于零时，本项等于第 2 列+第 3 列；否则，本项等于第 3 列（亏损以"-"号表示）。

（5）"以前年度亏损已弥补额"：填报以前年度盈利已弥补金额，其中：前四年度、前三年度、前二年度、前一年度与"项目"列中的前四年度、前三年度、前二年度、前一年度相对应。

（6）第 10 列"本年度实际弥补的以前年度亏损额"

① 第 1 行至第 5 行：填报本年度盈利时，用第 6 行第 2 列本年度"可弥补亏损所得"依次弥补前 5 个年度尚未弥补完的亏损额。

② 第 6 行：金额等于第 10 列第 1 行至第 5 行的合计金额，该数据填入本年度表 A100000 第 21 行。

（7）第 11 列"可结转以后年度弥补的亏损额"

① 第 2 行至第 6 行：填报本年度前 4 个年度尚未弥补完的亏损额，以及本年度的亏损额。若纳税人有境外所得且选择用境外所得弥补以前年度境内亏损，填报用境外所得弥补本年度前 4 个年度

境内亏损后尚未弥补完的亏损额。

② 第 7 行：填报第 11 列第 2 行至第 6 行的合计金额。

2. 表内、表间关系

（1）表内关系。

① 若第 2 列＜0，第 4 列=第 2+3 列，否则第 4 列=第 3 列。

② 若第 3 列＞0 且第 2 列＜0，第 3 列＜第 2 列的绝对值。

③ 第 9 列=第 5 行+第 6 行+第 7 行+第 8 列。

④ 若第 2 列第 6 行＞0，第 10 列第 1 行至第 5 行同一行次≤第 4 列第 1 行至第 5 行同一行次的绝对值-第 9 列第 1 行至第 5 行同一行次；若第 2 列第 6 行≤0，第 10 列第 1 行至第 5 行=0。

⑤ 若第 2 列第 6 行＞0，第 10 列第 6 行=第 10 列第 1 行+第 2 行+第 3 行+第 4 行+第 5 行且≤第 2 列第 6 行；若第 2 列第 6 行≤0，第 10 列第 6 行=0。

⑥ 第 4 列为负数的行次，第 11 列同一行次=第 4 列该行的绝对值-第 9 列该行-第 10 列该行（若纳税人选择用境外所得弥补以前年度境内亏损，不适用上述规则）；否则，第 11 列同一行次=0。

⑦ 第 11 列第 7 行=第 11 列第 2 行+第 3 行+第 4 行+第 5 行+第 6 行。

（2）表间关系。

① 第 6 行第 2 列=表 A100000 第 19 行-第 20 行。

② 第 6 行第 10 列=表 A100000 第 21 行。

### （十三）免税、减计收入及加计扣除优惠明细表及其填报说明

免税、减计收入及加计扣除优惠明细表如表 6-21 所示。

表 6-21　　　　　　A107010　　免税、减计收入及加计扣除优惠明细表

| 行次 | 项目 | 金额 |
|---|---|---|
| 1 | 一、免税收入（2+3+6+7+…+16） | 0.00 |
| 2 | （一）国债利息收入免征企业所得税 | 0.00 |
| 3 | （二）符合条件的居民企业之间的股息、红利等权益性投资收益免征企业所得税（填写 A107011） | 0.00 |
| 4 | 其中：内地居民企业通过沪港通投资且连续持有 H 股满 12 个月取得的股息红利所得免征企业所得税（填写 A107011） | 0.00 |
| 5 | 内地居民企业通过深港通投资且连续持有 H 股满 12 个月取得的股息红利所得免征企业所得税（填写 A107011） | 0.00 |
| 6 | （三）符合条件的非营利组织的收入免征企业所得税 | 0.00 |
| 7 | （四）符合条件的非营利组织（科技企业孵化器）的收入免征企业所得税 | 0.00 |
| 8 | （五）符合条件的非营利组织（国家大学科技园）的收入免征企业所得税 | 0.00 |
| 9 | （六）中国清洁发展机制基金取得的收入免征企业所得税 | 0.00 |
| 10 | （七）投资者从证券投资基金分配中取得的收入免征企业所得税 | 0.00 |
| 11 | （八）取得的地方政府债券利息收入免征企业所得税 | 0.00 |
| 12 | （九）中国保险保障基金有限责任公司取得的保险保障基金等收入免征企业所得税 | 0.00 |
| 13 | （十）中央电视台的广告费和有线电视费收入免征企业所得税 | 0.00 |
| 14 | （十一）中国奥委会取得北京冬奥组委支付的收入免征企业所得税 | 0.00 |
| 15 | （十二）中国残奥委会取得北京冬奥组委分期支付的收入免征企业所得税 | 0.00 |
| 16 | （十三）其他 | 0.00 |
| 17 | 二、减计收入（18+19+23+24） | 0.00 |
| 18 | （一）综合利用资源生产产品取得的收入在计算应纳税所得额时减计收入 | 0.00 |
| 19 | （二）金融、保险等机构取得的涉农利息、保费减计收入（20+21+22） | 0.00 |

续表

| 行次 | 项目 | 金额 |
|---|---|---|
| 20 | 1. 金融机构取得的涉农贷款利息收入在计算应纳税所得额时减计收入 | 0.00 |
| 21 | 2. 保险机构取得的涉农保费收入在计算应纳税所得额时减计收入 | 0.00 |
| 22 | 3. 小额贷款公司取得的农户小额贷款利息收入在计算应纳税所得额时减计收入 | 0.00 |
| 23 | （三）取得铁路债券利息收入减半征收企业所得税 | 0.00 |
| 24 | （四）其他 | 0.00 |
| 25 | 三、加计扣除（26+27+28+29+30） | 4 088 137.01 |
| 26 | （一）开发新技术、新产品、新工艺发生的研究开发费用加计扣除（填写 A107012） | 0.00 |
| 27 | （二）科技型中小企业开发新技术、新产品、新工艺发生的研究开发费用加计扣除（填写 A107012） | 4 088 137.01 |
| 28 | （三）企业为获得创新性、创意性、突破性的产品进行创意设计活动而发生的相关费用加计扣除 | 0.00 |
| 29 | （四）安置残疾人员所支付的工资加计扣除 | 0.00 |
| 30 | （五）其他 | 0.00 |
| 31 | 合计（1+17+25） | 4 088 137.01 |

免税、减计收入及加计扣除优惠明细表填报说明如下。

本表适用于享受免税收入、减计收入和加计扣除优惠的纳税人填报。纳税人根据税法及相关税收政策规定，填报本年发生的免税收入、减计收入和加计扣除优惠情况。

1. 有关项目填报说明

（1）第 1 行"一、免税收入"：填报第 2 行+第 3 行+第 6 行+第 7 行…+第 16 行的合计金额。

（2）第 2 行"（一）国债利息收入免征企业所得税"：填报纳税人根据《国家税务总局关于企业国债投资业务企业所得税处理问题的公告》（国家税务总局公告 2011 年第 36 号）等相关税收政策规定的，持有国务院财政部门发行的国债取得的利息收入。

（3）第 3 行"（二）符合条件的居民企业之间的股息、红利等权益性投资收益免征企业所得税"：填报《符合条件的居民企业之间的股息、红利等权益性投资收益明细表》（A107011）第 8 行第 17 列金额。

（4）第 4 行"其中：内地居民企业通过沪港通投资且连续持有 H 股满 12 个月取得的股息红利所得免征企业所得税"：填报根据《财政部 国家税务总局 证监会关于沪港股票市场交易互联互通机制试点有关税收政策的通知》（财税〔2014〕81 号）等相关税收政策规定的，内地居民企业连续持有 H 股满 12 个月取得的股息红利所得。本行=表 A107011 第 9 行第 17 列。

（5）第 5 行"内地居民企业通过深港通投资且连续持有 H 股满 12 个月取得的股息红利所得免征企业所得税"：填报根据《财政部 国家税务总局 证监会关于深港股票市场交易互联互通机制试点有关税收政策的通知》（财税〔2016〕127 号）等相关税收政策规定的，内地居民企业连续持有 H 股满 12 个月取得的股息红利所得。本行=表 A107011 第 10 行第 17 列。

（6）第 6 行"（三）符合条件的非营利组织的收入免征企业所得税"：填报纳税人根据《财政部 国家税务总局关于非营利组织企业所得税免税收入问题的通知》（财税〔2009〕122 号）、《财政部 国家税务总局关于非营利组织免税资格认定管理有关问题的通知》（财税〔2014〕13 号）等相关税收政策规定的，同时符合条件并依法履行登记手续的非营利组织，取得的捐赠收入等免税收入，不包括从事营利性活动所取得的收入。

（7）第 7 行"（四）符合条件的非营利组织（科技企业孵化器）的收入免征企业所得税"：填报根据《中华人民共和国企业所得税法》《中华人民共和国企业所得税法实施条例》《财政部 国家税务总局关于非营利组织企业所得税免税收入问题的通知》（财税〔2009〕122 号）、《财政部 国家税务总局关于非营利组织免税资格认定管理有关问题的通知》（财税〔2014〕13 号）及《财政部 国家税务总局关于科技企业孵化器税收政策的通知》（财税〔2016〕89 号）等相关税收政策规定的，符合非营利组织条件的科技企业孵化器的收入。

（8）第 8 行"（五）符合条件的非营利组织（国家大学科技园）的收入免征企业所得税"：填报根据《中华人民共和国企业所得税法》《中华人民共和国企业所得税法实施条例》《财政部 国家税务总局关于非营利组织企业所得税免税收入问题的通知》（财税〔2009〕122 号）、《财政部 国家税务总局关于非营利组织免税资格认定管理有关问题的通知》（财税〔2014〕13 号）及《财政部 国家税务总局关于国家大学科技园税收政策的通知》（财税〔2016〕98 号）等相关税收政策规定的，符合非营利组织条件的科技园的收入。

（9）第 9 行"（六）中国清洁发展机制基金取得的收入免征企业所得税"：填报纳税人根据《财政部 国家税务总局关于中国清洁发展机制基金及清洁发展机制项目实施企业有关企业所得税政策问题的通知》（财税〔2009〕30 号）等相关税收政策规定的，中国清洁发展机制基金取得的 CDM 项目温室气体减排量转让收入上缴国家的部分，国际金融组织赠款收入，基金资金的存款利息收入、购买国债的利息收入，国内外机构、组织和个人的捐赠收入。

（10）第 10 行"（七）投资者从证券投资基金分配中取得的收入免征企业所得税"：填报纳税人根据《财政部 国家税务总局关于企业所得税若干优惠政策的通知》（财税〔2008〕1 号）第二条第（二）项等相关税收政策规定的，投资者从证券投资基金分配中取得的收入。

（11）第 11 行"（八）取得的地方政府债券利息收入免征企业所得税"：填报纳税人根据《财政部 国家税务总局关于地方政府债券利息所得免征所得税问题的通知》（财税〔2011〕76 号）、《财政部 国家税务总局关于地方政府债券利息免征所得税问题的通知》（财税〔2013〕5 号）等相关税收政策规定的，取得的 2009 年、2010 年和 2011 年发行的地方政府债券利息所得，2012 年及以后年度发行的地方政府债券利息收入。

（12）第 12 行"（九）中国保险保障基金有限责任公司取得的保险保障基金等收入免征企业所得税"：填报中国保险保障基金有限责任公司根据《财政部 国家税务总局关于保险保障基金有关税收政策问题的通知》（财税〔2016〕10 号）等相关税收政策规定的，根据《保险保障基金管理办法》取得的境内保险公司依法缴纳的保险保障基金；依法从撤销或破产保险公司清算财产中获得的受偿收入和向有关责任方追偿所得，以及依法从保险公司风险处置中获得的财产转让所得；捐赠所得；银行存款利息收入；购买政府债券、中央银行、中央企业和中央级金融机构发行债券的利息收入；国务院批准的其他资金运用取得的收入。

（13）第 13 行"（十）中央电视台的广告费和有线电视费收入免征企业所得税"：填报按照《财政部 国家税务总局关于中央电视台广告费和有线电视费收入企业所得税政策问题的通知》（财税〔2016〕80 号）等相关税收政策规定的，中央电视台的广告费和有线电视费收入。

（14）第 14 行"（十一）中国奥委会取得北京冬奥组委支付的收入免征企业所得税"：填报按照《财政部 税务总局 海关总署关于北京 2022 年冬奥会和冬残奥会税收政策的通知》（财税〔2017〕60 号）等相关税收政策规定的，对按中国奥委会、主办城市签订的《联合市场开发计划协议》和中国奥委会、主办城市、国际奥委会签订的《主办城市合同》规定，中国奥委会取得的由北京冬奥组委分期支付的收入、按比例支付的盈余分成收入。

（15）第 15 行"（十二）中国残奥委会取得北京冬奥组委分期支付的收入免征企业所得税"：填报按照《财政部 税务总局 海关总署关于北京 2022 年冬奥会和冬残奥会税收政策的通知》（财税

〔2017〕60 号）等相关税收政策规定的，中国残奥委会根据《联合市场开发计划协议》取得的由北京冬奥组委分期支付的收入。

（16）第 16 行"（十三）其他"：填报纳税人享受的其他减免税项目名称、减免税代码及免税收入金额。

（17）第 17 行"二、减计收入"：填报第 18 行+第 19 行+第 23 行+第 24 行的合计金额。

（18）第 18 行"（一）综合利用资源生产产品取得的收入在计算应纳税所得额时减计收入"：填报纳税人综合利用资源生产产品取得的收入总额乘以 10%的金额。

（19）第 19 行"（二）金融、保险等机构取得的涉农利息、保费减计收入"：填报金融、保险等机构取得的涉农利息、保费收入减计收入的金额。本行填报第 20 行+第 21 行+第 22 行的合计金额。

（20）第 20 行"1.金融机构取得的涉农贷款利息收入在计算应纳税所得额时减计收入"：填报纳税人取得农户小额贷款利息收入总额乘以 10%的金额。

（21）第 21 行"2.保险机构取得的涉农保费收入在计算应纳税所得额时减计收入"：填报保险公司为种植业、养殖业提供保险业务取得的保费收入总额乘以 10%的金额。其中保费收入总额=原保费收入+分包费收入-分出保费收入。

（22）第 22 行"3.小额贷款公司取得的农户小额贷款利息收入在计算应纳税所得额时减计收入"：填报按照《财政部 国家税务总局关于小额贷款公司有关税收政策的通知》（财税〔2017〕48 号）等相关税收政策规定的，对经省级金融管理部门（金融办、局等）批准成立的小额贷款公司取得的农户小额贷款利息收入乘以 10%的金额。

（23）第 23 行"（三）取得铁路债券利息收入减半征收企业所得税"：填报纳税人根据《财政部 国家税务总局关于铁路建设债券利息收入企业所得税政策的通知》（财税〔2011〕99 号）、《财政部 国家税务总局关于 2014 2015 年铁路建设债券利息收入企业所得税政策的通知》（财税〔2014〕2 号）及《财政部 国家税务总局关于铁路债券利息收入所得税政策问题的通知》（财税〔2016〕30 号）等相关税收政策规定的，对企业持有中国铁路建设铁路债券等企业债券取得的利息收入，减半征收企业所得税。本行填报政策规定减计 50%收入的金额。

（24）第 24 行"（四）其他"：填报纳税人享受的其他减免税项目名称、减免税代码及减计收入金额。

（25）第 25 行"三、加计扣除"：填报第 26 行+第 27 行+第 28 行+第 29 行+第 30 行的合计金额。

（26）第 26 行"（一）开发新技术、新产品、新工艺发生的研究开发费用加计扣除"：当《研发费加计扣除优惠明细表》（A107012）中"□一般企业 □科技型中小企业"选"一般企业"时，填报《研发费用加计扣除优惠明细表》（A107012）第 50 行金额。

（27）第 27 行"（二）科技型中小企业开发新技术、新产品、新工艺发生的研究开发费用加计扣除"：当《研发费加计扣除优惠明细表》（A107012）中"□一般企业 □科技型中小企业"选"科技型中小企业"时，填报《研发费用加计扣除优惠明细表》（A107012）第 50 行金额。

（28）第 28 行"（三）企业为获得创新性、创意性、突破性的产品进行创意设计活动而发生的相关费用加计扣除"：填报纳税人根据《财政部 国家税务总局 科技部关于完善研究开发费用税前加计扣除政策的通知》（财税〔2015〕119 号）第二条第四项规定，为获得创新性、创意性、突破性的产品进行创意设计活动而发生的相关费用按照规定进行税前加计扣除的金额。

（29）第 29 行"（四）安置残疾人员所支付的工资加计扣除"：填报纳税人根据《财政部 国家税务总局关于安置残疾人员就业有关企业所得税优惠政策问题的通知》（财税〔2009〕70 号）等相关

税收政策规定的，安置残疾人员的，在支付给残疾职工工资据实扣除的基础上，按照支付给残疾职工工资的 100%加计扣除的金额。

（30）第 30 行"（五）其他"：填报纳税人享受的其他加计扣除项目名称、减免税代码及加计扣除的金额。

（31）第 31 行"合计"：填报第 1 行+第 17 行+第 25 行的合计金额。

2．表内、表间关系

（1）表内关系。

① 第 1 行=第 2 行+第 3 行+第 6 行+第 7 行+…+第 16 行。

② 第 17 行=第 18 行+第 19 行+第 23 行+第 24 行。

③ 第 19 行=第 20 行+第 21 行+第 22 行。

④ 第 25 行=第 26 行+第 27 行+第 28 行+第 29 行+第 30 行。

⑤ 第 31 行=第 1 行+第 17 行+第 25 行。

（2）表间关系。

① 第 31 行=表 A100000 第 17 行。

② 第 3 行=表 A107011 第 8 行第 17 列。

③ 第 4 行=表 A107011 第 9 行第 17 列。

④ 第 5 行=表 A107011 第 10 行第 17 列。

⑤ 当《研发费加计扣除优惠明细表》（A107012）中"□一般企业 □科技型中小企业"选"一般企业"时，第 26 行=表 A107012 第 50 行，第 27 行不得填报。

⑥ 当《研发费加计扣除优惠明细表》（A107012）中"□一般企业 □科技型中小企业"选"科技型中小企业"时，第 27 行=表 A107012 第 50 行，第 26 行不得填报。

（十四）研发费用加计扣除优惠明细表及其填报说明

研发费用加计扣除优惠明细表如表 6-22 所示。

表 6-22  A107012  研发费用加计扣除优惠明细表

| | 基本信息 | | |
|---|---|---|---|
| 1 | □一般企业　　□科技型中小企业 | 科技型中小企业登记编号 | |
| 2 | 本年可享受研发费用加计扣除项目数量 | | |
| | 研发活动费用明细 | | |
| 3 | 一、自主研发、合作研发、集中研发（4+8+17+20+24+35） | | 5 450 849.34 |
| 4 | （一）人员人工费用（5+6+7） | | 1 168 297.62 |
| 5 | 　　1．直接从事研发活动人员工资薪金 | | 912 533.85 |
| 6 | 　　2．直接从事研发活动人员五险一金 | | 255 763.77 |
| 7 | 　　3．外聘研发人员的劳务费用 | | 0.00 |
| 8 | （二）直接投入费用（9+10+…+16） | | 3 958 108.06 |
| 9 | 　　1．研发活动直接消耗材料 | | 3 958 108.06 |
| 10 | 　　2．研发活动直接消耗燃料 | | 0.00 |
| 11 | 　　3．研发活动直接消耗动力费用 | | 0.00 |
| 12 | 　　4．用于中间试验和产品试制的模具、工艺装备开发及制造费 | | 0.00 |
| 13 | 　　5．用于不构成固定资产的样品、样机及一般测试手段购置费 | | 0.00 |
| 14 | 　　6．用于试制产品的检验费 | | 0.00 |
| 15 | 　　7．用于研发活动的仪器、设备的运行维护、调整、检验、维修等费用 | | 0.00 |

续表

| | 研发活动费用明细 | |
|---|---|---|
| 16 | 8. 通过经营租赁方式租入的用于研发活动的仪器、设备租赁费 | 0.00 |
| 17 | （三）折旧费用（18+19） | 174 208.33 |
| 18 | 1. 用于研发活动的仪器的折旧费 | 0.00 |
| 19 | 2. 用于研发活动的设备的折旧费 | 174 208.33 |
| 20 | （四）无形资产摊销（21+22+23） | 0.00 |
| 21 | 1. 用于研发活动的软件的摊销费用 | 0.00 |
| 22 | 2. 用于研发活动的专利权的摊销费用 | 0.00 |
| 23 | 3. 用于研发活动的非专利技术（包括许可证、专有技术、设计和计算方法等）的摊销费用 | 0.00 |
| 24 | （五）新产品设计费等（25+26+27+28） | 0.00 |
| 25 | 1. 新产品设计费 | 0.00 |
| 26 | 2. 新工艺规程制定费 | 0.00 |
| 27 | 3. 新药研制的临床试验费 | 0.00 |
| 28 | 4. 勘探开发技术的现场试验费 | 0.00 |
| 29 | （六）其他相关费用（30+31+32+33+34） | 150 235.33 |
| 30 | 1. 技术图书资料费、资料翻译费、专家咨询费、高新科技研发保险费 | 126 484.38 |
| 31 | 2. 研发成果的检索、分析、评议、论证、鉴定、评审、评估、验收费用 | 0.00 |
| 32 | 3. 知识产权的申请费、注册费、代理费 | 0.00 |
| 33 | 4. 职工福利费、补充养老保险费、补充医疗保险费 | 0.00 |
| 34 | 5. 差旅费、会议费 | 23 750.95 |
| 35 | （七）经限额调整后的其他相关费用 | 150 235.33 |
| 36 | 二、委托研发[（37-38）×80%] | 0.00 |
| 37 | 委托外部机构或个人进行研发活动所发生的费用 | 0.00 |
| 38 | 其中：委托境外进行研发活动所发生的费用 | 0.00 |
| 39 | 三、年度研发费用小计（3+36） | 5 450 849.34 |
| 40 | （一）本年费用化金额 | 5 450 849.34 |
| 41 | （二）本年资本化金额 | 0.00 |
| 42 | 四、本年形成无形资产摊销额 | 0.00 |
| 43 | 五、以前年度形成无形资产本年摊销额 | 0.00 |
| 44 | 六、允许扣除的研发费用合计（40+42+43） | 5 450 849.34 |
| 45 | 减：特殊收入部分 | 0.00 |
| 46 | 七、允许扣除的研发费用抵减特殊收入后的金额（44-45） | 5 450 849.34 |
| 47 | 减：当年销售研发活动直接形成产品（包括组成部分）对应的材料部分 | 0.00 |
| 48 | 减：以前年度销售研发活动直接形成产品（包括组成部分）对应材料部分结转金额 | 0.00 |
| 49 | 八、加计扣除比例 | 0.75 |
| 50 | 九、本年研发费用加计扣除总额（46-47-48）×49 | 4 088 137.01 |
| 51 | 十、销售研发活动直接形成产品（包括组成部分）对应材料部分结转以后年度扣减金额（当46-47-48≥0，本行=0；当46-47-48<0，本行=46-47-48的绝对值） | 0.00 |

研发费用加计扣除优惠明细表填报说明如下。

本表适用于享受研发费用加计扣除优惠（含结转）的纳税人填报。纳税人根据税法、《财政部 国家税务总局 科技部关于完善研究开发费用税前加计扣除政策的通知》（财税〔2015〕119号）、《国家税务总局关于企业研究开发费用税前加计扣除政策有关问题的公告》（国家税务总局公告2015年第97号）、《财政部 税务总局 科技部关于提高科技型中小企业研究开发费用税前加计扣除比例的通知》（财税〔2017〕34号）、《科技部 财政部 国家税务总局关于印发〈科技型中小企业评价办法〉

的通知》(国科发政〔2017〕115 号)、《国家税务总局关于提高科技型中小企业研究开发费用税前加计扣除比例有关问题的公告》(国家税务总局公告 2017 年第 18 号)、《国家税务总局关于研发费用税前加计扣除归集范围有关问题的公告》(国家税务总局公告 2017 年第 40 号)等相关税收政策规定,填报本年发生的研发费用加计扣除优惠情况及以前年度结转情况。

1. 有关项目填报说明

(1)第 1 行"□一般企业 □科技型中小企业":纳税人按照《科技部 财政部 国家税务总局关于印发〈科技型中小企业评价办法〉的通知》(国科发政〔2017〕115 号)的相关规定,取得相应年度科技型中小企业登记编号的,选择"科技型中小企业",并填写"科技型中小企业登记编号",否则选择"一般企业"。

(2)第 2 行"本年可享受研发费用加计扣除项目数量":填报纳税人本年研发项目中可享受研发费用加计扣除优惠政策的项目数量。

(3)第 3 行"一、自主研发、合作研发、集中研发":填报第 4 行+第 8 行+第 17 行+第 20 行+第 24 行+第 35 行的合计金额。

(4)第 4 行"(一)人员人工费用":填报第 5 行+第 6 行+第 7 行的合计金额。

直接从事研发活动的人员、外聘研发人员同时从事非研发活动的,填报按实际工时占比等合理方法分配的用于研发活动的相关费用。

(5)第 5 行"1.直接从事研发活动人员工资薪金":填报纳税人直接从事研发活动人员包括研究人员、技术人员、辅助人员发生的工资、薪金、奖金、津贴、补贴以及按规定可以在税前扣除的对研发人员股权激励的支出。

(6)第 6 行"2.直接从事研发活动人员五险一金":填报纳税人直接从事研发活动人员包括研究人员、技术人员、辅助人员发生的基本养老保险费、基本医疗保险费、失业保险费、工伤保险费、生育保险费和住房公积金。

(7)第 7 行"3.外聘研发人员的劳务费用":填报纳税人外聘研发人员发生的劳务费用或纳税人与劳务派遣企业签订研发人员劳务用工协议(合同)发生的劳务费用,以及临时聘用研发人员发生的劳务费用。

(8)第 8 行"(二)直接投入费用":填报第 9 行+第 10 行+…+第 16 行的合计金额。

(9)第 9 行"1.研发活动直接消耗材料":填报纳税人研发活动直接消耗材料。

(10)第 10 行"2.研发活动直接消耗燃料":填报纳税人研发活动直接消耗燃料。

(11)第 11 行"3.研发活动直接消耗动力费用":填报纳税人研发活动直接消耗的动力费用。

(12)第 12 行"4.用于中间试验和产品试制的模具、工艺装备开发及制造费":填报纳税人研发活动中用于中间试验和产品试制的模具、工艺装备开发及制造费。

(13)第 13 行"5.用于不构成固定资产的样品、样机及一般测试手段购置费":填报纳税人研发活动中用于不构成固定资产的样品、样机及一般测试手段购置费。

(14)第 14 行"6.用于试制产品的检验费":填报纳税人研发活动中用于试制产品的检验费。

(15)第 15 行"7.用于研发活动的仪器、设备的运行维护、调整、检验、维修等费用":填报纳税人用于研发活动的仪器、设备的运行维护、调整、检验、维修等费用。

(16)第 16 行"8.通过经营租赁方式租入的用于研发活动的仪器、设备租赁费":填报纳税人经营租赁方式租入的用于研发活动的仪器、设备租赁费。以经营租赁方式租入的用于研发活动的仪器、设备,同时用于非研发活动的,填报按实际工时占比等合理方法分配的用于研发活动的相关费用。

（17）第 17 行"（三）折旧费用"：填报第 18 行+第 19 行的合计金额。

用于研发活动的仪器、设备，同时用于非研发活动的，填报按实际工时占比等合理方法分配的用于研发活动的相关费用。

纳税人用于研发活动的仪器、设备，符合税收规定且选择加速折旧优惠政策的，在享受研发费用税前加计扣除政策时，就税前扣除的折旧部分填报。

（18）第 18 行"1.用于研发活动的仪器的折旧费"：填报纳税人用于研发活动的仪器的折旧费。

（19）第 19 行"2.用于研发活动的设备的折旧费"：填报纳税人用于研发活动的设备的折旧费。

（20）第 20 行"（四）无形资产摊销"：填报第 21 行+第 22 行+第 23 行的合计金额。

用于研发活动的无形资产，同时用于非研发活动的，填报按实际工时占比等合理方法在研发费用和生产经营费用间分配的用于研发活动的相关费用。

纳税人用于研发活动的无形资产，符合税收规定且选择加速摊销优惠政策的，在享受研发费用税前加计扣除政策时，就税前扣除的摊销部分填报。

（21）第 21 行"1.用于研发活动的软件的摊销费用"：填报纳税人用于研发活动的软件的摊销费用。

（22）第 22 行"2.用于研发活动的专利权的摊销费用"：填报纳税人用于研发活动的专利权的摊销费用。

（23）第 23 行"3.用于研发活动的非专利技术（包括许可证、专有技术、设计和计算方法等）的摊销费用"：填报纳税人用于研发活动的非专利技术（包括许可证、专有技术、设计和计算方法等）的摊销费用。

（24）第 24 行"（五）新产品设计费等"：填报第 25 行+第 26 行+第 27 行+第 28 行的合计金额。新产品设计费、新工艺规程制定费、新药研制的临床试验费、勘探开发技术的现场试验费等。由辅助生产部门提供的，期末按照一定的分配标准分配给研发项目的金额填报。

（25）第 25 行"1.新产品设计费"：填报纳税人研发活动中发生的新产品设计费。

（26）第 26 行"2.新工艺规程制定费"：填报纳税人研发活动中发生的新工艺规程制定费。

（27）第 27 行"3.新药研制的临床试验费"：填报纳税人研发活动中发生的新药研制的临床试验费。

（28）第 28 行"4.勘探开发技术的现场试验费"：填报纳税人研发活动中发生的勘探开发技术的现场试验费。

（29）第 29 行"（六）其他相关费用"：填报第 30 行+第 31 行+第 32 行+第 33 行+第 34 行的合计金额。

（30）第 30 行"1.技术图书资料费、资料翻译费、专家咨询费、高新科技研发保险费"：填报纳税人研发活动中发生的技术图书资料费、资料翻译费、专家咨询费、高新科技研发保险费。

（31）第 31 行"2.研发成果的检索、分析、评议、论证、鉴定、评审、评估、验收费用"：填报纳税人研发活动中发生的对研发成果的检索、分析、评议、论证、鉴定、评审、评估、验收费用。

（32）第 32 行"3.知识产权的申请费、注册费、代理费"：填报纳税人研发活动中发生的知识产权的申请费、注册费、代理费。

（33）第 33 行"4.职工福利费、补充养老保险费、补充医疗保险费"：填报纳税人研发活动人员发生的职工福利费、补充养老保险费、补充医疗保险费。

（34）第 34 行"5.差旅费、会议费"：填报纳税人研发活动发生的差旅费、会议费。

（35）第 35 行"（七）经限额调整后的其他相关费用"：根据研发活动分析汇总填报。

（36）第 36 行"二、委托研发"：填报（第 37 行-第 38 行）×80%的金额。

（37）第 37 行"委托外部机构或个人进行研发活动所发生的费用"：填报纳税人研发项目委托外部机构或个人所发生的费用。

（38）第 38 行"其中：委托境外进行研发活动所发生的费用"：填报纳税人研发项目委托境外进行研发活动所发生的费用。

（39）第 39 行"三、年度可加计扣除的研发费用小计"：填报第 3 行+第 36 行的合计金额。

（40）第 40 行"（一）本年费用化金额"：填报按第 39 行归集的本年费用化部分金额。

（41）第 41 行"（二）本年资本化金额"：填报纳税人研发活动本年结转无形资产的金额。

（42）第 42 行"四、本年形成无形资产摊销额"：填报纳税人研发活动本年形成无形资产的摊销额。

（43）第 43 行"五、以前年度形成无形资产本年摊销额"：填报纳税人研发活动以前年度形成无形资产本年摊销额。

（44）第 44 行"六、允许扣除的研发费用合计"：填报第 40 行+第 42 行+第 43 行的合计金额。

（45）第 45 行"减：特殊收入部分"：填报纳税人已归集计入研发费用，但在当期取得的研发过程中形成的下脚料、残次品、中间试制品等特殊收入。

（46）第 46 行"七、允许扣除的研发费用抵减特殊收入后的金额"：填报第 44 行-第 45 行的余额。

（47）第 47 行"减：当年销售研发活动直接形成产品（包括组成部分）对应的材料部分"：填报纳税人当年销售研发活动直接形成产品（包括组成部分）对应的材料部分。

（48）第 48 行"以前年度销售研发活动直接形成产品（包括组成部分）对应材料部分结转金额"：填报纳税人以前年度销售研发活动直接形成产品（包括组成部分）对应材料部分结转金额。

（49）第 49 行"八、加计扣除比例"：纳税人为科技型中小企业的填报 75%，其他企业填报 50%。

（50）第 50 行"九、本年研发费用加计扣除总额"：填报（第 46 行-第 47 行-第 48 行）×第 49 行的金额，当第 46 行-第 47 行-第 48 行<0 时，本行=0。

（51）第 51 行"十、销售研发活动直接形成产品（包括组成部分）对应材料部分结转以后年度扣减金额"：若第 46 行-第 47 行-第 48 行≥0，本行=0；若第 46 行-第 47 行-第 48 行<0，本行=第 46 行-第 47 行-第 48 行的绝对值。

2. 表内、表间关系

（1）表内关系。

① 第 3 行=第 4 行+第 8 行+第 17 行+第 20 行+第 24 行+第 35 行。

② 第 4 行=第 5 行+第 6 行+第 7 行。

③ 第 8 行=第 9 行+第 10 行+…+第 16 行。

④ 第 17 行=第 18 行+第 19 行。

⑤ 第 20 行=第 21 行+第 22 行+第 23 行。

⑥ 第 24 行=第 25 行+第 26 行+第 27 行+第 28 行。

⑦ 第 29 行=第 30 行+第 31 行+第 32 行+第 33 行+第 34 行。

⑧ 第 36 行=（第 37 行-第 38 行）×80%。

⑨ 第 39 行=第 3 行+第 36 行

⑩ 第 44 行=第 40 行+第 42 行+第 43 行。

⑪ 第 46 行=第 44 行-第 45 行。

⑫ 第 50 行=（第 46 行-第 47 行-第 48 行）×49 行，当第 46 行-第 47 行-第 48 行＜0 时，本行=0。

⑬ 若第 46 行-第 47 行-第 48 行≥0，第 51 行=0；若第 46 行-第 47 行-第 48 行＜0，第 51 行=第 46 行-第 47 行-第 48 行的绝对值。

（2）表间关系。

① 当"□一般企业 □科技型中小企业"选"一般企业"时，第 50 行=表 A107010 第 26 行。

② 当"□一般企业 □科技型中小企业"为"科技型中小企业"时，第 50 行=表 A107010 第 27 行。

### （十五）高新技术企业优惠情况及明细表及其填报说明

高新技术企业优惠情况及明细表如表 6-23 所示。

表 6-23　　　　　A107041　高新技术企业优惠情况及明细表

| | | | 基本信息 | | | | |
|---|---|---|---|---|---|---|---|
| 1 | 高新技术企业证书编号 | | | 高新技术企业证书取得时间 | | | |
| 2 | 对企业主要产品（服务）发挥核心支持作用的技术所属范围 | 国家重点支持的高新技术领域 | | | | | |
| | | 一级领域 | | 二级领域 | | 三级领域 | |
| 3 | | | 关键指标情况 | | | | |
| 4 | 收入指标 | 一、本年高新技术产品（服务）收入（5+6） | | | | | 84 001 257.86 |
| 5 | | 其中：产品（服务）收入 | | | | | 84 001 257.86 |
| 6 | | 技术性收入 | | | | | 0.00 |
| 7 | | 二、本年企业总收入（8-9） | | | | | 124 903 836.87 |
| 8 | | 其中：收入总额 | | | | | 124 903 836.87 |
| 9 | | 不征税收入 | | | | | 0.00 |
| 10 | | 三、本年高新技术产品（服务）收入占企业总收入的比例（4÷7） | | | | | 67.25% |
| 11 | 人员指标 | 四、本年科技人员数 | | | | | 17.0 |
| 12 | | 五、本年职工总数 | | | | | 114.0 |
| 13 | | 六、本年科技人员占企业当年职工总数的比例（11÷12） | | | | | |
| 14 | 研发费用指标 | 高新研发费用归集年度 | 本年度 1 | 前一年度 2 | 前二年度 3 | 合计 4 | |
| 15 | | 七、归集的高新研发费用金额（16+25） | 5 450 849.34 | 5 107 224.85 | 4 655 007.23 | 15 213 081.42 | |
| 16 | | （一）内部研究开发投入（17+…+22+24） | 5 450 849.34 | 5 107 224.85 | 4 655 007.23 | 15 213 081.42 | |
| 17 | | 1. 人员人工费用 | 1 168 297.62 | 745 543.70 | 1 500 000.00 | 3 413 841.32 | |
| 18 | | 2. 直接投入费用 | 3 958 108.06 | 3 189 634.15 | 2 048 707.23 | 9 196 449.44 | |
| 19 | | 3. 折旧费用与长期待摊费用 | 174 208.33 | 690 100.00 | 780 000.00 | 1 644 308.33 | |
| 20 | | 4. 无形资产摊销费用 | 0.00 | 0.00 | 0.00 | 0.00 | |
| 21 | | 5. 设计费用 | 0.00 | 0.00 | 0.00 | 0.00 | |
| 22 | | 6. 装备调试费用与实验费用 | 0.00 | 0.00 | 0.00 | 0.00 | |
| 23 | | 7. 其他费用 | 150 235.33 | 481 947.00 | 326 300.00 | 958 482.33 | |
| 24 | | 其中：可计入研发费用的其他费用 | 150 235.33 | 481 947.00 | 326 300.00 | 958 482.33 | |
| 25 | | （二）委托外部研发费用[（26+28）×80%] | 0.00 | 0.00 | 0.00 | 0.00 | |
| 26 | | 1. 境内的外部研发费 | 0.00 | 0.00 | 0.00 | 0.00 | |
| 27 | | 2. 境外的外部研发费 | 0.00 | 0.00 | 0.00 | 0.00 | |
| 28 | | 其中：可计入研发费用的境外的外部研发费 | 0.00 | 0.00 | 0.00 | 0.00 | |
| 29 | | 八、销售（营业）收入 | 122 864 250.53 | 100 963 711.49 | 101 487 014.47 | 325 314 976.49 | |
| 30 | | 九、三年研发费用占销售（营业）收入的比例（15 行 4 列÷29 行 4 列） | | | | | |
| 31 | 减免税额 | 十、国家需要重点扶持的高新技术企业减征企业所得税 | | | | | |
| 32 | | 十一、经济特区和上海浦东新区新设立的高新技术企业定期减免税额 | | | | | |

高新技术企业优惠情况及明细表填报说明如下。

高新技术企业资格的纳税人均需填报本表。纳税人根据税法、《科技部 财政部 国家税务总局关于修订印发〈高新技术企业认定管理办法〉的通知》（国科发火〔2016〕32号）、《科学技术部 财政部 国家税务总局关于修订印发〈高新技术企业认定管理工作指引〉的通知》（国科发火〔2016〕195号）、《国家税务总局关于实施高新技术企业所得税优惠政策有关问题的公告》（国家税务总局公告2017年第24号）等相关税收政策规定，填报本年发生的高新技术企业优惠情况。

1. 有关项目填报说明

（1）第1行"《高新技术企业证书》编号"：填报纳税人高新技术企业证书上的编号；"《高新技术企业证书》取得时间"：填报纳税人高新技术企业证书上的取得时间。

（2）第2行"对企业主要产品（服务）发挥核心支持作用的技术所属范围"：填报对企业主要产品（服务）发挥核心支持作用的技术属于《国家重点支持的高新技术领域》规定的具体范围，填报至三级明细领域，如"一、电子信息技术（一）软件1.系统软件"。

（3）第4行"一、本年高新技术产品（服务）收入"：填报第5行+第6行的合计金额。

（4）第5行"其中：产品（服务）收入"：填报纳税人本年发挥核心支持作用的技术属于《国家重点支持的高新技术领域》规定范围的产品（服务）收入。

（5）第6行"技术性收入"：包括技术转让收入、技术服务收入和接受委托研究开发收入。

（6）第7行"二、本年企业总收入"：填报第8行-第9行的余额。

（7）第8行"（一）收入总额"：填报纳税人本年以货币形式和非货币形式从各种来源取得的收入，为收入总额。包括：销售货物收入，提供劳务收入，转让财产收入，股息、红利等权益性投资收益，利息收入，租金收入，特许权使用费收入，接受捐赠收入，其他收入。

（8）第9行"不征税收入"：填报纳税人本年符合相关政策规定的不征税收入。

（9）第10行"三、本年高新技术产品（服务）收入占企业总收入的比例"：填报第4行除以第7行计算后的比例。

（10）第11行"四、本年科技人员数"：填报纳税人直接从事研发和相关技术创新活动，以及专门从事上述活动的管理和提供直接技术服务的，累计实际工作时间在183天以上的人员，包括在职、兼职和临时聘用人员。

（11）第12行"五、本年职工总数"：填报纳税人本年在职、兼职和临时聘用人员。在职人员可以通过企业是否签订了劳动合同或缴纳社会保险费来鉴别。兼职、临时聘用人员全年须在企业累计工作183天以上。

（12）第13行"六、本年科技人员占企业当年职工总数的比例"：填报第11行除以第12行计算后的比例。

（13）第14行"高新研发费用归集年度"：本行设定了三个年度，与计算研发费比例相关的第15行至第29行需填报三年数据，实际经营不满三年的按实际经营时间填报。

（14）第15行"七、本年归集的高新研发费用金额"：填报第16行+第25行的合计金额。

（15）第16行"（一）内部研究开发投入"：填报第17行+第18行+第19行+第20行+第21行+第22行+第24行的合计金额。

（16）第17行"1.人员人工费用"：填报纳税人科技人员的工资薪金、基本养老保险费、基本医疗保险费、失业保险费、工伤保险费、生育保险费和住房公积金，以及外聘科技人员的劳务费用。

（17）第18行"2.直接投入费用"：填报纳税人为实施研究开发活动而实际发生的相关支出。包括：直接消耗的材料、燃料和动力费用；用于中间试验和产品试制的模具、工艺装备开发及制造费，不构成固定资产的样品、样机及一般测试手段购置费，试制产品的检验费；用于研究开发活动的仪器、设备的运行维护、调整、检验、检测、维修等费用，以及通过经营租赁方式租入的用于研发活动的固定资产租赁费。

（18）第19行"3.折旧费用与长期待摊费用"：填报纳税人用于研究开发活动的仪器、设备和在用建筑物的折旧费；研发设施的改建、改装、装修和修理过程中发生的长期待摊费用。

（19）第20行"4.无形资产摊销费用"：填报纳税人用于研究开发活动的软件、知识产权、非专利技术（专有技术、许可证、设计和计算方法等）的摊销费用。

（20）第21行"5.设计费用"：填报纳税人为新产品和新工艺进行构思、开发和制造，进行工序、技术规范、规程制定、操作特性方面的设计等发生的费用，包括为获得创新性、创意性、突破性产品进行的创意设计活动发生的相关费用。

（21）第22行"6.装备调试费与实验费用"：填报纳税人工装准备过程中研究开发活动所发生的费用，包括研制特殊、专用的生产机器，改变生产和质量控制程序，或制定新方法及标准等活动所发生的费用。

（22）第23行"7.其他费用"：填报纳税人与研究开发活动直接相关的其他费用，包括技术图书资料费、资料翻译费、专家咨询费、高新科技研发保险费，研发成果的检索、论证、评审、鉴定、验收费用，知识产权的申请费、注册费、代理费、会议费、差旅费、通讯费等。

（23）第24行"其中：可计入研发费用的其他费用"：填报纳税人为研究开发活动所发生的其他费用中不超过研究开发总费用的20%的金额。该行取第17行至第22行之和×20%÷（1-20%）与第23行的孰小值。

（24）第25行"（二）委托外部研发费用"：填报纳税人委托境内外其他机构或个人进行研究开发活动所发生的费用（研究开发活动成果为委托方企业拥有，且与该企业的主要经营业务紧密相关）。委托外部研发费用的实际发生额应按照独立交易原则确定，按照实际发生额的80%计入委托方研发费用总额。本行填报（第26行+第28行）×80%的金额。

（25）第26行"1.境内的外部研发费用"：填报纳税人委托境内其他机构或个人进行的研究开发活动所支出的费用。本行填报实际发生境内的外部研发费用。

（26）第27行"2.境外的外部研发费用"：填报纳税人委托境外机构或个人完成的研究开发活动所发生的费用。受托研发的境外机构是指依照外国（地区）法律成立的企业和其他取得收入的组织；受托研发的境外个人是指外籍个人。本行填报实际发生境外的外部研发费用。

（27）第28行"其中：可计入研发费用的境外的外部研发费用"：根据《高新技术企业认定管理办法》等规定，纳税人在中国境内发生的研发费用总额占全部研发费用总额的比例不低于60%，即境外发生的研发费用总额占全部研发费用总额的比例不超过40%。本行填报（第17行+第18行+…+第22行+第23行+第26行）×40%÷（1-40%）与第27行的孰小值。

（28）第29行"八、销售（营业）收入"：填报纳税人主营业务收入与其他业务收入之和。

（29）第30行"九、三年研发费用占销售（营业）收入的比例"：填报第15行4列÷第29行4列计算后的比例。

（30）第31行"十、国家需要重点扶持的高新技术企业减征企业所得税"：本行填报经济特区和上海浦东新区外的高新技术企业或虽在经济特区和上海浦东新区新设的高新技术企业但取得区外所得的减免税金额。

（31）第32行"十一、经济特区和上海浦东新区新设立的高新技术企业定期减免"：本行填报在经济特区和上海浦东新区新设的高新技术企业区内所得减免税金额。

2．表内、表间关系

（1）表内关系。

① 第4行=第5行+第6行。

② 第7行=第8行-第9行。

③ 第10行=第4行÷第7行。

④ 第13行=第11行÷第12行。

⑤ 第15行=第16行+第25行。

⑥ 第16行=第17行+第18行+第19行+第20行+第21行+第22行+第24行。

⑦ 第25行=（第26行+第28行）×80%。

⑧ 第30行=第15行第4列÷第29行第4列。

（2）表间关系。

① 第31行=表A107040第2行。

② 第32行=表A107040第3行。

# 二、企业所得税年度纳税申报模拟实训

【例6-2】BNS轮胎股份有限公司属于国家重点扶持的高新技术企业，2017年全年有关业务数据资料如下。

（1）全年收入及利得账户记录如表6-24所示。

表6-24 全年收入及利得账户记录

| 账户名称 | 金额（元） | 备注 |
|---|---|---|
| 营业收入 | 122 864 250.53 | 其中：销售商品收入 112 000 970.15 元；销售材料收入 10 863 280.38 元 |
| 营业外收入 | 2 032 460.00 | 政府补助利得 2 032 460.00 元 |

（2）全年成本费用损失账户记录如表6-25所示。

表6-25 全年成本费用损失账户记录

| 账户名称 | 金额（元） | 备注 |
|---|---|---|
| 营业成本 | 84 437 372.19 | 其中：销售商品成本 76 592 317.16 元；销售材料成本 7 845 055.03 元 |
| 税金及附加 | 747 325.15 | |
| 销售费用 | 3 570 400.84 | 具体明细如表6-26所示 |
| 管理费用 | 17 560 589.94 | 具体明细如表6-26所示 |
| 财务费用 | 2 242 821.52 | 其中：佣金和手续费 104 392.91 元；利息支出 2 138 428.61（均符合税前扣除条件） |
| 资产减值损失 | 674 616.27 | 其中：期末应收账款计提坏账准备为 574 616.27 元，其他资产计提减值准备 100 000.00 元 |
| 营业外支出 | 825.62 | 罚没支出 825.62 元 |

（3）管理费用和销售费用明细账如表6-26所示。

表6-26　　　　　　　　　　　　　　　管理费用和销售费用明细账

| 管理费用明细账 | | 销售费用明细账 | |
|---|---|---|---|
| 咨询顾问费 | 5 427 488.66 元 | 广告费和业务宣传费 | 1 204 994.46 元 |
| 业务招待费 | 691 450.55 元 | 办公费 | 18 146.23 元 |
| 资产折旧费 | 545 347.23 元 | 运输、仓储费 | 1 595 587.99 元 |
| 摊销费 | 271 337.85 元 | 包装费 | 235 413.93 元 |
| 办公费 | 1 094 465.75 元 | 职工薪酬 | 515 478.23 元 |
| 差旅费 | 790 662.24 元 | 保险费 | 780.00 元 |
| 保险费 | 203 998.90 元 | | |
| 运输、仓储费 | 1 011 536.51 元 | | |
| 修理费 | 555 577.26 元 | | |
| 研究费用 | 5 450 849.34 元 | | |
| 各项税费 | 71 385.31 元 | | |
| 职工薪酬 | 1 446 490.34 元 | | |
| 合计 | 17 560 589.94 元 | 合计 | 3 570 400.84 元 |

（4）有关账户数据说明如下。

① 全年实际发放工资薪金5 435 697.71元（全部为合理的工资薪金支出）；全前年实际发生福利费1 226 289.29元；全年发生工会经费32 289.29元；全年发生职工基本社会保险费1 138 917.43元（未超过扣除标准，允许全额扣除）。

② 会计账面上固定资产原值（28 121 311.19元，与原始的计税基础一致）：房屋建筑物为12 321 290.80元，机器设备13 545 182.42元，飞机、火车、轮船以外的运输工具1 454 674.36元，电子设备800 163.61元，固定资产无调整的价值。会计账面上年初累计折旧（8 558 987.88元）：房屋建筑物为2 424 996.26元，机器设备为5 254 647.95元，飞机、火车、轮船以外的运输工具480 339.51元，电子设备399 004.16元。

③ 会计账面上无形资产原值（1 897 951.29元，与原始的计税基础一致），长期待摊费用无调整的价值。

④ 会计账面上长期待摊费用原值（1 394 770.07元，与原始的计税基础一致）：土地使用权1 199 998.8元，软件194 771.27元，无形资产无调整的价值。

⑤ 全年发生罚没支出825.62元。

要求：根据以上资料填写企业所得税年度纳税申报表及相关附表（见表6-11～表6-23）。

# 第四节　企业所得税纳税申报实训练习

万福地板生产企业系增值税一般纳税人，该企业主要经营实木地板（包括实木复合地板）的生产和销售，2017年度相关生产经营资料如下。

1. 收入相关资料

（1）产品销售收入 68 000 000 元。

（2）出租包装物收入（含逾期包装物押金）52 000 元。

（3）处置固定资产净收益 75 000 元，出售无形资产收益 200 000 元，接受外单位捐赠的原材料一批，增值税专用发票上注明的价格是 500 000 元，进项税额 85 000 元。

（4）投资国债 500 000 元，取得国债利息收入 25 000 元，投资金融债券 600 000 元，取得利息收入 48 000 元。投资日本某公司 4 500 000 元，占该企业的 25%股权，分回税后利润 200 000 元，日本公司的所得税税率为 20%（税前利润为 250 000 元）。

2．成本、税金、费用类资料

（1）产品销售成本 43 000 000 元，包装物出租成本 36 000 元。

（2）税金及附加 336 000 元，其中，消费税金 10 000 元，应交城建税 228 200 元，应交教育费附加 97 800 元。另应交增值税 3 250 000 元。

（3）管理费用 3 200 000 元，其中，业务招待费 430 000 元，技术开发费用 350 000 元。

（4）销售费用 2 800 000 元，其中广告费支出 1 900 000 元。

（5）财务费用 987 000 元，其中支付的非金融机构借款利息为 500 000 元（借款金额 5 000 000 元，借款期限为 1 年，年利率为 10%，银行同期利率为 7%）。

（6）环保部门罚款支出 85 000 元，向希望工程基金会捐款 145 000 元。

3．其他相关资料

全年职工工资总额 5 800 000 元，职工福利费 813 000 元、职工教育经费 150 000 元、职工工会经费 120 000 元。

1～12 月已经预缴所得税 4 250 000 元。根据万福地板生产企业 2017 年的财务资料，计算该企业的年度会计利润，并在此基础上填制该企业 2017 年的企业所得税纳税申报表及其相关附表。

# 第七章

# 个人所得税纳税申报与税款缴纳实训

个人所得税是对个人的各项应税所得征收的一种直接税。个人所得税在组织财政收入、提高公民纳税意识，尤其在调节个人收入分配差距方面具有重要作用。通过实训环节，让学生掌握个人所得税纳税申报表的编制要求与方法。

1. 实训目标

（1）熟悉个人所得税的相关税收政策规定，熟练掌握个人所得税应纳税额的计算。

（2）熟练掌握个人所得税纳税申报表的填写方法，完成个人所得税纳税申报表的申报工作。

2. 实训内容

（1）个人所得税应纳税额的计算。

（2）个人所得税纳税申报的填制、申报。

## 第一节　个人所得税实训概述

### 一、个人所得税概念

个人所得税是以自然人取得的各类应税所得为征税对象而征收的一种所得税，是政府利用税收对个人收入进行调节的一种手段。

### 二、个人所得税的纳税人及征税范围

#### （一）纳税义务人

1. 居民个人

在中国境内有住所，或者无住所而一个纳税年度内在中国境内居住累计满 183 天的个人，为居民个人。居民个人从中国境内和境外取得的所得，依照规定缴纳个人所得税。

2. 非居民个人

在中国境内无住所又不居住，或者无住所而一个纳税年度内在中国境内居住累计不满 183 天的个人，为非居民个人。非居民个人从中国境内取得的所得，依照规定缴纳个人所得税。

#### （二）征税范围

我国现行个人所得税实行分类与综合征收制度，其中综合所得包括工资、薪金所得；劳务报酬所得；稿酬所得；特许权使用费所得；分类所得包括个体工商户的生产、经营所得；对企事业单位的承包经营、承租经营所得；利息、股息、红利所得；财产租赁所得；财产转让所得；偶然所得。

# 第二节 | 个人所得税纳税申报实训

个人所得税实行源泉分项扣缴和纳税人自行申报两种计征办法，以支付所得的单位或个人为扣缴义务人。在两处以上取得应税所得和没有扣缴义务人的，纳税人应当自行申报纳税；自行申报的纳税人，应该在取得所得的所在地税务机关申报纳税。

## 一、个人所得税纳税申报概述

### （一）自行申报纳税

自行申报纳税，是由纳税人自行在税法规定的纳税期限内，向税务机关申报取得的应税所得项目和数额，如实填写个人所得税纳税申报表，并按照税法规定计算应纳税额，据此缴纳个人所得税的一种方法。

纳税人有下列情形之一的，应办理个人所得税自行纳税申报。

（1）年所得 12 万元以上的（不包括在中国境内无住所，且在一个纳税年度中在中国境内居住不满 1 年的个人），应于纳税年度终了后 3 个月内办理。

（2）从中国境外取得的所得（指在中国境内有住所，或者无住所而在一个纳税年度中在中国境内居住满 1 年的个人），应在纳税年度终了后 30 日内办理。

（3）对从中国境内两处或者两处以上取得工资、薪金所得的纳税人，或取得应税所得，没有扣缴义务人的，及符合国务院规定的其他情形的纳税人，应在取得按月或按次计征税款项目的次月 15 日内办理。

（4）将股权转让给其他个人或法人的，应在次月 15 日内办理。

（5）限售股转让所得个人所得税。

① 采取证券机构预扣预缴和纳税人自行申报清算相结合的方式征收的，由证券机构预扣预缴个人所得税，纳税人按照实际转让收入与实际成本计算出的应纳税额，与证券机构预扣预缴税额有差异的，应自证券机构代扣并解缴税款的次月 1 日起 3 个月内，办理限售股个人所得税清算申报；

② 采取纳税人自行申报纳税的方式征收的，在次月 15 日内办理限售股个人所得税自行申报，一次办结相关涉税事宜。

（6）个人以非货币性资产投资的，应在备案时约定的纳税期限内办理自行申报缴税。

### （二）代扣代缴纳税

代扣代缴，是按照税法规定负有扣缴税款义务的单位或者个人，在向个人支付应纳税所得时，应计算应纳税额，从其所得中扣除并缴入国库，同时向税务机关报送扣缴个人所得税报告表。

凡支付个人应纳税所得的企业（公司）、事业单位、机关、社团组织、军队、驻华机构、个体户等单位或者个人，为个人所得税的扣缴义务人。扣缴义务人应当依法办理全员全额扣缴申报。

全员全额扣缴申报，是指扣缴义务人应当在代扣税款的次月 15 日内，向主管税务机关报送其支付所得的所有个人的有关信息、支付所得数额、扣除事项和数额、扣缴税款的具体数额和总额以及其他相关涉税信息资料。

## 二、个人所得税纳税申报表及其填制

本节仅介绍扣缴个人所得税申报和个人所得税生产经营所得纳税申报表。

### (一) 个人所得税基础信息表 (A 表) 及填报说明

个人所得税基础信息表 (A 表) 如表 7-1 所示。

个人所得税基础信息表 (A 表) 填报说明如下。

1. 适用范围

本表由扣缴义务人填报。适用于扣缴义务人办理全员全额扣缴申报时,填报其支付所得的纳税人的基础信息。

2. 报送期限

扣缴义务人首次向纳税人支付所得,或者纳税人相关基础信息发生变化的,应当填写本表,并于次月扣缴申报时向税务机关报送。

3. 本表各栏填写

本表带 "*" 项目分为必填和条件必填,其余项目为选填。

(1) 表头项目。

① 扣缴义务人名称:填写扣缴义务人的法定名称全称。

② 扣缴义务人纳税人识别号 (统一社会信用代码):填写扣缴义务人的纳税人识别号或者统一社会信用代码。

(2) 表内各栏。

① 第 2 列~第 8 列 "纳税人基本信息":填写纳税人姓名、证件等基本信息。

第 2 列 "纳税人识别号":有中国公民身份号码的,填写中华人民共和国居民身份证上载明的 "公民身份号码";没有中国公民身份号码的,填写税务机关赋予的纳税人识别号。

第 3 列 "纳税人姓名":填写纳税人姓名。外籍个人英文姓名按照 "先姓 (surname) 后名 (given name)" 的顺序填写,确实无法区分姓和名的,按照证件上的姓名顺序填写。

第 4 列 "身份证件类型":根据纳税人实际情况填写。

a. 有中国公民身份号码的,应当填写《中华人民共和国居民身份证》(简称 "居民身份证")。

b. 华侨应当填写《中华人民共和国护照》(简称 "中国护照")。

c. 港澳居民可选择填写《港澳居民来往内地通行证》(简称 "港澳居民通行证") 或者《中华人民共和国港澳居民居住证》(简称 "港澳居民居住证");台湾居民可选择填写《台湾居民来往大陆通行证》(简称 "台湾居民通行证") 或者《中华人民共和国台湾居民居住证》(简称 "台湾居民居住证")。

d. 外籍人员可选择填写《中华人民共和国外国人永久居留身份证》(简称 "外国人永久居留")、《中华人民共和国外国人工作许可证》(简称 "外国人工作许可证") 或者 "外国护照"。

e. 其他符合规定的情形填写 "其他证件"。

身份证件类型选择 "港澳居民居住证" 的,应当同时填写 "港澳居民通行证";身份证件类型选择 "台湾居民居住证" 的,应当同时填写 "台湾居民通行证";身份证件类型选择 "外国人永久居留证" 或者 "外国人工作许可证" 的,应当同时填写 "外国护照"。

第 5 列~第 6 列 "身份证件号码" "出生日期":根据纳税人身份证件上的信息填写。

第 7 列 "国籍/地区":填写纳税人所属的国籍或者地区。

表7-1

（适用于扣缴义务人填报）

## 个人所得税基础信息表（A表）

扣缴义务人名称：

扣缴义务人纳税人识别号（统一社会信用代码）：□□□□□□□□□□□□□□□□□□

| 序号 | 纳税人基本信息（带*必填） | | | | | | 任职受雇从业信息 | | | | | 联系方式 | | | | | 银行账户 | | 投资信息 | | 其他信息 | | 华侨、港澳台、外籍个人信息（带*必填） | | | | | 备注 |
|---|---|---|---|---|---|---|---|---|---|---|---|---|---|---|---|---|---|---|---|---|---|---|---|---|---|---|---|---|
| | 纳税人识别号 | *纳税人姓名 | *身份证件类型 | *身份证件号码 | *出生日期 | *国籍/地区 | 类型 | 职务 | 学历 | 任职受雇从业日期 | 离职日期 | 手机号码 | 户籍所在地 | 经常居住地 | 联系地址 | 电子邮箱 | 开户银行 | 银行账号 | 投资额（元） | 投资比例 | 是否残疾/孤老/烈属 | 残疾/烈属证号 | *出生地 | *性别 | *首次入境时间 | *预计离境时间 | *涉税事由 | |
| 1 | 2 | 3 | 4 | 5 | 6 | 7 | 8 | 9 | 10 | 11 | 12 | 13 | 14 | 15 | 16 | 17 | 18 | 19 | 20 | 21 | 22 | 23 | 24 | 25 | 26 | 27 | 28 | 29 |
| | | | | | | | | | | | | | | | | | | | | | | | | | | | | |
| | | | | | | | | | | | | | | | | | | | | | | | | | | | | |
| | | | | | | | | | | | | | | | | | | | | | | | | | | | | |
| | | | | | | | | | | | | | | | | | | | | | | | | | | | | |

谨声明：本表是根据国家税收法律法规及相关规定填报的，是真实的、可靠的、完整的。

经办人签字：

经办人身份证件号码：

代理机构签章：

代理机构统一社会信用代码：

扣缴义务人（签章）：

年　　月　　日

受理人：

受理税务机关（章）：

受理日期：　　年　　月　　日

② 第 8 列~第 12 列"任职受雇从业信息"：填写纳税人与扣缴义务人之间的任职受雇从业信息。

第 8 列"类型"：根据实际情况填写"雇员""保险营销员""证券经纪人"或者"其他"。

第 9 列~第 12 列"职务""学历""任职受雇从业日期""离职日期"：其中，当第 9 列"类型"选择"雇员""保险营销员"或者"证券经纪人"时，填写纳税人与扣缴义务人建立或者解除相应劳动或者劳务关系的日期。

③ 第 13 列~第 17 列"联系方式"。

第 13 列"手机号码"：填写纳税人境内有效手机号码。

第 14 列~第 16 列"户籍所在地""经常居住地""联系地址"：填写纳税人境内有效户籍所在地、经常居住地或者联系地址。

第 17 列"电子邮箱"：填写有效的电子邮箱。

④ 第 18 列~第 19 列"银行账户"：填写个人境内有效银行账户信息，开户银行填写到银行总行。

⑤ 第 20 列~第 21 列"投资信息"：纳税人为扣缴单位的股东、投资者的，填写本栏。

⑥ 第 22 列~第 23 列"其他信息"：如纳税人有"残疾、孤老、烈属"情况的，填写本栏。

⑦ 第 24 列~第 28 列"华侨、港澳台、外籍个人信息"：纳税人为华侨、港澳台居民、外籍个人的填写本栏。

第 24 列"出生地"：填写华侨、港澳台居民、外籍个人的出生地，具体到国家或者地区。

第 26 列~第 27 列"首次入境时间""预计离境时间"：填写华侨、港澳台居民、外籍个人首次入境和预计离境的时间，具体到年月日。预计离境时间发生变化的，应及时进行变更。

第 28 列"涉税事由"：填写华侨、港澳台居民、外籍个人在境内涉税的具体事由，包括"任职受雇""提供临时劳务""转让财产""从事投资和经营活动""其他"。如有多项事由的，应同时填写。

4. 其他事项说明

以纸质方式报送本表的，应当一式两份，扣缴义务人、税务机关各留存一份。

## （二）个人所得税基础信息表（B 表）及填报说明

个人所得税基础信息表（B 表）如表 7-2 所示。

表 7-2　　　　　　　　　　个人所得税基础信息表（B 表）

（适用于自然人填报）

纳税人识别号：□□□□□□□□□□□□□□□□□□

| 基本信息（带*必填） | | | | | |
|---|---|---|---|---|---|
| 基本信息 | *纳税人姓名 | 中文名 | | 英文名 | |
| | *身份证件 | 证件类型一 | | 证件号码 | |
| | | 证件类型二 | | 证件号码 | |
| | *国籍/地区 | | | *出生日期 | 年　月　日 |
| 联系方式 | 户籍所在地 | 省（区、市）　　市　　区（县）　　街道（乡、镇）_____ | | | |
| | 经常居住地 | 省（区、市）　　市　　区（县）　　街道（乡、镇）_____ | | | |
| | 联系地址 | 省（区、市）　　市　　区（县）　　街道（乡、镇）_____ | | | |
| | *手机号码 | | | 电子邮箱 | |
| 其他信息 | 开户银行 | | | 银行账号 | |
| | 学历 | □研究生　　□大学本科　　□大学本科以下 | | | |
| | 特殊情形 | □残疾　残疾证号_____　　　□烈属　烈属证号_____　　　□孤老 | | | |

| 任职、受雇、从业信息 | | | | | | | |
|---|---|---|---|---|---|---|---|
| 任职受雇从业单位一 | 名称 | | 国家/地区 | | | | |
| | 纳税人识别号（统一社会信用代码） | | 任职受雇从业日期 | 年　月 | 离职日期 | 年　月 | |
| | 类型 | □雇员　□保险营销员　□证券经纪人　□其他 | 职务 | □高层　□其他 | | | |
| 任职受雇从业单位二 | 名称 | | 国家/地区 | | | | |
| | 纳税人识别号（统一社会信用代码） | | 任职受雇从业日期 | 年　月 | 离职日期 | 年　月 | |
| | 类型 | □雇员　□保险营销员　□证券经纪人　□其他 | 职务 | □高层　□其他 | | | |
| 该栏仅由投资者纳税人填写 | | | | | | | |
| 被投资单位一 | 名称 | | 国家/地区 | | | | |
| | 纳税人识别号（统一社会信用代码） | | 投资额（元） | | 投资比例 | | |
| 被投资单位二 | 名称 | | 国家/地区 | | | | |
| | 纳税人识别号（统一社会信用代码） | | 投资额（元） | | 投资比例 | | |
| 该栏仅由华侨、港澳台、外籍个人填写（带*必填） | | | | | | | |
| *出生地 | | | *首次入境时间 | 年　月　日 | | | |
| *性别 | | | *预计离境时间 | 年　月　日 | | | |
| *涉税事由 | □任职受雇　□提供临时劳务　□转让财产　□从事投资和经营活动　□其他 | | | | | | |
| 谨声明：本表是根据国家税收法律法规及相关规定填报的，是真实的、可靠的、完整的。<br>　　　　　　　　　　　　　　　　　　　　纳税人（签字）：　　　　年　月　日 | | | | | | | |
| 经办人签字：<br>经办人身份证件号码：<br>代理机构签章：<br>代理机构统一社会信用代码： | | | 受理人：<br><br>受理税务机关（章）：<br><br>受理日期：　　　　年　月　日 | | | | |

个人所得税基础信息表（B 表）填报说明如下。

1. 适用范围

本表适用于自然人纳税人基础信息的填报。

2. 报送期限

自然人纳税人初次向税务机关办理相关涉税事宜时填报本表；初次申报后，以后仅需在信息发生变化时填报。

3. 本表各栏填写

本表带"*"的项目为必填或者条件必填，其余项目为选填。

（1）表头项目。

纳税人识别号：有中国公民身份号码的，填写中华人民共和国居民身份证上载明的"公民身份号码"；没有中国公民身份号码的，填写税务机关赋予的纳税人识别号。

（2）表内各栏。

① 基本信息。

纳税人姓名：填写纳税人姓名。外籍个人英文姓名按照"先姓（surname）后名（given name）"

的顺序填写，确实无法区分姓和名的，按照证件上的姓名顺序填写。

身份证件：填写纳税人有效的身份证件类型及号码。

"证件类型一"按以下原则填写：

a. 有中国公民身份号码的，应当填写《中华人民共和国居民身份证》（简称"居民身份证"）。

b. 华侨应当填写《中华人民共和国护照》（简称"中国护照"）。

c. 港澳居民可选择填写《港澳居民来往内地通行证》（简称"港澳居民通行证"）或者《中华人民共和国港澳居民居住证》（简称"港澳居民居住证"）；台湾居民可选择填写《台湾居民来往大陆通行证》（简称"台湾居民通行证"）或者《中华人民共和国台湾居民居住证》（简称"台湾居民居住证"）。

d. 外籍个人可选择填写《中华人民共和国外国人永久居留身份证》（简称"外国人永久居留证"）、《中华人民共和国外国人工作许可证》（简称"外国人工作许可证"）或者"外国护照"。

e. 其他符合规定的情形填写"其他证件"。

"证件类型二"按以下原则填写：证件类型一选择"港澳居民居住证"的，证件类型二应当填写"港澳居民通行证"；证件类型一选择"台湾居民居住证"的，证件类型二应当填写"台湾居民通行证"；证件类型一选择"外国人永久居留证"或者"外国人工作许可证"的，证件类型二应当填写"外国护照"。证件类型一已选择"居民身份证""中国护照""港澳居民通行证""台湾居民通行证"或"外国护照"，证件类型二可不填。

② 国籍/地区：填写纳税人所属的国籍或地区。

③ 出生日期：根据纳税人身份证件上的信息填写。

④ 户籍所在地、经常居住地、联系地址：填写境内地址信息，至少填写一项。有居民身份证的，"户籍所在地""经常居住地"必须填写其中之一。

⑤ 手机号码、电子邮箱：填写境内有效手机号码，港澳台、外籍个人可以选择境内有效手机号码或电子邮箱中的一项填写。

⑥ 开户银行、银行账号：填写有效的个人银行账户信息，开户银行填写到银行总行。

⑦ 特殊情形：纳税人为残疾、烈属、孤老的，填写本栏。残疾、烈属人员还需填写残疾/烈属证件号码。

（3）任职、受雇、从业信息。

填写纳税人任职受雇从业的有关信息。其中，中国境内无住所个人有境外派遣单位的，应在本栏除填写境内任职受雇从业单位、境内受聘签约单位情况外，还应一并填写境外派遣单位相关信息。填写境外派遣单位时，其纳税人识别号（社会统一信用代码）可不填。

（4）投资者纳税人填写栏。

投资者纳税人填写栏由自然人股东、投资者填写。没有，则不填。

① 名称：填写被投资单位名称全称。

② 纳税人识别号（统一社会信用代码）：填写被投资单位纳税人识别号或者统一社会信用代码。

③ 投资额：填写自然人股东、投资者在被投资单位投资的投资额（股本）。

④ 投资比例：填写自然人股东、投资者的投资额占被投资单位投资（股本）的比例。

（5）华侨、港澳台、外籍个人信息：华侨、港澳台居民、外籍个人填写本栏。

① 出生地：填写华侨、港澳台居民、外籍个人的出生地，具体到国家或者地区。

② 首次入境时间、预计离境时间：填写华侨、港澳台居民、外籍个人首次入境和预计离境的时

间，具体到年月日。预计离境时间发生变化的，应及时进行变更。

③ 涉税事由：填写华侨、港澳台居民、外籍个人在境内涉税的具体事由，在相应事由处划"√"。如有多项事由的，同时勾选。

4. 其他事项说明

以纸质方式报送本表的，应当一式两份，纳税人、税务机关各留存一份。

### （三）扣缴个人所得税报告表及填报说明

扣缴个人所得税报告表如表 7-3 所示。

扣缴个人所得税报告表填报说明如下。

1. 适用范围

本表适用于扣缴义务人向居民个人支付工资、薪金所得，劳务报酬所得，稿酬所得和特许权使用费所得的个人所得税全员全额预扣预缴申报；向非居民个人支付工资、薪金所得，劳务报酬所得，稿酬所得和特许权使用费所得的个人所得税全员全额扣缴申报；以及向纳税人（居民个人和非居民个人）支付利息、股息、红利所得，财产租赁所得，财产转让所得和偶然所得的个人所得税全员全额扣缴申报。

2. 报送期限

扣缴义务人应当在每月或者每次预扣、代扣税款的次月 15 日内，将已扣税款缴入国库，并向税务机关报送本表。

3. 各栏次填写说明

（1）表头项目。

① "税款所属期"：填写扣缴义务人代扣税款当月的第 1 日至最后 1 日。如：2019 年 3 月 20 日发放工资时代扣的税款，税款所属期填写"2019 年 3 月 1 日至 2019 年 3 月 31 日"。

② "扣缴义务人名称"：填写扣缴义务人的法定名称全称。

③ "扣缴义务人纳税人识别号（统一社会信用代码）"：填写扣缴义务人的纳税人识别号或统一社会信用代码。

（2）表内各栏。

① 第 2 列"姓名"：填写纳税人姓名。

② 第 3 列"身份证件类型"：填写纳税人有效的身份证件名称。中国公民有中华人民共和国居民身份证的，填写居民身份证；没有居民身份证的，填写中华人民共和国护照、港澳居民来往内地通行证或港澳居民居住证、台湾居民通行证或台湾居民居住证、外国人永久居留身份证、外国人工作许可证或护照等。

③ 第 4 列"身份证件号码"：填写纳税人有效身份证件上载明的证件号码。

④ 第 5 列"纳税人识别号"：有中国公民身份号码的，填写中华人民共和国居民身份证上载明的"公民身份号码"；没有中国公民身份号码的，填写税务机关赋予的纳税人识别号。

⑤ 第 6 列"是否为非居民个人"：纳税人为非居民个人的填"是"，为居民个人的填"否"。不填默认为"否"。

⑥ 第 7 列"所得项目"：填写纳税人取得的个人所得税法第二条规定的应税所得项目名称。同一纳税人取得多项或多次所得的，应分行填写。

⑦ 第 8 列～第 21 列"本月（次）情况"：填写扣缴义务人当月（次）支付给纳税人的所得，以及按规定各所得项目当月（次）可扣除的减除费用、专项扣除、其他扣除等。其中，工资、薪金所得

表7-3

## 个人所得税扣缴申报表

税款所属期： 年 月 日 至 年 月 日

扣缴义务人名称：

扣缴义务人纳税人识别号（统一社会信用代码）： □□□□□□□□□□□□□□□□□□

金额单位：人民币元（列至角分）

| 序号 | 姓名 | 身份证件类型 | 身份证件号码 | 纳税人识别号 | 是否为非居民个人 | 所得项目 | 本月（次）情况 | | | | 专项扣除 | | | | 其他扣除 | | | | | | 累计情况（工资、薪金） | | | 累计专项附加扣除 | | | | | 累计其他扣除 | 减按计税比例 | 准予扣除的捐赠额 | 税款计算 | | | | | | | 备注 |
|---|---|---|---|---|---|---|---|---|---|---|---|---|---|---|---|---|---|---|---|---|---|---|---|---|---|---|---|---|---|---|---|---|---|---|---|---|---|---|---|
| | | | | | | | 收入额计算 | | | 减除费用 | 基本养老保险费 | 基本医疗保险费 | 失业保险费 | 住房公积金 | 年金 | 商业健康保险 | 税延养老保险 | 财产原值 | 允许扣除的税费 | 其他 | 累计收入额 | 累计减除费用 | 累计专项扣除 | 子女教育 | 赡养老人 | 住房贷款利息 | 住房租金 | 继续教育 | | | | 应纳税所得额 | 税率/预扣率 | 速算扣除数 | 应纳税额 | 减免税额 | 已扣缴税额 | 应补（退）税额 | |
| | | | | | | | 收入 | 费用 | 免税收入 | | | | | | | | | | | | | | | | | | | | | | | | | | | | | | |
| 1 | 2 | 3 | 4 | 5 | 6 | 7 | 8 | 9 | 10 | 11 | 12 | 13 | 14 | 15 | 16 | 17 | 18 | 19 | 20 | 21 | 22 | 23 | 24 | 25 | 26 | 27 | 28 | 29 | 30 | 31 | 32 | 33 | 34 | 35 | 36 | 37 | 38 | 39 | 40 |
| | | | | | | | | | | | | | | | | | | | | | | | | | | | | | | | | | | | | | | | |
| 合计 | | | | | | | | | | | | | | | | | | | | | | | | | | | | | | | | | | | | | | | |

谨声明：本扣缴申报表是根据国家税收法律法规及相关规定填报的，是真实的、可靠的、完整的。

扣缴义务人（签章）：

年 月 日

代理机构签章：

代理机构统一社会信用代码：

经办人签字：

经办人身份证件号码：

受理人：

受理税务机关（章）：

受理日期： 年 月 日

预扣预缴个人所得税时扣除的专项附加扣除，按照纳税年度内纳税人在该任职受雇单位截至当月可享受的各专项附加扣除项目的扣除总额，填写至"累计情况（工资薪金）"中第25～第29列相应栏，本月情况中则无须填写。

"收入额计算"：包含"收入""费用""免税收入"。

具体计算公式为：收入额=收入-费用-免税收入。

a. 第8列"收入"：填写当月（次）扣缴义务人支付给纳税人所得的总额。

b. 第9列"费用"：仅限支付劳务报酬、稿酬、特许权使用费三项所得时填写，支付其他各项所得时无须填写本列。预扣预缴居民个人上述三项所得个人所得税时，每次收入不超过4 000元的，费用填写"800"元；每次收入4 000元以上的，费用按收入的20%填写。扣缴非居民个人上述三项所得的个人所得税时，费用按收入的20%填写。

c. 第10列"免税收入"：填写纳税人各所得项目收入总额中，包含的税法规定的免税收入金额。其中，税法规定"稿酬所得的收入额减按70%计算"，对稿酬所得的收入额减计的30%部分，填入本列。

第11列"减除费用"：仅限支付工资、薪金所得时填写。具体按税法规定的减除费用标准填写。如，2019年为5 000元/月。

第12列～第15列"专项扣除"：分别填写按规定允许扣除的基本养老保险费、基本医疗保险费、失业保险费、住房公积金的金额。

第16列～第21列"其他扣除"：分别填写按规定允许扣除的项目金额。

⑧ 第22列～第30列"累计情况（工资、薪金）"：本栏仅适用于居民个人取得工资、薪金所得预扣预缴的情形，工资、薪金所得以外的项目无须填写。具体各列，按照纳税年度内居民个人在该任职受雇单位截至当前月份累计情况填报。

第22列"累计收入额"：填写本纳税年度截至当前月份，扣缴义务人支付给纳税人的工资、薪金所得的累计收入额。

第23列"累计减除费用"：按照5 000元/月乘以纳税人当年在本单位的任职受雇月份数计算。

第24列"累计专项扣除"：填写本年度截至当前月份，按规定允许扣除的"三险一金"的累计金额。

第25列～第29列"累计专项附加扣除"：分别填写截至当前月份，纳税人按规定可享受的子女教育、赡养老人、住房贷款利息或住房租金、继续教育扣除的累计金额。大病医疗扣除由纳税人在年度汇算清缴时办理，此处无须填报。

第30列"累计其他扣除"：填写本年度截至当前月份，按规定允许扣除的年金（包括企业年金、职业年金）、商业健康保险、税延养老保险及其他扣除项目的累计金额。

⑨ 第31列"减按计税比例"：填写按规定实行应纳税所得额减计税收优惠的减计比例。无减计规定的，可不填，系统默认为100%。如，某项税收政策实行减按60%计入应纳税所得额，则本列填60%。

⑩ 第32列"准予扣除的捐赠额"：是指按照税法及相关法规、政策规定，可以在税前扣除的捐赠额。

⑪ 第33列～第39列"税款计算"：填写扣缴义务人当月扣缴个人所得税款的计算情况。

第33列"应纳税所得额"：根据相关列次计算填报。

a. 居民个人取得工资、薪金所得，填写累计收入额减除累计减除费用、累计专项扣除、累计专项附加扣除、累计其他扣除、准予扣除的捐赠额后的余额。

b. 非居民个人取得工资、薪金所得，填写收入额减去减除费用、准予扣除的捐赠额后的余额。

c. 居民个人或非居民个人取得劳务报酬所得、稿酬所得、特许权使用费所得，填写本月（次）收入额减除可以扣除的税费、准予扣除的捐赠额后的余额。

d. 居民个人或非居民个人取得利息、股息、红利所得和偶然所得，填写本月（次）收入额减除准予扣除的捐赠额后的余额。

e. 居民个人或非居民个人取得财产租赁所得，填写本月（次）收入额减除允许扣除的税费、准予扣除的捐赠额后的余额。

f. 居民个人或非居民个人取得财产转让所得，填写本月（次）收入额减除财产原值、允许扣除的税费、准予扣除的捐赠额后的余额。

其中，适用"减按计税比例"的所得项目，其应纳税所得额按上述方法计算后乘以减按计税比例的金额填报。

第34列~第35列"税率/预扣率"和"速算扣除数"：填写各所得项目按规定适用的税率（或预扣率）和速算扣除数。没有速算扣除数的，则不填。

第36列"应纳税额"：根据相关列次计算填报。

具体计算公式为：应纳税额=应纳税所得额×税率（预扣率）-速算扣除数。

第37列"减免税额"：填写符合税法规定可减免的税额。居民个人工资、薪金所得，填写本年度累计减免税额；居民个人取得工资、薪金以外的所得或非居民个人取得各项所得，填写本月（次）减免税额。

第38列"已扣缴税额"：填写本年或本月（次）纳税人同一所得项目，已由扣缴义务人实际扣缴的税款金额。

第39列"应补（退）税额"：根据相关列次计算填报。

具体计算公式为：应补（退）税额=应纳税额-减免税额-已扣缴税额。

（3）其他栏次。

① "声明"：需由扣缴义务人签字或签章。

② "经办人"：由办理扣缴申报的经办人签字，并填写经办人身份证件号码。

③ "代理机构"：代理机构代为办理扣缴申报的，应当填写代理机构统一社会信用代码，并加盖代理机构签章。

4. 其他事项说明

本表一式两份，扣缴义务人、税务机关各留存一份。

**（四）个人所得税生产经营所得纳税申报表及填报说明**

个人所得税生产经营所得纳税申报表分为A表、B表和C表三种。

1. 个人所得税生产经营所得纳税申报表（A表）及其填报说明

个人所得税生产经营所得纳税申报表（A表）如表7-4所示。

个人所得税生产经营所得纳税申报表（A表）填报说明如下。

本表适用于查账征收和核定征收的个体工商户业主、个人独资企业投资人、合伙企业个人合伙人、承包承租经营者个人以及其他从事生产、经营活动的个人在中国境内取得经营所得，办理个人所得税预缴纳税申报时，向税务机关报送。

表 7-4　　　　　　　　　　个人所得税生产经营所得纳税申报表（A 表）

税款所属期：　　年　　月　　日至　　年　　月　　日　　　　　　　　　　　　金额单位：人民币元（列至角分）

| 被投资单位信息 | 名称 | | 纳税人识别号（统一社会信用代码） | |
|---|---|---|---|---|
| 征收方式 | □查账征收（据实预缴）　　□查账征收（按上年应纳税所得额预缴）<br>□核定应税所得率征收　　□核定应纳税所得额征收<br>□税务机关认可的其他方式 _____ | | | |

| 项目 | 行次 | 金额/比例 |
|---|---|---|
| 一、收入总额 | 1 | |
| 二、成本费用 | 2 | |
| 三、利润总额（3=1-2） | 3 | |
| 四、弥补以前年度亏损 | 4 | |
| 五、应税所得率（%） | 5 | |
| 六、合伙企业个人合伙人分配比例（%） | 6 | |
| 七、允许扣除的个人费用及其他扣除（7=8+9+14） | 7 | |
| （一）投资者减除费用 | 8 | |
| （二）专项扣除（9=10+11+12+13） | 9 | |
| 　　1. 基本养老保险费 | 10 | |
| 　　2. 基本医疗保险费 | 11 | |
| 　　3. 失业保险费 | 12 | |
| 　　4. 住房公积金 | 13 | |
| （三）依法确定的其他扣除（14=15+16+17） | 14 | |
| 　　1. | 15 | |
| 　　2. | 16 | |
| 　　3. | 17 | |
| 八、应纳税所得额 | 18 | |
| 九、税率（%） | 19 | |
| 十、速算扣除数 | 20 | |
| 十一、应纳税额（21=18×19-20） | 21 | |
| 十二、减免税额（附报《个人所得税减免税事项报告表》） | 22 | |
| 十三、已缴税额 | 23 | |
| 十四、应补/退税额（24=21-22-23） | 24 | |

谨声明：本表是根据国家税收法律法规及相关规定填报的，是真实的、可靠的、完整的。

纳税人签字：　　　　　　　　　年　　月　　日

| | |
|---|---|
| 经办人：<br>经办人身份证件号码：<br>代理机构签章：<br>代理机构统一社会信用代码： | 受理人：<br><br>受理税务机关（章）：<br>受理日期：　　年　　月　　日 |

合伙企业有两个或者两个以上个人合伙人的，应分别填报本表。

（1）报送期限。

纳税人取得经营所得，应当在月度或者季度终了后 15 日内，向税务机关办理预缴纳税申报。

（2）本表各栏填写。

① 表头项目。

• 税款所属期：填写纳税人取得经营所得应纳个人所得税款的所属期间，应填写具体的起止年月日。

- 纳税人姓名：填写自然人纳税人姓名。
- 纳税人识别号：有中国公民身份号码的，填写中华人民共和国居民身份证上载明的"公民身份号码"；没有中国公民身份号码的，填写税务机关赋予的纳税人识别号。

② 被投资单位信息。

名称：填写被投资单位法定名称的全称。

纳税人识别号（统一社会信用代码）：填写被投资单位的纳税人识别号或者统一社会信用代码。

征收方式：根据税务机关核定的征收方式，在对应框内打"√"。采用税务机关认可的其他方式的，应在下划线填写具体征收方式。

③ 表内各行填写。

第1行"收入总额"：填写本年度开始经营月份起截至本期从事经营以及与经营有关的活动取得的货币形式和非货币形式的各项收入总金额。包括：销售货物收入、提供劳务收入、转让财产收入、利息收入、租金收入、接受捐赠收入、其他收入。

第2行"成本费用"：填写本年度开始经营月份起截至本期实际发生的成本、费用、税金、损失及其他支出的总额。

第3行"利润总额"：填写本年度开始经营月份起截至本期的利润总额。

第4行"弥补以前年度亏损"：填写可在税前弥补的以前年度尚未弥补的亏损额。

第5行"应税所得率"：按核定应税所得率方式纳税的纳税人，填写税务机关确定的核定征收应税所得率。按其他方式纳税的纳税人不填本行。

第6行"合伙企业个人合伙人分配比例"：纳税人为合伙企业个人合伙人的，填写本行；其他则不填。分配比例按照合伙协议约定的比例填写；合伙协议未约定或不明确的，按合伙人协商决定的比例填写；协商不成的，按合伙人实缴出资比例填写；无法确定出资比例的，按合伙人平均分配。

第7行～第17行"允许扣除的个人费用及其他扣除"。

- 第8行"投资者减除费用"：填写根据本年实际经营月份数计算的可在税前扣除的投资者本人每月5000元减除费用的合计金额。
- 第9行～第13行"专项扣除"：填写按规定允许扣除的基本养老保险费、基本医疗保险费、失业保险费、住房公积金的金额。
- 第14行～第17行"依法确定的其他扣除"：填写商业健康保险、税延养老保险以及其他按规定允许扣除项目的金额。其中，税延养老保险可在申报四季度或12月份税款时填报扣除。

第18行"应纳税所得额"：根据相关行次计算填报。

- 查账征收（据实预缴）：第18行=（第3行-第4行）×第6行-第7行。
- 查账征收（按上年应纳税所得额预缴）：第18行=上年度的应纳税所得额÷12×月份数。
- 核定应税所得率征收（能准确核算收入总额的）：第18行=第1行×第5行×第6行。
- 核定应税所得率征收（能准确核算成本费用的）：第18行=第2行÷（第1行-第5行）×第5行×第6行。
- 核定应纳税所得额征收：直接填写应纳税所得额；
- 税务机关认可的其他方式：直接填写应纳税所得额。

第19行～第20行"税率"和"速算扣除数"：填写按规定适用的税率和速算扣除数。

第21行"应纳税额"：根据相关行次计算填报。第21行=第18行×第19行-第20行。

第22行"减免税额"：填写符合税法规定可以减免的税额，并附报《个人所得税减免税事项报告表》。

第 23 行 "已缴税额"：填写本年度在月（季）度申报中累计已预缴的经营所得个人所得税的金额。

第 24 行 "应补/退税额"：根据相关行次计算填报。第 24 行=第 21 行-第 22 行-第 23 行。

（3）其他事项说明。

以纸质方式报送本表的，应当一式两份，纳税人、税务机关各留存一份。

2. 个人所得税生产经营所得纳税申报表（B表）及其填报说明

个人所得税生产经营所得纳税申报表（B表）如表 7-5 所示。

表 7-5 个人所得税经营所得纳税申报表（B表）

税款所属期：　　　年　月　日至　　　年　月　日

纳税人姓名：

纳税人识别号：□□□□□□□□□□□□□□□　　　　　　　　　金额单位：人民币元（列至角分）

| 被投资单位信息 | 名称 | | 纳税人识别号<br>（统一社会信用代码） | | |
|---|---|---|---|---|---|
| 项目 | | | | 行次 | 金额/比例 |
| 一、收入总额 | | | | 1 | |
| 　其中：国债利息收入 | | | | 2 | |
| 二、成本费用（3=4+5+6+7+8+9+10） | | | | 3 | |
| （一）营业成本 | | | | 4 | |
| （二）营业费用 | | | | 5 | |
| （三）管理费用 | | | | 6 | |
| （四）财务费用 | | | | 7 | |
| （五）税金 | | | | 8 | |
| （六）损失 | | | | 9 | |
| （七）其他支出 | | | | 10 | |
| 三、利润总额（11=1-2-3） | | | | 11 | |
| 四、纳税调整增加额（12=13+27） | | | | 12 | |
| （一）超过规定标准的扣除项目金额（13=14+15+16+17+18+19+20+21+22+23+24+25+26） | | | | 13 | |
| 　1. 职工福利费 | | | | 14 | |
| 　2. 职工教育经费 | | | | 15 | |
| 　3. 工会经费 | | | | 16 | |
| 　4. 利息支出 | | | | 17 | |
| 　5. 业务招待费 | | | | 18 | |
| 　6. 广告费和业务宣传费 | | | | 19 | |
| 　7. 教育和公益事业捐赠 | | | | 20 | |
| 　8. 住房公积金 | | | | 21 | |
| 　9. 社会保险费 | | | | 22 | |
| 　10. 折旧费用 | | | | 23 | |
| 　11. 无形资产摊销 | | | | 24 | |
| 　12. 资产损失 | | | | 25 | |
| 　13. 其他 | | | | 26 | |
| （二）不允许扣除的项目金额（27=28+29+30+31+32+33+34+35+36） | | | | 27 | |
| 　1. 个人所得税税款 | | | | 28 | |
| 　2. 税收滞纳金 | | | | 29 | |
| 　3. 罚金、罚款和被没收财物的损失 | | | | 30 | |

续表

| 项目 | 行次 | 金额/比例 |
|---|---|---|
| 　　4. 不符合扣除规定的捐赠支出 | 31 | |
| 　　5. 赞助支出 | 32 | |
| 　　6. 用于个人和家庭的支出 | 33 | |
| 　　7. 与取得生产经营收入无关的其他支出 | 34 | |
| 　　8. 投资者工资薪金支出 | 35 | |
| 　　9. 其他不允许扣除的支出 | 36 | |
| 五、纳税调整减少额 | 37 | |
| 六、纳税调整后所得（38=11+12-37） | 38 | |
| 七、弥补以前年度亏损 | 39 | |
| 八、合伙企业个人合伙人分配比例（%） | 40 | |
| 九、允许扣除的个人费用及其他扣除（41=42+43+48+55） | 41 | |
| （一）投资者减除费用 | 42 | |
| （二）专项扣除（43=44+45+46+47） | 43 | |
| 　　1. 基本养老保险费 | 44 | |
| 　　2. 基本医疗保险费 | 45 | |
| 　　3. 失业保险费 | 46 | |
| 　　4. 住房公积金 | 47 | |
| （三）专项附加扣除（48=49+50+51+52+53+54） | 48 | |
| 　　1. 子女教育 | 49 | |
| 　　2. 继续教育 | 50 | |
| 　　3. 大病医疗 | 51 | |
| 　　4. 住房贷款利息 | 52 | |
| 　　5. 住房租金 | 53 | |
| 　　6. 赡养老人 | 54 | |
| （四）依法确定的其他扣除（55=56+57+58+59） | 55 | |
| 　　1. 商业健康保险 | 56 | |
| 　　2. 税延养老保险 | 57 | |
| 　　3. | 58 | |
| 　　4. | 59 | |
| 十、投资抵扣 | 60 | |
| 十一、准予扣除的个人捐赠支出 | 61 | |
| 十二、应纳税所得额（62=38-39-41-60-61）或[62=（38-39）×40-41-60-61] | 62 | |
| 十三、税率（%） | 63 | |
| 十四、速算扣除数 | 64 | |
| 十五、应纳税额（65=62×63-64） | 65 | |
| 十六、减免税额（附报《个人所得税减免税事项报告表》） | 66 | |
| 十七、已缴税额 | 67 | |
| 十八、应补/退税额（68=65-66-67） | 68 | |

　　谨声明：本表是根据国家税收法律法规及相关规定填报的，是真实的、可靠的、完整的。

纳税人签字：　　　　年　月　日

| | |
|---|---|
| 经办人：<br>经办人身份证件号码：<br>代理机构签章：<br>代理机构统一社会信用代码： | 受理人：<br><br>受理税务机关（章）：<br><br>受理日期：　　年　月　日 |

　　本表适用于个体工商户业主、个人独资企业投资人、合伙企业个人合伙人、承包承租经营者个人以及其他从事生产、经营活动的个人在中国境内取得经营所得，且实行查账征收的，在办理个人所得税汇算清缴纳税申报时，向税务机关报送。

　　合伙企业有两个或者两个以上个人合伙人的，应分别填报本表。

　　（1）报送期限。

　　纳税人在取得经营所得的次年 3 月 31 日前，向税务机关办理汇算清缴。

　　（2）本表各栏填写。

　　① 表头项目。

　　税款所属期：填写纳税人取得经营所得应纳个人所得税款的所属期间，应填写具体的起止年月日。

　　纳税人姓名：填写自然人纳税人姓名。

　　纳税人识别号：有中国公民身份号码的，填写中华人民共和国居民身份证上载明的"公民身份号码"；没有中国公民身份号码的，填写税务机关赋予的纳税人识别号。

　　② 被投资单位信息。

　　名称：填写被投资单位法定名称的全称。

　　纳税人识别号（统一社会信用代码）：填写被投资单位的纳税人识别号或统一社会信用代码。

　　③ 表内各行填写。

　　• 第 1 行"收入总额"：填写本年度从事生产经营以及与生产经营有关的活动取得的货币形式和非货币形式的各项收入总金额。包括：销售货物收入、提供劳务收入、转让财产收入、利息收入、租金收入、接受捐赠收入、其他收入。

　　• 第 2 行"国债利息收入"：填写本年度已计入收入的因购买国债而取得的应予免税的利息金额。

　　• 第 3 行～第 10 行"成本费用"：填写本年度实际发生的成本、费用、税金、损失及其他支出的总额。

　　• 第 4 行"营业成本"：填写在生产经营活动中发生的销售成本、销货成本、业务支出以及其他耗费的金额。

　　• 第 5 行"营业费用"：填写在销售商品和材料、提供劳务的过程中发生的各种费用。

　　• 第 6 行"管理费用"：填写为组织和管理企业生产经营发生的管理费用。

　　• 第 7 行"财务费用"：填写为筹集生产经营所需资金等发生的筹资费用。

　　• 第 8 行"税金"：填写在生产经营活动中发生的除个人所得税和允许抵扣的增值税以外的各项税金及其附加。

　　• 第 9 行"损失"：填写生产经营活动中发生的固定资产和存货的盘亏、毁损、报废损失，转让财产损失，坏账损失，自然灾害等不可抗力因素造成的损失以及其他损失。

　　• 第 10 行"其他支出"：填写除成本、费用、税金、损失外，生产经营活动中发生的与之有关的、合理的支出。

　　• 第 11 行"利润总额"：根据相关行次计算填报。第 11 行=第 1 行-第 2 行-第 3 行。

　　• 第 12 行"纳税调整增加额"：根据相关行次计算填报。第 12 行=第 13 行+第 27 行。

　　• 第 13 行"超过规定标准的扣除项目金额"：填写扣除的成本、费用和损失中，超过税法规定的扣除标准应予调增的应纳税所得额。

　　• 第 27 行"不允许扣除的项目金额"：填写按规定不允许扣除但被投资单位已将其扣除的各项

成本、费用和损失，应予调增应纳税所得额的部分。

- 第 37 行"纳税调整减少额"：填写在计算利润总额时已计入收入或未列入成本费用，但在计算应纳税所得额时应予扣除的项目金额。
- 第 38 行"纳税调整后所得"：根据相关行次计算填报。第 38 行=第 11 行+第 12 行-第 37 行。
- 第 39 行"弥补以前年度亏损"：填写本年度可在税前弥补的以前年度亏损额。
- 第 40 行"合伙企业个人合伙人分配比例"：纳税人为合伙企业个人合伙人的，填写本栏；其他则不填。分配比例按照合伙协议约定的比例填写；合伙协议未约定或不明确的，按合伙人协商决定的比例填写；协商不成的，按合伙人实缴出资比例填写；无法确定出资比例的，按合伙人平均分配。
- 第 41 行"允许扣除的个人费用及其他扣除"：填写按税法规定可以税前扣除的各项费用、支出，包括：
- 第 42 行"投资者减除费用"：填写按税法规定的减除费用金额。
- 第 43 行~47 行"专项扣除"：分别填写本年度按规定允许扣除的基本养老保险费、基本医疗保险费、失业保险费、住房公积金的合计金额。
- 第 48 行~54 行"专项附加扣除"：分别填写本年度纳税人按规定可享受的子女教育、继续教育、大病医疗、住房贷款利息、住房租金、赡养老人等专项附加扣除的合计金额。
- 第 55 行~59 行"依法确定的其他扣除"：分别填写按规定允许扣除的商业健康保险、税延养老保险，以及国务院规定其他可以扣除项目的合计金额。
- 第 60 行"投资抵扣"：填写按照税法规定可以税前抵扣的投资金额。
- 第 61 行"准予扣除的个人捐赠支出"：填写本年度按照税法及相关法规、政策规定，可以在税前扣除的个人捐赠合计额。
- 第 62 行"应纳税所得额"：根据相关行次计算填报。
- 纳税人为非合伙企业个人合伙人的：第 62 行=第 38 行-第 39 行-第 41 行-第 60 行-第 61 行。
- 纳税人为合伙企业个人合伙人的：第 62 行=（第 38 行-第 39 行）×第 40 行-第 41 行-第 60 行-第 61 行。
- 第 63 行~64 行"税率""速算扣除数"：填写按规定适用的税率和速算扣除数。
- 第 65 行"应纳税额"：根据相关行次计算填报。第 65 行=第 62 行×第 63 行-第 64 行。
- 第 66 行"减免税额"：填写符合税法规定可以减免的税额，并附报《个人所得税减免税事项报告表》。
- 第 67 行"已缴税额"：填写本年度累计已预缴的经营所得个人所得税金额。
- 第 68 行"应补/退税额"：根据相关行次计算填报。第 68 行=第 65 行-第 66 行-第 67 行。

（3）其他事项说明。

以纸质方式报送本表的，应当一式两份，纳税人、税务机关各留存一份。

3. 个人所得税生产经营所得纳税申报表（C 表）及其填报说明

个人所得税生产经营所得纳税申报表（C 表）如表 7-6 所示。

本表适用于个体工商户业主、个人独资企业投资人、合伙企业个人合伙人、承包承租经营者个人以及其他从事生产、经营活动的个人在中国境内两处以上取得经营所得，办理合并计算个人所得税的年度汇总纳税申报时，向税务机关报送。

表 7-6                 个人所得税经营所得纳税申报表（C 表）

税款所属期：     年   月   日至     年   月   日

纳税人姓名：

纳税人识别号：□□□□□□□□□□□□□□□□□□              金额单位：人民币元（列至角分）

| 被投资单位信息 | 单位名称 | | | 纳税人识别号（统一社会信用代码） | 投资者应纳税所得额 |
|---|---|---|---|---|---|
| | 汇总地 | | | | |
| | 非汇总地 | 1 | | | |
| | | 2 | | | |
| | | 3 | | | |
| | | 4 | | | |
| | | 5 | | | |

| 项目 | 行次 | 金额/比例 |
|---|---|---|
| 一、投资者应纳税所得额合计 | 1 | |
| 二、应调整的个人费用及其他扣除（2=3+4+5+6） | 2 | |
| （一）投资者减除费用 | 3 | |
| （二）专项扣除 | 4 | |
| （三）专项附加扣除 | 5 | |
| （四）依法确定的其他扣除 | 6 | |
| 三、应调整的其他项目 | 7 | |
| 四、调整后应纳税所得额（8=1+2+7） | 8 | |
| 五、税率（%） | 9 | |
| 六、速算扣除数 | 10 | |
| 七、应纳税额（11=8×9-10） | 11 | |
| 八、减免税额（附报《个人所得税减免税事项报告表》） | 12 | |
| 九、已缴税额 | 13 | |
| 十、应补/退税额（14=11-12-13） | 14 | |

谨声明：本表是根据国家税收法律法规及相关规定填报的，是真实的、可靠的、完整的。

纳税人签字：        年   月   日

| 经办人：<br>经办人身份证件号码：<br>代理机构签章：<br>代理机构统一社会信用代码： | 受理人：<br><br>受理税务机关（章）：<br>受理日期：     年   月   日 |
|---|---|

（1）报送期限。

纳税人从两处以上取得经营所得，应当于取得所得的次年 3 月 31 日前办理年度汇总纳税申报。

（2）本表各栏填写。

① 表头项目。

税款所属期：填写纳税人取得经营所得应纳个人所得税款的所属期间，应填写具体的起止年月日。

纳税人姓名：填写自然人纳税人姓名。

纳税人识别号：有中国公民身份号码的，填写中华人民共和国居民身份证上载明的"公民身份号码"；没有中国公民身份号码的，填写税务机关赋予的纳税人识别号。

② 被投资单位信息。

名称：填写被投资单位法定名称的全称。

纳税人识别号（统一社会信用代码）：填写被投资单位的纳税人识别号或者统一社会信用代码。

投资者应纳税所得额：填写投资者从其各投资单位取得的年度应纳税所得额。

③ 表内各行填写。

- 第 1 行"投资者应纳税所得额合计"：填写投资者从其各投资单位取得的年度应纳税所得额

的合计金额。

- 第 2～第 6 行"应调整的个人费用及其他扣除"：填写按规定需调整增加或者减少应纳税所得额的项目金额。调整减少应纳税所得额的，用负数表示。

- 第 3 行"投资者减除费用"：填写需调整增加或者减少应纳税所得额的投资者减除费用的金额。

- 第 4 行"专项扣除"：填写需调整增加或者减少应纳税所得额的"三险一金"（基本养老保险费、基本医疗保险费、失业保险费、住房公积金）的合计金额。

- 第 5 行"专项附加扣除"：填写需调整增加或者减少应纳税所得额的专项附加扣除（子女教育、继续教育、大病医疗、住房贷款利息、住房租金、赡养老人）的合计金额。

- 第 6 行"依法确定的其他扣除"：填写需调整增加或者减少应纳税所得额的商业健康保险、税延养老保险以及国务院规定其他可以扣除项目的合计金额。

- 第 7 行"应调整的其他项目"：填写按规定应予调整的其他项目的合计金额。调整减少应纳税所得额的，用负数表示。

- 第 8 行"调整后应纳税所得额"：根据相关行次计算填报。第 8 行=第 1 行+第 2 行+第 7 行。

- 第 9 行～第 10 行"税率""速算扣除数"：填写按规定适用的税率和速算扣除数。

- 第 11 行"应纳税额"：根据相关行次计算填报。第 11 行=第 8 行×第 9 行-第 10 行。

- 第 12 行"减免税额"：填写符合税法规定可以减免的税额，并附报《个人所得税减免税事项报告表》。

- 第 13 行"已缴税额"：填写纳税人本年度累计已缴纳的经营所得个人所得税的金额。

- 第 14 行"应补/退税额"：按相关行次计算填报。第 14 行=第 11 行-第 12 行-第 13 行。

（3）其他事项说明。

以纸质方式报送本表的，应当一式两份，纳税人、税务机关各留存一份。

## 三、个人所得税年度纳税申报模拟实训

【例7-1】我国居民和人张某红为非独生子女，就职于天津AB投资有限公司。本年每月税前工资、薪金收入为30 000元，每月减除费用为5 000元。张某红个人每月负担基本养老保险2 400元、基本医疗保险600元、失业保险150元、住房公积金2 400元，"三险一金"合计5 550元；赡养老人每月1 000元，住房贷款利息每月1 000元。

要求：计算张某红本年1、2月份工资、薪金所得应由AB投资有限公司预扣预缴的个人所得税并填制3月份扣缴个人所得税报告表。

【解析】

张某红1月工资、薪金所得应由AB投资公司预扣预缴

=（30 000-5 000-5 550-2 000）×3%=523.5（元）

张某红2月工资、薪金所得应由AB投资公司预扣预缴

=（30 000×2-5 000×2-5 550×2-2 000×2）×3%-523.5

=34 900×3%-523.5=1 047-523.5=523.5（元）

扣缴个人所得税报告表的填制如表7-7所示。

表 7-7

税款所属期：2019 年 3 月 1 日至 2019 年 3 月 31 日

扣缴义务人名称：天津 AB 投资有限公司

扣缴义务人纳税人识别号（统一社会信用代码）：□□□□□□□□□□□□□□□□□□

## 个人所得税扣缴申报表

金额单位：人民币元（列至角分）

| 序号 | 姓名 | 身份证件类型 | 身份证件号码 | 纳税人识别号 | 是否为非居民个人 | 所得项目 | 收入额计算 | | | | 本月（次）情况 专项扣除 | | | | 其他扣除 | | | | | | 累计情况（工资、薪金） | | | 累计专项附加扣除 | | | | | | | | 税款计算 | | | | | | | 备注 |
|---|---|---|---|---|---|---|---|---|---|---|---|---|---|---|---|---|---|---|---|---|---|---|---|---|---|---|---|---|---|---|---|---|---|---|---|---|---|---|---|
| | | | | | | | 收入 | 费用 | 免税收入 | 减除费用 | 基本养老保险费 | 基本医疗保险费 | 失业保险费 | 住房公积金 | 年金 | 商业健康保险 | 税延养老保险 | 财产原值 | 允许扣除的税费 | 其他 | 累计收入额 | 累计减除费用 | 累计专项扣除 | 子女教育 | 赡养老人 | 住房贷款利息 | 住房租金 | 继续教育 | 累计其他扣除 | 减按计税比例 | 准予扣除的捐赠额 | 应纳税所得额 | 税率预扣率 | 速算扣除数 | 应纳税额 | 减免税额 | 已扣缴税额 | 应补（退）税额 | |
| 1 | 2 | 3 | 4 | 5 | 6 | 7 | 8 | 9 | 10 | 11 | 12 | 13 | 14 | 15 | 16 | 17 | 18 | 19 | 20 | 21 | 22 | 23 | 24 | 25 | 26 | 27 | 28 | 29 | 30 | 31 | 32 | 33 | 34 | 35 | 36 | 37 | 38 | 39 | 40 |
| 1 | 张某红 | 身份证 | | | 是 | 工薪所得 | 30 000 | | | 5 000 | 2 400 | 600 | 150 | 2 400 | | | | | | | 60 000 | 10 000 | 11 100 | | 2 000 | 2 000 | | | | | | 34 900 | 3% | | 523.5 | | | | |
| 合计 | | | | | | | | | | | | | | | | | | | | | | | | | | | | | | | | | | | | | | | |

谨声明：本扣缴申报表是根据国家税收法律法规及相关规定填报的，是真实的、可靠的、完整的。

代理机构签章：

代理机构统一社会信用代码：

经办人签字：

经办人身份证件号码：

受理人：

受理税务机关（章）：

受理日期：　　　年　　月　　日

扣缴义务人（签章）：

年　　月　　日

# 第三节 个人所得税纳税申报实训练习

资料：（1）2019 年 1 月天津甲投资有限公司应付职工张某云工资 15 000 元，当月专项扣除为 2 000 元，专项附加扣除合计为 3 000 元；

（2）2 月该公司应付张某云 16 000 元，当月专项扣除为 2 100 元，专项附加扣除合计为 3 050 元。

要求：计算甲投资有限公司 2019 年 1 月、2 月应为职工张某云扣缴的个人所得税并填制 3 月扣缴个人所得税报告表。

# 第八章

## 土地增值税纳税申报与税款缴纳实训

土地增值税是对房地产转让所产生（取得）的增值额征收的一种特定目的税，也可以说是一种收益税。征收土地增值税增强了政府对房地产开发和交易市场的调控，也增加了国家财政收入。通过实训环节，让学生掌握土地增值税应纳税额的计算及纳税申报表的编制要求及方法。

1. 实训目标

（1）熟悉土地增值税的相关税收政策规定，熟练掌握土地增值税应纳税额的计算。

（2）熟练掌握土地增值税纳税申报表的填写方法，完成个人土地增值税纳税申报表的申报工作。

2. 实训内容

（1）土地增值税应纳税额的计算。

（2）土地增值税纳税申报的填制、申报。

## 第一节 土地增值税实训概述

### 一、土地增值税的概念

土地增值税是对有偿转让国有土地使用权及地上建筑物和其他附着物产权，取得增值收入的单位和个人征收的一种税。

### 二、土地增值税的纳税人和纳税范围

凡是有偿转让我国国有土地使用权、地上建筑物及附着物（以下简称转让房地产）产权，并且取得收入的单位和个人，为土地增值税的纳税人。

转让国有土地使用权，一并转让地上的建筑物及附着物连同国有土地使用权，均应缴纳土地增值税。"转让"是指以出售或其他方式进行的有偿转让，不包括以继承、赠予方式进行的无偿转让。出租房地产行为、受托代建工程，由于产权没有转移，不属于该税的纳税范围。

## 第二节 土地增值税纳税申报实训

### 一、土地增值税纳税申报概述

#### （一）纳税地点

土地增值税纳税人应向房地产所在地主管税务机关办理纳税申报。房地产所在地是指房地产的坐落地。纳税人转让的房地产坐落在两个或两个以上地区的，应按房地产所在地分别纳税。

## （二）纳税申报

土地增值税的纳税人应于转让房地产合同签订之日起 7 日内到房地产所在地的税务机关办理纳税申报，并向税务机关提交房屋及建筑物产权、土地使用权证书，土地转让、房产买卖合同，房地产评估报告以及其他与转让房地产有关的资料。

## 二、土地增值税纳税申报表及其填制

土地增值税纳税申报表分为从事房地产开发（专营与兼营）的纳税人（即房地产开发公司）和其他纳税人两种类型，两类纳税人的纳税申报要求有所不同。由于土地增值税的纳税主体不同，其申报表也不相同，具体包括：从事房地产开发的纳税人适用的《土地增值税项目登记表》，从事房地产开发的纳税人预征适用的《土地增值税纳税申报表（一）》，从事房地产开发的纳税人清算适用的《土地增值税纳税申报表（二）》，非从事房地产开发的纳税人适用《土地增值税纳税申报表（三）》，从事房地产开发的纳税人清算后尾盘销售适用《土地增值税纳税申报表（四）》，从事房地产开发的纳税人清算方式为核定征收适用《土地增值税纳税申报表（五）》以及《清算后尾盘销售土地增值税扣除项目明细表》。本章仅列示其中的前四种。

## （一）土地增值税项目登记表（从事房地产开发的纳税人适用）及其填报说明

土地增值税项目登记表（从事房地产开发的纳税人适用）如表 8-1 所示。

表 8-1　　　　　　土地增值税项目登记表（从事房地产开发的纳税人适用）

纳税人识别号：　　　　　　　纳税人名称：　　　　　　　填表日期：　年　月　日
金额单位：元至角分　　　　　　　　　　　　　　　　　　　面积单位：平方米

| 项目名称 | | 项目地址 | | 业别 | |
|---|---|---|---|---|---|
| 经济性质 | | 主管部门 | | | |
| 开户银行 | | 银行账号 | | | |
| 地址 | | 邮政编码 | | 电话 | |
| 土地使用权受让（行政划拨）合同号 | | | 受让（行政划拨）时间 | | |
| | | | | | |
| 建设项目起讫时间 | | 总预算成本 | | 单位预算成本 | |
| 项目详细坐落地点 | | | | | |
| 开发土地总面积 | | 开发建筑总面积 | | 房地产转让合同名称 | |
| 转让次序 | 转让土地面积（按次填写） | 转让面积（按次填写） | | 转让合同签订日期（按次填写） | |
| 第 1 次 | | | | | |
| 第 2 次 | | | | | |
| …… | | | | | |
| 备注 | | | | | |
| 以下由纳税人填写： | | | | | |
| 纳税人声明 | 此纳税申报表是根据《中华人民共和国土地增值税暂行条例》及其实施细则和国家有关税收规定填报的，是真实的、可靠的、完整的。 | | | | |
| 纳税人签章 | | 代理人签章 | | 代理人身份证号 | |
| 以下由税务机关填写： | | | | | |
| 受理人 | | 受理日期 | 年　月　日 | 受理税务机关签章 | |

土地增值税项目登记表（从事房地产开发的纳税人适用）填报说明如下。

（1）本表适用于从事房地产开发与建设的纳税人，在立项后及每次转让时填报。

（2）凡从事新建房及配套设施开发的纳税人，均应在规定的期限内，据实向主管税务机关填报本表所列内容。

（3）本表栏目的内容如果没有，可以空置不填。

（4）纳税人在填报土地增值税项目登记表时，应同时向主管税务机关提交土地使用权受让合同、房地产转让合同等有关资料。

（5）本表一式三份，送主管税务机关审核盖章后，两份由地方税务机关留存，一份退纳税人。

**（二）土地增值税纳税申报表（一）（从事房地产开发的纳税人预征适用）及其填报说明**

土地增值税纳税申报表（一）（从事房地产开发的纳税人预征适用）如表 8-2 所示。

土地增值税纳税申报表（一）（从事房地产开发的纳税人预征适用）填报说明如下。

（1）本表适用于从事房地产开发并转让的土地增值税纳税人，在每次转让时填报，也可按月或按各省、自治区、直辖市和计划单列市地方税务局规定的期限汇总填报。

（2）凡从事新建房及配套设施开发的纳税人，均应在规定的期限内，据实向主管税务机关填报本表所列内容。

（3）本表栏目的内容如果没有，可以空置不填。

（4）纳税人在填报土地增值税预征申报表时，应同时向主管税务机关提交《土地增值税项目登记表》等有关资料。

（5）项目编号是在进行房地产项目登记时，税务机关按照一定的规则赋予的编号，此编号会跟随项目的预征清算全过程。

（6）第 1 列"房产类型子目"是主管税务机关规定的预征率类型，每一个子目唯一对应一个房产类型。

（7）第 3 栏"货币收入"，按纳税人转让房地产开发项目所取得的货币形态的收入额（不含增值税）填写。

（8）第 4 栏"实物收入及其他收入"，按纳税人转让房地产开发项目所取得的实物形态的收入和无形资产等其他形式的收入额（不含增值税）填写。

（9）第 5 栏"视同销售收入"，纳税人将开发产品用于职工福利、奖励、对外投资、分配给股东或投资人、抵偿债务、换取其他单位和个人的非货币性资产等，发生所有权转移时应视同销售房地产，其收入不含增值税。

（10）本表一式两份，送主管税务机关审核盖章后，一份由地方税务机关留存，一份退纳税人。

**（三）土地增值税纳税申报表（二）（从事房地产开发的纳税人清算适用）及其填报说明**

土地增值税纳税申报表（二）（从事房地产开发的纳税人清算适用）如表 8-3 所示。

土地增值税纳税申报表（二）（从事房地产开发的纳税人清算适用）填报说明如下。

本表适用从事房地产开发并转让的土地增值税纳税人。

1. 表头项目

（1）税款所属期是项目预征开始的时间，截止日期是税务机关规定（通知）申报期限的最后一日（应清算项目达到清算条件起 90 天的最后一日/可清算项目税务机关通知书送达起 90 天的最后一日）。

表 8-2

## 土地增值税纳税申报表（一）（从事房地产开发的纳税人预征适用）

税款所属时间：　年　月　日　至　年　月　日　　　　　　　填表日期：　年　月　日

项目名称：　　　　　　　　　　　　　　　　　　　　　　金额单位：元至角分；面积单位：平方米

项目编号：

纳税人识别号：

| 房产类型 | 房产类型子目 | 收入 | | | | 预征率（%） | 应纳税额 | 税款缴纳 | |
|---|---|---|---|---|---|---|---|---|---|
| | | 应税收入 | 货币收入 | 实物收入及其他收入 | 视同销售收入 | | | 本期已缴税额 | 本期应缴税额计算 |
| | 1 | 2=3+4+5 | 3 | 4 | 5 | 6 | 7=2×6 | 8 | 9=7-8 |
| 普通住宅 | | | | | | | | | |
| 非普通住宅 | | | | | | | | | |
| 其他类型房地产 | | | | | | | | | |
| 合计 | — | | | | | — | | | |

以下由纳税人填写：

纳税人声明：此纳税申报表是根据《中华人民共和国土地增值税暂行条例》及其实施细则和国家有关税收规定填报的，是真实的、可靠的、完整的。

纳税人签章：　　　　　　　代理人签章：　　　　　　　代理人身份证号：

以下由税务机关填写：

受理人　　　　　　　受理日期　　年　月　日　　　　受理税务机关签章

本表一式两份，一份纳税人留存，一份税务机关留存。

表 8-3

## 土地增值税纳税申报表（二）（从事房地产开发的纳税人清算适用）

税款所属时间：　年　月　日 至　年　月　日　填表日期：　年　月　日

纳税人识别号：□□□□□□□□□□□□□□□

金额单位：元至角分　面积单位：平方米

| 纳税人名称 | | 项目名称 | | 项目编号 | |
|---|---|---|---|---|---|
| 所属行业 | | 登记注册类型 | | 纳税人地址 | 项目地址 |
| 开户银行 | | 银行账号 | | 主管部门 | 邮政编码 |
| | | | | | 电话 |

| 总可售面积 | | | |
|---|---|---|---|
| 已售面积 | 其中：普通住宅已售面积 | 其中：非普通住宅已售面积 | 其中：其他类型房地产已售面积 |
| 自用和出租面积 | | | |

| 项目 | | 行次 | 金额 | | | |
|---|---|---|---|---|---|---|
| | | | 合计 | 普通住宅 | 非普通住宅 | 其他类型房地产 |
| 一、转让房地产收入总额 1=2+3+4 | | 1 | | 76 480 000.00 | | |
| 其中 | 货币收入 | 2 | | 76 480 000.00 | | |
| | 实物收入及其他收入 | 3 | | 0.00 | | |
| | 视同销售收入 | 4 | | 0.00 | | |
| 二、扣除项目金额合计 5=6+7+14+17+21+22 | | 5 | | 38 942 700.00 | | |
| 1. 取得土地使用权所支付的金额 6 | | 6 | | 11 536 000.00 | | |
| 2. 房地产开发成本 7=8+9+10+11+12+13 | | 7 | | 18 000 000.00 | | |
| 其中 | 土地征用及拆迁补偿费 | 8 | | 720 000.00 | | |
| | 前期工程费 | 9 | | 0.00 | | |
| | 建筑安装工程费 | 10 | | 16 800 000.00 | | |
| | 基础设施费 | 11 | | 0.00 | | |
| | 公共配套设施费 | 12 | | 480 000.00 | | |
| | 开发间接费用 | 13 | | 0.00 | | |
| 3. 房地产开发费用 14=15+16 | | 14 | | 2 658 200.00 | | |
| 其中 | 利息支出 | 15 | | 0.00 | | |
| | 其他房地产开发费用 | 16 | | 2 658 200.00 | | |

续表

| 项目 | 行次 | 金额 | | | 合计 |
| --- | --- | --- | --- | --- | --- |
| | | 普通住宅 | 非普通住宅 | 其他类型房地产 | |
| 4.与转让房地产有关的税金等 17=18+19+20 | 17 | 841 128.00 | | | |
| 其中 营业税 | 18 | 000 | | | |
| 城市维护建设税 | 19 | 420 640.00 | | | |
| 教育费附加 | 20 | 420 640.00 | | | |
| 5.财政部规定的其他扣除项目 | 21 | 5 907 200 | | | |
| 6.代收费用 | 22 | 0.00 | | | |
| 三、增值额　23=1-5 | 23 | 37 537 300.00 | | | |
| 四、增值额与扣除项目金额之比（%）24=23÷5 | 24 | 96.39% | | | |
| 五、适用税率（%） | 25 | 40% | | | |
| 六、速算扣除系数（%） | 26 | 5% | | | |
| 七、应缴土地增值税税额　27=23×25-5×26 | 27 | 13 067 800.00 | | | |
| 八、减免税额　28=30+32+34 | 28 | 0.00 | | | |
| 其中 减免性质代码（1） | 29 | | | | |
| 减免税额（1） | 30 | 0.00 | | | |
| 减免性质代码（2） | 31 | | | | |
| 减免税额（2） | 32 | 0.00 | | | |
| 减免性质代码（3） | 33 | | | | |
| 减免税额（3） | 34 | 0.00 | | | |
| 九、已缴土地增值税税额 | 35 | 0.00 | | | |
| 十、应补（退）土地增值税税额　36=27-28-35 | 36 | 13 067 800.00 | | | |

以下由纳税人填写：

纳税人声明　此纳税申报表是根据《中华人民共和国土地增值税暂行条例》及其实施细则和国家有关税收规定填报的，是真实的、可靠的、完整的。

纳税人签章　　　　代理人签章　　　　代理人身份证号

以下由税务机关填写：

受理人　　　受理日期　　年　月　日　　受理税务机关签章

本表一式两份，一份纳税人留存，一份税务机关留存。

（2）纳税人识别号：填写税务机关为纳税人确定的识别号。

（3）项目名称：填写纳税人所开发并转让的房地产开发项目全称。

（4）项目编号：是在进行房地产项目登记时，税务机关按照一定的规则赋予的编号，此编号会跟随项目的预征清算全过程。

（5）所属行业：根据《国民经济行业分类》（GB/T 4754-2011）填写。该项可由系统根据纳税人识别号自动带出，无须纳税人填写。

（6）登记注册类型：单位，根据税务登记证或组织机构代码证中登记的注册类型填写；纳税人是企业的，根据国家统计局《关于划分企业登记注册类型的规定》填写。该项可由系统根据纳税人识别号自动带出，无须纳税人填写。

（7）主管部门：按纳税人隶属的管理部门或总机构填写。外商投资企业不填。

（8）开户银行：填写纳税人开设银行账户的银行名称；如果纳税人在多个银行开户的，填写其主要经营账户的银行名称。

（9）银行账号：填写纳税人开设的银行账户的号码；如果纳税人拥有多个银行账户的，填写其主要经营账户的号码。

2. 表中项目

（1）第 1 栏"转让房地产收入总额"，按纳税人在转让房地产开发项目所取得的全部收入额（不含增值税）填写。

（2）第 2 栏"货币收入"，按纳税人转让房地产开发项目所取得的货币形态的收入额（不含增值税）填写。

（3）第 3 栏"实物收入及其他收入"，按纳税人转让房地产开发项目所取得的实物形态的收入和无形资产等其他形式的收入额（不含增值税）填写。

（4）第 4 栏"视同销售收入"，纳税人将开发产品用于职工福利、奖励、对外投资、分配给股东或投资人、抵偿债务、换取其他单位和个人的非货币。

性资产等，发生所有权转移时应视同销售房地产，其收入不含增值税。

（5）第 6 栏"取得土地使用权所支付的金额"，按纳税人为取得该房地产开发项目所需要的土地使用权而实际支付（补交）的土地出让金（地价款）

及按国家统一规定交纳的有关费用的数额填写。

（6）第 8 栏至第 13 栏，应根据《中华人民共和国土地增值税暂行条例实施细则》（财法字〔1995〕6 号，以下简称《细则》）规定的从事房地产开发所实际发生的各项开发成本的具体数额填写。

（7）第 15 栏"利息支出"，按纳税人进行房地产开发实际发生的利息支出中符合《细则》第七条（三）规定的数额填写。如果不单独计算利息支出的，则本栏数额填写为"0"。

（8）第 16 栏"其他房地产开发费用"，应根据《细则》第七条（三）的规定填写。

（9）第 18 栏至第 20 栏，按纳税人转让房地产时所实际缴纳的税金数额（不包括增值税）填写。

（10）第 21 栏"财政部规定的其他扣除项目"，是指根据《中华人民共和国土地增值税暂行条例》（国务院令第 138 号，以下简称《条例》）和《细则》等有关规定所确定的财政部规定的扣除项目的合计数。

（11）第 22 栏"代收费用"，应根据《财政部 国家税务总局关于土地增值税一些具体问题》（财税字〔1995〕48 号）规定"对于县级及县级以上人民政府要求房地产开发企业在售房时代收的各项费用，如果代收费用是计入房价中向购买方一并收取的，可作为转让房地产所取得的收入计税；如果代收费用未计入房价中,而是在房价之外单独收取的,可以不作为转让房地产的收入。对于代收费用作为转让收入计税的,在计算扣除项目金额时,可予以扣除,但不允许作为加计20%扣除的基数;对于代收费用未作为转让房地产的收入计税的,在计算增值额时不允许扣除代收费用"填写。

(12)第25栏"适用税率",应根据《条例》规定的四级超率累进税率,按所适用的最高一级税率填写。

(13)第26栏"速算扣除系数",应根据《细则》第十条的规定找出相关速算扣除系数来填写。

(14)第29栏、第31栏、第33栏"减免性质代码":按照税务机关最新制发的减免税政策代码表中最细项减免性质代码填报。表第30栏、第32栏、第34栏"减免税额"填写相应"减免性质代码"对应的减免税金额,纳税人同时享受多个减免税政策应分别填写,不享受减免税的,不填写此项。

(15)第35栏"已缴土地增值税税额",按纳税人已经缴纳的土地增值税的数额填写。

(16)表中每栏按照"普通住宅、非普通住宅、其他类型房地产"分别填写。

**(四)土地增值税纳税申报表(三)(非从事房地产开发的纳税人适用)及其填报说明**

土地增值税纳税申报表(三)(非从事房地产开发的纳税人适用)如表8-4所示。

表8-4　　　　　　　　土地增值税纳税申报表(三)(非从事房地产开发的纳税人适用)

税款所属时间:　年　月　日至　　年　月　日　　　　　　　　　　　　填表日期:　年　月　日

金额单位:元至角分　　　　　　　　　　　　　　　　　　　　　　　　面积单位:平方米

纳税人识别号　□□□□□□□□□□□□□□□□□□

| 纳税人名称 | | 项目名称 | | | 项目地址 | | |
|---|---|---|---|---|---|---|---|
| 所属行业 | | 登记注册类型 | | 纳税人地址 | | 邮政编码 | |
| 开户银行 | | 银行账号 | | 主管部门 | | 电话 | |

| 项目 | | | 行次 | 金额 |
|---|---|---|---|---|
| 一、转让房地产收入总额　1=2+3+4 | | | 1 | |
| 其中 | 货币收入 | | 2 | |
| | 实物收入 | | 3 | |
| | 其他收入 | | 4 | |
| 二、扣除项目金额合计<br>(1)5=6+7+10+15<br>(2)5=11+12+14+15 | | | 5 | |
| (1)提供评估价格 | 1. 取得土地使用权所支付的金额 | | 6 | |
| | 2. 旧房及建筑物的评估价格　7=8×9 | | 7 | |
| | 其中 | 旧房及建筑物的重置成本价 | 8 | |
| | | 成新度折扣率 | 9 | |
| | 3. 评估费用 | | 10 | |
| (2)提供购房发票 | 1. 购房发票金额 | | 11 | |
| | 2. 发票加计扣除金额　12=11×5%×13 | | 12 | |
| | 其中:房产实际持有年数 | | 13 | |
| | 3. 购房契税 | | 14 | |
| 4. 与转让房地产有关的税金等　15=16+17+18+19 | | | 15 | |
| 其中 | 营业税 | | 16 | |
| | 城市维护建设税 | | 17 | |

续表

| 项目 | | 行次 | 金额 |
|---|---|---|---|
| 其中 | 印花税 | 18 | |
| | 教育费附加 | 19 | |
| 三、增值额 20=1-5 | | 20 | |
| 四、增值额与扣除项目金额之比（%）21=20÷5 | | 21 | |
| 五、适用税率（%） | | 22 | |
| 六、速算扣除系数（%） | | 23 | |
| 七、应缴土地增值税税额 24=20×22-5×23 | | 24 | |
| 八、减免税额（减免性质代码：） | | 25 | |
| 九、已缴土地增值税税额 | | 26 | |
| 十、应补（退）土地增值税税额 27=24-25-26 | | 27 | |

以下由纳税人填写：

| 纳税人声明 | 此纳税申报表是根据《中华人民共和国土地增值税暂行条例》及其实施细则和国家有关税收规定填报的，是真实的、可靠的、完整的。 | | |
|---|---|---|---|
| 纳税人签章 | | 代理人签章 | 代理人身份证号 |

以下由税务机关填写：

| 受理人 | | 受理日期 | 年 月 日 | 受理税务机关签章 | |
|---|---|---|---|---|---|

本表一式两份，一份纳税人留存，一份税务机关留存。

土地增值税纳税申报表（三）（非从事房地产开发的纳税人适用）填报说明如下。

1. 适用范围

土地增值税纳税申报表（三）适用于非从事房地产开发的纳税人。该纳税人应在签订房地产转让合同后的七日内，向房地产所在地主管税务机关填报土地增值税纳税申报表（三）。

土地增值税纳税申报表（三）还适用于以下从事房地产开发的纳税人：将开发产品转为自用、出租等用途且已达到主管税务机关旧房界定标准后，又将该旧房对外出售的。

2. 土地增值税纳税申报表（三）主要项目填表说明

（1）表头项目。

① 纳税人识别号：填写税务机关为纳税人确定的识别号。

② 项目名称：填写纳税人转让的房地产项目全称。

③ 登记注册类型：单位，根据税务登记证或组织机构代码证中登记的注册类型填写；纳税人是企业的，根据国家统计局《关于划分企业登记注册类型的规定》填写。该项可由系统根据纳税人识别号自动带出，无须纳税人填写。

④ 所属行业：根据《国民经济行业分类》（GB/T 4754-2011）填写。该项可由系统根据纳税人识别号自动带出，无须纳税人填写。

⑤ 主管部门：按纳税人隶属的管理部门或总机构填写。外商投资企业不填。

（2）表中项目。

土地增值税纳税申报表（三）的各主要项目内容，应根据纳税人转让的房地产项目作为填报对象。纳税人如果同时转让两个或两个以上房地产的，应分别填报。

① 第1栏"转让房地产收入总额"，按纳税人转让房地产所取得的全部收入额（不含增值税）填写。

② 第2栏"货币收入"，按纳税人转让房地产所取得的货币形态的收入额（不含增值税）填写。

③ 第 3 栏、第 4 栏"实物收入""其他收入",按纳税人转让房地产所取得的实物形态的收入和无形资产等其他形式的收入额(不含增值税)填写。

④ 第 6 栏"取得土地使用权所支付的金额",按纳税人为取得该房地产开发项目所需要的土地使用权而实际支付(补交)的土地出让金(地价款)及按国家统一规定交纳的有关费用的数额填写。

⑤ 第 7 栏"旧房及建筑物的评估价格",是指根据《中华人民共和国土地增值税暂行条例》(国务院令第 138 号,以下简称《条例》)和《中华人民共和国土地增值税暂行条例实施细则》(财法字〔1995〕6 号,以下简称《细则》)等有关规定,按重置成本法评估旧房及建筑物并经当地税务机关确认的评估价格的数额。本栏由第 8 栏与第 9 栏相乘得出。如果本栏数额能够直接根据评估报告填报,则本表第 8 栏、第 9 栏可以不必再填报。

⑥ 第 8 栏"旧房及建筑物的重置成本价",是指按照《条例》和《细则》规定,由政府批准设立的房地产评估机构评定的重置成本价。

⑦ 第 9 栏"成新度折扣率",是指按照《条例》和《细则》规定,由政府批准设立的房地产评估机构评定的旧房及建筑物的新旧程度折扣率。

⑧ 第 10 栏"评估费用",是指纳税人转让旧房及建筑物时因计算纳税的需要而对房地产进行评估,其支付的评估费用允许在计算增值额时予以扣除。

⑨ 第 11 栏"购房发票金额",区分以下情形填写:提供营业税销售不动产发票的,按发票所载金额填写;提供增值税专用发票的,按发票所载金额与不允许抵扣进项税额合计金额数填写;提供增值税普通发票的,按照发票所载价税合计金额数填写。

⑩ 第 12 栏"发票加计扣除金额"是指购房发票金额乘以房产实际持有年数乘以 5%的积数。

⑪ 第 13 栏"房产实际持有年数"是指,按购房发票所载日期起至售房发票开具之日止,每满 12 个月计一年;未满 12 个月但超过 6 个月的,可以视同为一年。

⑫ 第 14 栏"购房契税"是指购房时支付的契税。

⑬ 第 15 栏"与转让房地产有关的税金等"为表第 16 栏至表第 19 栏的合计数。

⑭ 第 16 栏至第 19 栏,按纳税人转让房地产时实际缴纳的有关税金的数额填写。开具营业税发票的,按转让房地产时缴纳的营业税数额填写;开具增值税发票的,第 16 栏营业税为 0。

⑮ 第 22 栏"适用税率",应根据《条例》规定的四级超率累进税率,按所适用的最高一级税率填写。

⑯ 第 23 栏"速算扣除系数",应根据《细则》第十条的规定找出相关速算扣除系数填写。

## 三、土地增值税纳税申报模拟实训

【例8-1】海滨县弘毅房地产开发企业2017年度委托建筑公司承建位于县城的住宅楼10栋,其中:80%的建筑面积直接对外销售,取得开具增值税专用发票的销售收入7 648万元;其余部分暂时对外出租,本年度取得开具增值税专用发票的租金收入63万元(不符合简易征税要求)。与该住宅楼开发相关的成本、费用如下。

(1)支付取得土地使用权价款1 400万元。

(2)取得土地使用权支付相关税费42万元。

(3)前期拆迁补偿费90万元,直接建筑成本2 100万元,环卫绿化工程费用60万元。

（4）发生管理费用450万元、销售费用280万元、财务费用370万元（利息支出不能准确按转让房地产项目计算分摊）。当省该省政府规定，房地产开发费用的扣除比例为9%。（以万元为单位核算，增值税进项税额已抵扣）

要求：根据上述资料，计算应纳土地增值税税额并填制土地增值税纳税申报表（二）。

【解析】

1. 土地增值税税额的计算

（1）该房地产开发企业2017年应缴纳的城市维护建设税、教育费附加和地方教育附加合计数。

该房地产开发企业2017年城市维护建设税、教育费附加和地方教育附加合计数

$=7\,648×11\%×（5\%+3\%+2\%）+63×11\%×（5\%+3\%+2\%）$

$=84.82（万元）$

（2）该房地产开发企业计算土地增值税的增值额时，允许扣除的取得土地使用权所支付的金额和开发成本的合计数。

取得土地使用权所支付的金额$=（1\,400+42）×80\%=1\,153.6（万元）$

开发成本$=（90+2\,100+60）×80\%=1\,800（万元）$

合计$=1\,153.6+1\,800=2\,953.6（万元）$

（3）该房地产开发企业计算土地增值税的增值额时，允许扣除的开发费用金额。

开发费用$=（1\,153.6+1\,800）×9\%=265.82（万元）$

（4）该房地产开发企业计算土地增值税的增值额时，允许扣除的与转让房地产有关的税金金额。

允许扣除的与转让房地产有关的税金$=7\,648×11\%×（5\%+3\%+2\%）=84.13（万元）$

（5）该房地产开发企业计算土地增值税的增值额时，允许扣除项目金额合计数。

加计扣除$=（1\,153.6+1\,800）×20\%=590.72（万元）$

允许扣除项目金额合计$=1\,153.6+1\,800+265.82+84.13+590.72=3\,894.27（万元）$

（6）该房地产开发企业应缴纳的土地增值税。

增值额$=7\,648-3\,894.27=3\,753.73（万元）$

增值率$=3\,753.73÷3\,894.27×100\%=96.39\%$

适用40%的税率和5%的速算扣除系数。

应纳土地增值税税额$=3\,753.73×40\%-3\,894.27×5\%=1\,306.78（万元）$

2. 土地增值税纳税申报表（二）的填列如表8-3所示。

# 第三节 土地增值税纳税申报实训练习

资料：某工业企业2018年5月1日转让其位于县城的一栋办公楼，取得不含增值税销售收入12 000万元。2008年建造该办公楼时，为取得土地使用权支付金额3 000万元，发生建造成本4 000万元。转让时经政府批准的房地产评估机构评估后，确定该办公楼的重置成本价为8 000万元。

（其他相关资料：产权转移书据印花税税率0.5‰，成新度折扣率60%。纳税人选择简易办法缴纳增值税。）

要求：根据上述资料，计算该企业应缴纳的土地增值税并填写土地增值税纳税申报表。

# 《税务会计》课后练习参考答案

## 第三章　增值税会计

### 一、计算题

**1.『答案解析』**

销项税额=800×280×13%+500×280×13%+ 60 000÷（1+13%）×13 %

　　　　=29 120+18 200+6 902.65

　　　　=54 222.65（元）

进项税额=8 000×9%+18 200=18 920（元）

当月应纳增值税=54 222.65-18 920=35 302.65（元）

**2.『答案解析』**

业务1：

对方支付的提前竣工奖属于价外费用，应包括在计税依据中。

应该缴纳的增值税=（3 000+200）÷（1+9%）×9%-1 080÷（1+13%）×13%=139.97（万元）

业务2：

纳税人跨县（市、区）提供建筑服务，适用一般计税方法计税的，

应预缴税款=（全部价款和价外费用-支付的分包款）÷（1+9%）×2%。

应预缴的增值税=（4 500-800）÷（1+9%）×2%=67.89（万元）

该业务应缴纳增值税=4 500÷（1+9%）×9%-800÷（1+9%）×9%=305.5（万元）

业务3：

增值税销项税额=（20+7+5）÷（1+9%）×9%=2.64（万元）

业务4：

增值税销项税额=10÷（1+9%）×9%=0.81（万元）

该公司当月合计应缴纳增值税=139.97+305.5+2.64+0.81=448.92（万元）

**3.『答案解析』**

（1）进口货物进口环节应缴纳增值税=（1×500+1×500×15%）×13%=74.75（万元）

（2）销项税额=（400+2+20）×1.8÷（1+13%）×13%=87.39（万元）

（3）可以抵扣的进项税额=74.75+9×9%+1.3×9%=75.66（万元）

（4）应纳增值税=87.39-75.66=11.73（万元）

### 二、会计核算题

**1.『答案解析』**

会计分录如下

| | | |
|---|---|---|
| （1）借：在途物资——铸铁 | 180 000 | |
| 　　　应交税费——应交增值税（进项税额） | 23 400 | |
| 　　　　贷：银行存款 | | 203 400 |
| （2）借：银行存款 | 210 000 | |
| 　　　应交税费——应交增值税（进项税额） | 27 300 | |
| 　　　　贷：在途物资 | | 237 300 |
| （3）借：原材料 | 360 000 | |
| 　　　应交税费——应交增值税（进项税额） | 46 800 | |
| 　　　　贷：实收资本 | | 406 800 |
| （4）借：委托加工物资 | 168 000 | |
| 　　　　贷：原材料 | | 168 000 |
| （5）支付加工费。 | | |
| 　　借：委托加工物资 | 18 000 | |
| 　　　应交税费——应交增值税（进项税额） | 2 340 | |
| 　　　　贷：银行存款 | | 20 340 |
| （6）借：半成品 | 186 000 | |
| 　　　　贷：委托加工物资 | | 186 000 |
| （7）借：在途物资 | 380 000 | |
| 　　　应交税费——应交增值税（进项税额） | 49 400 | |
| 　　　　贷：应付账款 | | 429 400 |

（8）销项税额=10 900÷（1+13%）×13%=1 253.98（元）

| | | |
|---|---|---|
| 　　借：银行存款 | 10 900 | |

    贷：其他业务收入                     9 646.02

        应交税费——应交增值税（销项税额）       1 253.98

 （9）借：银行存款                    3 118 800

     贷：主营业务收入                2 760 000

        应交税费——应交增值税（销项税额）       358 800

 （10）借：主营业务收入                198 000

      应交税费——应交增值税（销项税额）       25 740

        贷：银行存款              223 740

 2.『答案解析』

甲公司总包人会计处理如下

 （1）完成合同成本时：

 借：工程施工——合同成本              500

  贷：原材料等                 500

 （2）收到总承包款：

 借：银行存款                  1 000

  贷：工程结算                970.88

    应交税费——未交增值税           29.12

 （3）分包工程结算：

 借：工程施工——合同成本            291.26

   应交税费——未交增值税            8.74

   贷：应付账款——乙公司            300

 （4）全额支付分包工程款时：

 借：应付账款——乙公司             300

  贷：银行存款                300

 （5）甲公司确认该项目收入与费用：

 借：主营业务成本               791.26

  工程施工——合同毛利            179.62

  贷：主营业务收入              970.88

 （6）工程结算与工程施工对冲结平：

 借：工程结算                970.88

  贷：工程施工——合同成本           791.26

      ——合同毛利            179.62

 （7）向项目所在地 B 国税局预缴税款=（1 000-300）÷（1+3%）×3%=20.38（万元）

 借：应交税费——未交增值税            20.38

  贷：银行存款               20.38

# 第四章 消费税会计

**一、计算题**

1.『答案解析』

 （1）采用分期收款方式销售应税消费品的，增值税和消费税的纳税义务发生时间均为销售合同约定的收款日期的当天。

 应缴纳的消费税=300×30%×5%=4.5（万元）。

 （2）纳税人用于换取生产资料和消费资料，投资入股和抵偿债务等方面的自产应税消费品，应当以纳税人同类应税消费品的最高销售价格作为计税依据计算消费税。

 将自产实木地板作价投资给商店应缴纳的消费税=220×5%=11（万元）

 （3）外购已税素板用于继续生产高级实木地板，可以按照生产领用数量计算准予扣除的外购素板已纳的消费税税款。

 甲实木地板厂当年 1 月应缴纳的消费税=4.5+（30×5%-10×80%×5%）+30×5%+11+80×（1+5%）÷（1-5%）×5%=22.52（万元）

 2.『答案解析』

 （1）乙企业受托加工酒精代收代缴的消费税=（85+10）÷（1-5%）×5%=5（万元）

 （2）纳税人用于换取生产资料和消费资料，投资入股和抵偿债务等方面的应税消费品，应当以纳税人同类应税消费品的最高销售价格作为计税依据计算消费税。

 用于抵偿债务的白酒应缴纳的消费税=10×3×20%+10×2 000×0.5÷10 000=7（万元）

 （3）赠送给关联企业的新型白酒应缴纳的消费税=[1.5×0.8×（1+10%）+0.8×2 000×0.5÷10 000]÷（1-20%）×20%+0.8×2 000×0.5÷10 000=0.43（万元）

**二、会计核算题**

『答案解析』

业务1：

以物易物，是特殊方式的销售，增值税按均价计算，消费税按最高价计税。

销项税额=进项税额=250×350×13%=11 375（元）

消费税=350×295×15%=15 487.5（元）

借：原材料 87 500（250×350）

    应交税费——应交增值税（进项税额） 11 375

    贷：库存商品 87 500

       应交税费——应交增值税（销项税额） 11 375

借：税金及附加 15 487.5

    贷：应交税费——应交消费税 15 487.5

**业务2：**

销项税额=360×60×13%=2 080（元）

消费税额=360×60×15%=3 240（元）

借：应收账款 25 056

    贷：主营业务收入 21 600

       应交税费——应交增值税（销项税额） 2 080

借：税金及附加 3 240

    贷：应交税费——应交消费税 3 240

**业务3：**

国外进口货物应按组成计税价格计征消费税和增值税。

进口香粉应纳消费税=（60 000+35 000）÷（1-15%）×15%=16 764.71（元）

进口香粉应纳增值税=（60 000+35 000）÷（1-15%）×13%=14 529.41（元）

进口环节的（消费税和增值税）税金合计=16 764.71+14 529.41=31 294.12（元）

借：库存商品 111 764.71

    应交税费——应交增值税（进项税额） 14 529.41

    贷：应付账款 60 000

       银行存款 66 294.12

**业务4：**

为影视制作公司生产上妆油不属于消费税的征收范围；

销项税额=500×60×13%=3 900（元）

借：银行存款 33 900

    贷：主营业务收入 30 000

       应交税费——应交增值税（销项税额） 3 900

**业务5：**

进项税额=70 000×13%=10 400（元）

借：原材料 70 000

    应交税费——应交增值税（进项税额） 10 400

    贷：银行存款 80 400

**业务6：**

委托加工的应纳税消费品，应于提货时由受托方按其同类消费品的销售价格代收代缴消费税，没有同类销售价格的，按组成计税价格计算代收代缴的消费税。

代收代缴消费税=（8 000+25 000）÷（1-15%）×15%=5 823.53（元）

进项税额=8 000×13%=1 040（元）

① 发出材料时。

借：委托加工物资 25 000

    贷：原材料 25 000

② 支付加工费时。

借：委托加工物资 80 000

    应交税费——应交增值税（进项税额） 1 040

    贷：银行存款 81 040

③ 支付代收代缴消费税时。

借：委托加工物资 5 823.53

    贷：银行存款 5 823.53

# 第五章　关税会计

**一、计算题**

1.『答案解析』

关税完税价格=离岸价+软件费+卖方佣金-买方佣金+运保费

=1 520+50+10-20+30

=1 590（万元）

进口环节关税=1 590×7%=111.3（万元）

2.『答案解析』

出口货物的完税价格，由海关以该货物向境外销售的成交价格为基础审查确定，并应包括货物运至我国境内输出地点装载前的运输及其相关费用、保险费，但其中包含的出口关税税额，应当扣除。出口货物的成交价格中含有支付给境外的佣金的，如果单独列明，应当扣除。

该公司出口锌锭应缴纳的出口关税=（170-12）×20%=31.6（万元）

## 二、会计核算题

『答案解析』

完税价格=（20 000×15+3 000）×6÷（1-0.3%）=1 823 470.41（元）

关税=1 823 470.41×12%=218 816.45（元）

外贸单位向委托单位收取关税和手续费

| 借：银行存款 | 298 816.45 | |
| 贷：代购代销收入——手续费 | | 80 000 |
| 应交税费——进口关税 | | 218 816.45 |

委托单位承付关税及手续费

| 借：材料采购 | 298 816.45 | |
| 贷：银行存款 | | 298 816.45 |

# 第六章　资源税会计

## 一、计算题

1.『答案解析』

手续费和延期付款利息应该作为价外费用计算纳税，价外费用视为含税收入。

应纳税额=[1 350 000+（1 695+2 260）÷（1+10%）]×10%=135 359.54（元）。

2.『答案解析』

洗选煤应纳税额=洗选煤销售额×折算率×适用税率，洗选煤销售额包括洗选副产品的销售额，不包括洗选煤从洗选煤厂到车站、码头等的运输费用。该企业销售洗煤应缴纳的资源税=5 000×80%×10%=400（万元）

## 二、会计核算题

『答案解析』

（1）应纳资源税=88×1.5=132（元）

会计分录如下：

| 借：税金及附加 | 132 | |
| 贷：应交税费——应交资源税 | | 132 |

实际上缴时。

| 借：应交税费——应交资源税 | 132 | |
| 贷：银行存款 | | 132 |

（2）收购未税矿产品应代扣的资源税=40 000×1.5=60 000（元）

| 借：物资采购 | 32 060 000 | |
| 贷：应交税费——应交资源税 | | 60 000 |
| 银行存款 | | 32 000 000 |

销售自产铜矿应纳资源税=50 000×1.7=85 000（元）

| 借：税金及附加 | 85 000 | |
| 贷：应交税费——应交资源税 | | 85 000 |

（3）收购铁矿石时应代扣的资源税=50 000×14=700 000（元）

| 借：物资采购 | 2 200 000 | |
| 贷：应交税费——应交资源税 | | 700 000 |
| 银行存款 | | 1 500 000 |

自产入选铁矿石应纳资源税额=550 000×14=7 700 000（元）

| 借：生产成本 | 7 700 000 | |
| 贷：应交税费——应交资源税 | | 7 700 000 |

# 第七章　企业所得税会计

## 一、计算题

1.『答案解析』

（1）应缴纳的增值税=[9 000+46.4÷（1+16%）]×16%-384=8 622.4（万元）

（2）应缴纳的消费税=9 000×3%=270（万元）

（3）应缴纳的增值税（一般纳税人出租其2016年4月30日前取得的不动产可以选择适用简易计税方法，按照5%的征收率计税）=12×5%=0.6（万元）

（4）应缴纳的城建税、教育费附加为：

城建税=（8 622.4+270+0.6）×7%=622.51（万元）

教育费附加=（8 622.4+270+0.6）×3 %=266.79（万元）

（5）所得税前可以扣除的税金合计=270+0.6+622.51+266.79=1 159.9（万元）

2.『答案解析』

（1）会计利润总额=2 500+70-1 100-670-480-60-40-50=170（万元）

（2）广告费和业务宣传费调增所得额=450-2 500×15%=450-375=75（万元）

（3）业务招待费调增所得额=15-15×60%=15-9=6（万元）

（4）捐赠支出应调增所得额=30-170×12%=9.6（万元）

（5）"三费"应调增所得额=3+29-150×18.5%=4.25（万元）

（6）应纳税所得额=170+75+6+9.6+6+4.25=270.85（万元）

（7）上年应缴企业所得税=270.85×25%=67.71（万元）

## 二、会计核算题

1.『答案解析』

第2年12月31日。

资产的账面价值=100-10=90（万元）

资产的计税基础=100-20=80（万元）

应纳税暂时性差异=90-80=10（万元）

递延所得税负债=10×25%=2.5（万元）

借：所得税费用　　　　　　　　　　　　　　　　　　　　　25 000

　　贷：递延所得税负债　　　　　　　　　　　　　　　　　　　　　25 000

2.『答案解析』

根据已知条件，各年按直线法计提的折旧额及按税法规定计算的纳税调整额如附表1所示。

附表1　　　　　　　　　按直线法计提的折旧额及按税法规定计算的纳税调整额

| 项目 | 2017年 | 2018-2024年 | 2025年 | 2026年 |
|---|---|---|---|---|
| 财务会计年折旧 | 23.75 | 23.75 | 0 | 0 |
| 税务会计年折旧 | 19 | 19 | 19 | 19 |
| 纳税调增（每年） | 4.75 | 4.75 | | |
| 纳税调减（每年） | | | 19 | 19 |

有关会计处理如下。

本题中，2017年1月1日至2024年12月31日，该公司按会计规定每年计提折旧为23.75万元（200×95%÷8），按税法规定每年计提折旧为19万元（200×95%÷10）。

2017年1月1日，该设备的账面价值为176.25万元（200-23.75），计税基础为181万元（200-19），产生可抵扣暂时性差异4.75万元，应确认递延所得税资产1.187 5万元（4.75×25%）。

借：所得税费用　　　　　　　　　　　　　　　　　　　　　25

　　递延所得税资产　　　　　　　　　　　　　　　　　　　　1.187 5

　　贷：应交税费——应交所得税　　　　　　　　　　　　　　　26.187 5

2018年，该设备的账面价值为152.5万元（200-23.75-23.75），计税基础为162万元（200-19-19），产生可抵扣暂时性差异9.5万元，应确认递延所得税资产2.375万元（9.5×25%）。

借：所得税费用　　　　　　　　　　　　　　　　　　　　　25

　　递延所得税资产　　　　　　　　　　　　　　　　　　　　1.187 5

　　贷：应交税费——应交所得税　　　　　　　　　　　　　　　26.187 5

后几年的会计处理（略）。

# 第八章　个人所得税会计

## 一、计算题

1.『答案解析』

（1）李老师当月工资薪金收入应纳个人所得税额=（12 000-5 000-4 300）×3%=81（元）

（2）李老师转让房产应纳个人所得税额=（800-105-450）×20%=69.7（万元）

（3）李老师为某单位做专题讲座应纳个人所得税额=4 500×（1-20%）×20%=720（元）

2.『答案解析』

全年应纳税所得额=145 000-60 000+15 765.765=69 234.235（元）

应纳税额=69 234.235×10%-2520

　　　　=4403.42（元）

3.『答案解析』

全年应纳税所得额=18-4.5-3.8-06.-0.5-0.2-6=2.6（万元）

全年应纳税额=2.6×5%=0.13（万元）

该个体工商户 8 月份应纳税额=0.13÷12=0.0108（万元）=108（元）

注：该个体工商户每个月缴纳个人所得税 108 元，年终汇算清缴时多退少补。

**二、会计核算题**

1.『答案解析』

企业应做会计分录如下：

（1）支付工资时，计算应代扣代缴个人所得税税额。

借：应付职工薪酬　　　　　　　　　　　　　　　　　　　81

　　贷：应交税金——应交代扣个人所得税　　　　　　　　　　　81

（2）缴纳个人所得税时。

借：应交税金——应交代扣个人所得税　　　　　　　　　　81

　　贷：银行存款　　　　　　　　　　　　　　　　　　　81

2.『答案解析』

应纳税所得额=120 000×（1-20%）=96 000（元）

应纳税额=96 000×40%-7 000=31 400（元）

该娱乐城应做会计分录如下：

（1）支付工资，计算出应代扣代缴个人所得税税款时。

借：管理费用　　　　　　　　　　　　　　　　　　　31 400

　　贷：应交税金——应交代扣个人所得税　　　　　　　　　31 400

（2）缴纳个人所得税时。

借：应交税金——应交代扣个人所得税　　　　　　　　31 400

　　贷：银行存款　　　　　　　　　　　　　　　　　　31 400

# 第九章　土地增值税会计

**一、计算题**

1.『答案解析』

（1）计算扣除金额=4 800+4 800×10%+770+4 800×20%=7 010（万元）；

（2）计算土地增值额=14 000-7 010=6 990（万元）；

（3）计算增值率=6 990÷7 010×100%=99.71%，适用税率为第二档，税率40%、速算扣除系数5%；

（4）应纳土地增值税=6 990×40%-7 010×5%=2 445.5（万元）。

2.『答案解析』

（1）请解释重置成本价的含义。

重置成本价的含义是：对旧房及建筑物，按转让时的建材价格及人工费用计算，建筑同样面积、同样层次、同样结构、同样建设标准的新房及建筑物所需花费的成本费用。

（2）计算土地增值税时该企业办公楼的评估价格。

计算土地增值税时该企业办公楼的评估价格=8 000×60%=4 800（万元）

（3）计算土地增值税时允许扣除的税金及附加。

应纳增值税=12 000×5%=600（万元）

应纳城市维护建设税=600×5%=30（万元）

应纳两个附加费=600×（3%+2%）=30（万元）

可扣除税金及附加= 30+30=60（万元）

【提示】如果为含税收入，应纳增值税=12 000÷（1+5%）×5%=571.43（万元）

可扣除税金及附加=57.14（万元）

（4）计算土地增值税时允许扣除的印花税。

计算土地增值税时可扣除的印花税=12 000×0.5‰=6（万元）

（5）计算土地增值税时允许扣除项目金额的合计数。

计算土地增值税时允许扣除项目金额的合计数=4 800+3 000+60+6=7 866（万元）

（6）计算转让办公楼应缴纳的土地增值税。

转让办公楼的增值额=12 000-7 866=4 134（万元）

增值率=4 134÷7 866×100%=52.56%

选择税率第二档

应纳土地增值税=4 134×40%-7 866×5%=1 653.6-393.3=1 260.3（万元）

**二、会计核算题**

『答案解析』

（1）① 收入总额=560（万元）

　　　② 可以扣除项目如下：

地价款=98（万元）

开发成本=280（万元）

开发费用=（98+280）×10%=37.8（万元）

有关税金=560×5%×（1+7%+3%）=30.8（万元）
加计扣除费用=（98+280）×20%=75.6（万元）
扣除费用总额=98+280+37.8+30.8+75.6=522.2（万元）
③ 增值额=560-522.2=37.8（万元）
④ 增值率=37.8÷522.2×100%=7.2%
因为 7.2%＜20%，故免征土地增值税。
收入实现时（不考虑其他税费，土地增值税免征）。

借：银行存款   5 600 000
　　贷：主营业务收入   5 600 000

（2）① 收入总额=1 000（万元）
② 扣除项目总额=522.2（万元）
③ 增值额=1 000-522.2=477.8（万元）
④ 增值率=477.8÷522.2×100%=91.5%
⑤ 应纳土地增值税=477.8×40%-522.2×5%=165.01（万元）
计算应当由营业收入负担的土地增值税时。

借：税金及附加   1 650 100
　　贷：应交税费——应交土地增值税   1 650 100
实际缴纳土地增值税时。
借：应交税费——应交土地增值税   1 650 100
　　贷：银行存款   1 650 100

（3）收到预收款时。
借：银行存款   3 000 000
　　贷：预收账款——××买主   3 000 000
按预收款 10%的比例预提应缴土地增值税时。
借：递延税款——土地增值税   300 000
　　贷：应交税费——应交土地增值税   300 000
预缴土地增值税时。
借：应交税费——应交土地增值税   300 000
　　贷：银行存款   300 000
实现收入、办理结算时。
借：预收账款——××买主   3 000 000
　　银行存款   3 500 000
　　贷：主营业务收入   6 500 000
按土地增值税规定，计算整个工程项目收入应缴土地增值税时。
借：税金及附加   750 000
　　贷：应交税费——应交土地增值税   450 000
　　　　递延税款——土地增值税   300 000
清缴土地增值税时。
借：应交税费——应交土地增值税   450 000
　　贷：银行存款   450 000

# 第十章 其他税会计

## 一、计算题

1.『答案解析』
罚款不作为城建税的计税依据，应缴纳城市维护建设税=（50+15）×7%=4.55（万元）
2.『答案解析』
应纳税额=8 000×（1-30%）×1.2%×10÷12=56（万元）
3.『答案解析』
该公司应纳车辆购置税=2×（25+25×28%）÷（1-9%）×10%=7.03（万元）
4.『答案解析』
挂车按照货车税额的 50%计算应纳税额。车船税法及其实施条例涉及的整备质量、净吨位等计税单位，有尾数的一律按照含尾数的计税单位据实计算车船税应纳税额。
该机械制造厂 2017 年应缴纳的车船税=1.499×3×16+1.2×16×50%+2×360=801.55（元）
5.『答案解析』印花税=（6 000+800）×0.3‰=2.04（万元）

## 二、会计核算题

1.『答案解析』
（1）应纳城建税=[（45+61）-（8+11）]×7% =6.09（万元）
借：税金及附加   60 900
　　贷：应交税费——应交城建税   60 900

缴纳税款时。

借：应交税费——应交城建税      60 900

   贷：银行存款      60 900

（2）应交教育费附加=[（45+61）-（8+11）]×3%=2.61（万元）

借：税金及附加      26 100

   贷：应交税费——应交教育费附加      26 100

2.『答案解析』

（1）企业订立购销合同应纳印花税税额=（160 000+110 000）×0.3‰=81（元）

（2）企业转让股票应纳印花税税额=4 500 000×1‰=4 500（元）

（3）企业订立的财产保险合同应纳印花税税额=25 000×1‰=25（元）

该企业当月应缴纳的印花税=81+4 500+25=4 606（元）

借：税金及附加      4 606

   贷：银行存款      4 606

3.『答案解析』

（1）购入楼房应纳契税=5 600×5%=280（万元）

借：固定资产      2 800 000

   贷：银行存款      2 800 000

（2）换入房屋应纳契税=（530-500）×5%=1.5（万元）

借：固定资产      315 000

   贷：应付账款——××单位      300 000

    应交税费——应交契税      15 000

上缴契税时。

借：应交税费——应交契税      15 000

   贷：银行存款      15 000

（3）接受捐赠房屋应纳契税=300×5%=15（万元）

借：固定资产      3 150 000

   贷：营业外收入      3 000 000

    应交税费——应交契税      150 000

（4）出售房屋无须缴纳契税。

4.『答案解析』

该运输公司应纳车船税=5×20×60+10×1 000+5×500=18 500（元）

借：税金及附加      18 500

   贷：应交税费——应交车船使用税      18 500

借：应交税费——应交车船使用税      18 500

   贷：银行存款      18 500

5.『答案解析』

购进国产卡车应缴纳的车辆购置税税额=450 000×2×10%=90 000（元）

卡车的入账价值=450 000+76 500+90 000=616 500（元）

会计分录如下：

借：固定资产——车辆      616 500

   贷：银行存款      526 500

    应交税费——应缴车辆购置税      90 000

实际上缴车辆购置税时。

借：应交税费——应交车辆购置税      90 000

   贷：银行存款      90 000

进口小轿车应缴纳的车辆购置税税额=计税价格×税率

$$=（关税完税价格+关税+消费税）×税率$$

$$=\{26+26×50.7\%+[（26+26×50.7\%）÷（1-8\%）]×8\%\}×10\%$$

$$=4.258\ 9（万元）$$

小轿车的入账价值=42.589+4.258 9=46.847 9（万元）

会计分录如下：

借：固定资产——车辆      468 479

   贷：银行存款      468 479